KB197332

부부치료

이론과 실제

이진희 저

COUPLE THERAPY

Theory and Practice

학지사

머리말

요즘은 부부 갈등이나 고민을 당당하게 밖으로 꺼내놓고 이야기하는 시대에 살고 있는 듯하다. TV에서는 '부부가 달라졌어요' '애로부부' 등 실제 부부들의 갈등을 다루는 프로그램들이 많은 주목을 받았고, '동상이몽2-너는 내 운명' '1호가 될 순 없어' 등 부부의 일상과 고민을 담은 관찰 예능프로그램도 높은 인기를 얻었다. 유튜브와 인스타그램 등 소셜미디어에서도 부부 관계의 특성부터 부부 갈등의 양상과 대처법까지 다양한 강의와 콘텐츠를 쉽게 찾아볼 수 있다. 과거에는 부부 갈등이 있어도 누군가에게 터놓지 못하고 혼자 끙끙 앓았던 것과 달리, 지금은 시대가 많이 달라졌다. 이렇게 부부 문제가 공론화되고 사회적 관심이 높아진 배경에는 '부부'라는 관계가 가지는 고유한 특성이 있다. 가장 가까운 사이이기에 더 큰 상처를 줄 수 있고, 가장 의미 있는 관계이기에 갈등이 생기면 더 힘들어지는 이 관계의 특성에 많은 이들이 공감하고 함께 해결책을 찾고자 하는 것이다.

'부부 싸움은 칼로 물 베기'라며, 시간이 지나면 자연스레 봉합되는 갈등으로 여겨졌던 시절이 있었다. 그러나 최근 부부 문제가 공론화되는 추세를 보면, 이는 과거와는 매우 다른 인식의 변화를 보여 준다. 실제로 부부 갈등의 심각성을 고려하면, 단순히 물을 베는 정도로 치부할 수 있는 수준이 아님을 알 수 있다. 해결되지 않은 부부 갈등은 가정폭력이나 심각한 우울증으로 발전하기도 하고, 자녀들의 심리적 어려움을 동반하여 가족 구성원 모두에게 깊은 상처를 남기기도 한다. 이러한 심각성에 대한 인식이 확산되면서 이제는 부부 갈등을 적극적으로 꺼내놓고 해결책을 모색하고자 하는 사회적 분위기가 형성되고 있다. 이를 반영하듯 국내 각 지역의 가족센터와 다양한 상담 기관에서 부부 갈등을 호소하는 사례가 증가하고 있다.

부부치료는 정신건강 분야에서 고유한 위치를 차지하고 있는 전문 영역이다. 국제적으로도 부부치료는 가족치료와 함께 MFT(Marriage and Family Therapy) 또는 CFT(Couple and Family Therapy)라는 독자적인 전문 분야로 자리 잡고 있다. 특히 미국에서는 연방 및 주 법령에 의해 관리되는 LMFT(Licensed Marriage and Family Therapist) 자격증 제도를 통해 그 전문성을 확고히 보장하고 있다. 이러한 전문성에도 불구하고, 국내에서는 부부 갈등을 어떻게 이해하고 접근해야 하는지에 관한 전문 서적이 다른 상담 및 치료 분야에 비해 상대적으로 부족한 실정이다. 이로 인해 현장의 상담자들은 개인상담에서 경험하지 못한 부부치료만의 독특한 어려움에 직면하여 적절한 개입 모델과 방향을 찾지 못하는 경우가 많다.

이 책은 국내 부부치료 분야의 부족한 전문 자료를 보완하고, 부부치료 임상 및 교육 현장의 기본 지침서로 활용되기를 바라는 마음으로 집필되었다. '부부치료: 이론과 실제'라는 제목이 보여 주듯, 부부치료에 관한 다양한 이론적 관점과 함께 각 이론의 실제 적용 사례를 담고자 했다. 물론 여기에 소개된 것보다 더 많은 부부치료 이론이 있고, 더 최근에 개발된 이론들도 있지만, 현장에서의 실제 적용 가능성을 염두에 두고 9개의 이론을 엄선하였다. 아무리 이론적으로 정교해 보이더라도 현장에서 실제로 적용하기 어렵다면 의미가 없기 때문이다. 또한 각 이론적 모델의 특성을 열 가지 핵심 요인을 기준으로 분석하고 설명하여 모델 간 비교가 가능하도록 하였다. 이 핵심 요인에는 이론적 배경, 기본 관점, 주요 개념, 평가와 사례개념화, 치료적 초점과 목표, 치료 과정과 구조, 치료자 역할, 치료적 개입, 사례 적용, 그리고 통합적 관점에서의 평가가 포함된다.

이 책의 주요 특징은 부부치료의 통합적 관점과 접근을 위한 방향을 제시하고자 했다는 점이다. 부부치료의 통합적 관점과 접근이란, 특정 모델에만 근거하여 사례를 이해하고 개입하는 것을 넘어서, 각 부부 사례의 고유한 상황과 맥락에 맞추어 다양한 모델을 통합적, 절충적으로 적용하는 것을 의미한다. 마치 프로크루스테스가 철제 침대에 맞추어 손님의 신체를 자르거나 늘였다는 그리스 신화처럼 특정 이론적 모델에 부부 사례를 맞추기보다는, 각 사례의 특성에 가장 적합한 모델들을 효과적으로 활용하고자 하는 관점과 접근을 말한다. 이는 필자가 상담 및 치료에서 지향하는 기본적인 관점이기도 하다.

이를 위해 이 책에서는 각 이론적 모델의 열 가지 핵심 요인 중 마지막 요인으로 '통합적 관점에서의 평가'를 두어, 치료자가 통합적인 관점으로 접근하고자 할 때 각 모델이 기여할 수 있는 고유한 의의와 실천적 함의를 논의하였다. 또한 12장 '부부치료의 통합적 관점'에서는 다양한 모델들이 여러 차원(치료자의 역할, 개입의 시간적 틀, 개입의 수준, 개입의 초점과 목표)의 스펙트럼상에서 어떤 위치를 차지하는지 살펴보고, 치료자가 각 부부 사례의 고유한 상황과 맥락에 맞춰 이러한 모델들을 통합적으로 활용할 수 있는 방향을 제시하였다. 예를 들어, 치료자가 부부 사례를 접할 때 특정 모델을 어떤 근거도 없이 적용하기보다는 '치료자의 역할'이라는 차원에서 전문가적 역할부터 협력자적 역할까지의 다양한 스펙트럼을 인식하고, 각 모델이 이 스펙트럼에서 차지하는 위치를 파악한다면, 각 부부의 고유한 상황과 맥락에 맞는 적절한 치료자 역할을 선택하여 유연하게 적용할 수 있다. 이러한 통합적 접근은 다양한 이론적 모델들의 장점을 상황에 맞게 활용할 수 있게 하며, 궁극적으로 각 부부의 고유한 필요에 가장 적합한 맞춤형 치료를 가능하게 한다.

이 책은 현장의 상담 기관에서 부부 내담자를 만나는 전문 상담자나 정신건강 분야의 실무자, 상담 및 심리치료 분야를 교육하는 교육자, 그리고 이를 공부하는 학생들을 위한 전문 서적이다. 부부 갈등을 겪고 있는 일반 부부들도 관심 있게 읽을 만한 내용을 담고 있지만, 이 책은 기본적으로 부부치료자를 대상으로 하고 있기에 부부의 자가 치유를 위한 관점과는 다르다는 점을 먼저 밝혀둘 필요가 있다. 따라서 일반 부부들이 갈등 해결을 위해 이 책의 내용을 참고하더라도 먼저 전문적인 상담 기관에서 부부치료를 받아보는 것이 바람직하다. 다만 일반 부부들도 이 책을 통해 부부 갈등을 바라보는 다양한 관점을 접하고, 자신들의 부부 관계에서 발생하는 갈등을 객관적으로 바라볼 수 있다는 점에서 의미가 있다.

필자가 처음 부부가족치료(MFT/CFT)라는 분야를 접한 것은 국내에서 상담을 공부하던 초기, 주로 개인에 초점을 두는 관점과 개입 방식에 약간의 답답함과 의구심을 느끼고 있을 때였다. 일반적인 상담 분야에서 들어보지 못한 개념들과 전혀 새로운 관점을 이해하기가 쉽지 않았지만, '이 안에 뭔가 또 다른 새로운 세계가 있구나!' 하는 생각과 함께 매력을 느꼈다. 이 분야를 더 깊이 공부하기 위해 초기 발전과 전문성 확립이 이루어진 미국으로 유학을 결심했다. 원하던 분야의 박사 학위와 LMFT 자격증을 취득한 후 귀국한 지도 벌써 몇 년이 흘렀다. 그 사이 많은 것이 변화했다. 국내에서 상담은 더욱 대중화되었고, 상담 분야는 더욱 세분화되고 전문화되었다. 무엇보다 필자는 사례를 바라보는 관점이 크게 달라졌다. 개입의 단위가 개인에서 부부와 가족으로 확장되면서, 상담자로서 추구하는 이상적인 목표도 개인의 행복에서 부부와 가족 단위의 행복으로 변화했다. 특히 부부의 행복은 가족 행복의 근간이 된다. 그래서 부부치료를 진행하다 보면 때론 불행한 부모 밑에서 슬피 울고 있을 자녀를 간접 상담한다는 느낌을 가질 때가 있다.

이 책의 '부부치료'란 서명은 전문 분야의 명칭인 Couple and Family Therapy 중 Couple Therapy에서 가져온 것이다. '커플치료'로 번역하는 것이 원어의 의미를 더 잘 반영하지만, '부부치료'란 용어가 학계와 현장에서 널리 통용되고 있어 이를 채택하였다. 그러나 이 책에서 사용하는 '부부치료'는 Couple Therapy의 본래 의미를 따라, 법적 혼인 관계에 있는 부부를 비롯하여 결혼을 준비 중인 커플이나 연인과 같이 친밀한 관계를 맺고 있는 두 사람을 대상으로 하는 치료를 포괄적으로 의미한다. 이러한 맥락에서 본문의 '부부' '배우자' '파트너'란 용어들 역시 같은 포괄적 의미를 담고 있다. 부부 문제의 유형별 접근이나 통합적 사례개념화 등 이 책에 채 담지 못한 중요한 주제들은 후속 저서에서 다룰 계획이다.

　이 책이 부부치료 분야의 전문성 향상에 기여하고 현장의 상담자들에게 실질적인 도움이 되기를 바란다. 나아가 이 책이 부부와 가족의 행복한 여정을 돕는 의미 있는 길잡이가 되길 희망한다.

차례

Part 1

부부치료의
발전과 기반

부부치료의 역사적 발전 과정과 전문화 동향을 살펴보고,
현대 부부치료의 이론적 토대가 되는 인식론적 기반을 탐구
한다. 부부치료의 시작부터 현재까지의 발달 단계와 전문화
과정을 국제적 맥락에서 검토하고, 체계론적 관점과 사회구
성주의적 관점이라는 두 가지 핵심적 인식론을 통해 부부치
료의 이론적 기반을 이해한다.

------ **Chapter 1** ------

부부치료의 전문적 발전과 동향

1. 부부치료의 발달 단계와 전개

부부치료 분야는 몇 가지 단계를 거쳐 발전해 왔다(Gurman, 2015; Gurman & Fraenkel, 2002; Lebow & Snyder, 2022). 부부치료 발전의 첫 단계는 '무이론적 결혼 상담과 정신분석적 시도의 공존기' 단계(1930년대 초반~1960년대 중반)로 특징지을 수 있다. 이 시기에는 '결혼상담(marriage counseling)'이라 불리는 서비스가 주로 산부인과 의사, 가족생활교육자, 성직자 등에 의해 제공되었으며, 심각한 부적응이나 심리장애를 겪지 않는 내담자들을 대상으로 실시되었다. 당시의 결혼상담은 현재의 기준으로는 정신건강 전문가로 간주할 수 없는 사람들에 의해 특정 이론적 기반이나 기법 없이 이루어졌으며, 상담을 제공하는 사람들도 스스로를 전문 치료자로 여기지 않았다. 이들은 주로 바람직한 결혼생활과 가족관계에 대한 실용적인 조언과 지도를 제공하는 데 중점을 두었으며, 보통 짧고 교훈적인 내용을 중심으로 현재에 초점을 두고 의식적 경험에 한정되는 특징을 보였다. 한편 이 시기에는 당시 주류 심리치료 접근법이었던 정신분석 이론의 개념과 기법을 결혼상담에 적용하려는 시도도 나타났다. 일부 정신분석가들은 개인 내담자와의 치료만으로는 부부 문제에 접근하는 데 한계가 있음을 인식하고, 당시 금기시되던 부부나 가족 구성원들과의 합동 면담을 시도하기도 했다. 이는 정신분석학회에서

퇴출될 위험을 감수하는 행동이기도 했다. 그러나 결혼상담은 정신분석과 임상심리학 분야 모두에서 소외되어 있었으며, 60년대 이후 급속히 부상하는 가족치료의 흐름 속에서 그 입지가 점차 좁아져 갔다(Gurman, 2015; Gurman & Fraenkel, 2002).

두 번째 단계인 '가족치료의 부상 및 결혼상담 주변화' 단계(1960년대 중반~1980년대 중반)에서는 정체되어 있던 결혼상담의 입지가 더욱 약화되었다. Bowen, Minuchin, Whitaker 등 초기 가족치료의 선구자들은 정식 정신분석적 훈련을 받은 정신과 의사들이었으나, 기존 정신의학계의 보수적인 태도에 반발하며 심리적 장애를 이해하는 새로운 모형을 탐구하고자 했다. 특히 이들은 관계적 맥락을 고려하지 않은 채 개인에게만 초점을 두고 부당하게 병리화하는 정신분석적 관점에 강하게 반발했다. 이는 당시 전통적인 정신분석적 접근에 의존하던 결혼상담의 방식과는 크게 달랐으며, 결과적으로 결혼상담은 가족치료가 제시한 새로운 패러다임을 따라가지 못하며 그 흐름에서 뒤처지게 되었다. 1970년대 중반부터 1980년대 중반까지 가족치료가 황금기를 맞이하면서 결혼상담의 입지는 사실상 거의 보이지 않을 정도로 약화되었다. 이 시기 동안 전통적인 결혼상담의 발전은 정체되어 있었으나, 주요 가족치료 모델의 선구자들은 부부 역동과 문제에 주목하며 가족체계론을 바탕으로 한 새로운 형태의 부부치료 접근법 개발의 싹을 틔웠다(Gurman, 2015). 이러한 흐름 속에서 1980년대 중반부터 부부치료는 가족치료와는 다소 다른 독립적인 정체성을 가지며 재부상하게 되었다.

세 번째 단계는 '부부치료 재정립 및 확장' 단계(1980년대 중반~현재까지)로, 부부치료 이론과 실천의 지속적인 발전과 재정립이 이루어지고 부부 관계 및 부부치료에 관한 다양한 임상 연구가 수행된 시기이다. 이 시기의 부부치료 재정립은 특히 다양한 이론적 관점을 바탕으로 한 부부치료 접근법의 확장을 통해 두드러졌다. 행동주의와 사회학습이론에 기반한 행동치료 및 이후 발전된 인지행동치료, 인본주의와 경험주의에 기반한 정서 및 애착중심 치료, 그리고 정신역동론에서 파생된 대상관계치료 등 여러 이론적 관점에서 다양한 부부치료 접근법들이 발전하였다. 또한 Bowen의 다세대 가족체계 이론과 단기 전략적 치료 이론과 같이, 초기 가족치료 분야의 전통적 이론들을 통해서도 부부치료의 재정립이 이루어졌다(Gurman & Fraenkel, 2002; Lebow & Snyder, 2022). 특히 가족치료 분야에서 발전한 체계론적 관점은 부부치료 이론들의 재정립에 중요한 영향을 미쳤으며, 이후 부부치료가 전문성을 가진 영역으로 자리 잡는 데 의미 있는 역할을 했다.

2. 부부치료의 전문화와 제도화: 국제적 맥락

앞에서 기술한 다양한 이론적, 실증적 발전을 토대로 부부치료는 점차 독립적인 전문 분야로 인정받게 되었다. 현재 부부치료는 국제적 맥락에서 가족치료와 함께 부부가족치료, 즉 MFT(Marriage and Family Therapy) 또는 CFT(Couple and Family Therapy)라고 불리는 고유한 정체성을 가진 전문 분야로 자리매김하고 있다. 이를 가장 잘 보여 주는 사례가 미국의 부부가족치료(MFT/CFT) 전문가 자격증 제도이다. 미국의 부부가족치료 분야는 연방 및 주 법령에 의해 관리 및 규제되는 주요 정신건강 분야 중 하나로 확고히 자리 잡았다. 미국의 부부가족치료 자격증 제도와 전문가 양성 과정은 그 체계성과 엄격성으로 인해 한국의 관련 제도 발전에 중요한 참고 사례가 된다. 이를 통해 국내 전문가 양성과정과 자격 제도의 보완점을 파악할 수 있으며, 한국의 사회문화적 맥락에 맞게 미국 제도의 장점을 적용할 방안을 모색할 수 있다. 따라서 이 장에서는 미국의 부부가족치료 전문가(LMFT) 양성 과정과 국가자격제도의 몇 가지 주요 특성을 중심으로 살펴보고자 한다.

1) 부부가족치료 전문가(LMFT) 자격관리 및 규제의 법제화

미연방정부 법령은 부부가족치료 분야의 전문성을 명확히 인정하고 있다. 특히 미국 공중보건 서비스법(The Public Health Service Act)은 부부가족치료 전문가(Licensed Marriage and Family Therapist, LMFT)를 핵심 정신건강 전문가로 규정하고 있으며, 이는 미연방규정집(Code of Federal Regulations, CFR)에 명시되어 있다(미연방규정집 42편 제5부). 이에 따라 부부가족치료 전문가(LMFT)는 정신과 의사, 임상심리학자, 임상사회복지사, 정신건강 전문 간호사와 함께 주요 정신건강 전문가로 인정받고 있다.

미 국가보건서비스단(National Health Service Corps, NHSC)에서는 의료 서비스 취약 계층에게 보건 의료 서비스를 제공하기 위한 프로그램에서 부부가족치료(MFT)를 '행동 및 정신건강 전문' 분야로 공중보건 서비스 관련 법률 조항에서 규정하고 있다(미연방법전 42편 254d조). 또한 미 국방부(Department of Defense)는 부부가족치료 전문가(LMFT)를 환자들에게 직접적인 건강서비스를 제공할 수 있고, 국방부와 개인 서비스 계약을 체결할 수 있는 '보건의료 전문인력(health-care professionals)'으로 규정하고 있다(미연방법전 주석본 10편 1094조 및 미연방법전 서비스편 10편 1091조). 미 교육부(Department of Education)는 장애인교육법(Individuals with Disabilities Education Act)에서 부부가족치료 전문가(LMFT)를 장애가 있는 영유아에게 조기 개입 서비스를 제공할 수 있는 자격을 갖춘 제공자(qualified providers)로 지정하고 있다(미연방법전 주석본 20편 1432조).

부부가족치료 분야의 전문성에 대한 인정은 실제적인 지원으로도 이어진다. 예를 들어, 미 보건복지부(U.S. Department of Health and Human Services, HHS)는 코로나19 팬데믹으로 인해 재정적 타격을 입은 보건의료서비스 제공자들을 대상으로 제공자 구제 기금(Provider Relief Fund)을 통해 최대 200억 달러의 재정 지원을 분배하였는데, 여기에는 부부가족치료 전문가(LMFT)가 포함된다.

미국의 주정부 및 워싱턴 D.C.의 법령 역시 부부가족치료 전문가(LMFT)를 명확히 인정하고 자격을 관리하고 있다. 미국의 모든 주와 워싱턴 D.C.에는 LMFT 자격증을 관리하고 규제하는 위원회(Board)가 설치되어 있다. 예를 들어, 필자가 LMFT를 취득한 미네소타주의 경우 미네소타 부부가족치료 위원회(Minnesota

Board of Marriage and Family Therapy)가 이러한 역할을 수행하고 있다. 미네소타 주의 경우, MFT 관련 법령은 미네소타주 법령 148B조(MN Statutes 148B)에 명시되어 있다. 이 법령은 미네소타 부부가족치료 위원회의 임무와 LMFT 자격 취득을 위한 기본 요건을 규정하고 있다. 더 세부적인 규정은 미네소타주 행정규칙 5300조(MN Rules 5300)에서 다루고 있는데, 여기에는 LMFT 자격증의 취득, 유지, 규제에 관한 구체적인 지침이 포함되어 있다. 주목할 만한 점은 LMFT 자격증이 주 간 활용 가능성(MFT License Portability)을 가지고 있어, 한 주에서 취득한 자격증을 다른 주에서도 사용할 수 있다는 것이다.

부부가족치료 전문가(LMFT) 자격증 취득 기준은 각 주에서 엄격하게 규정 및 관리되고 있다. LMFT 자격증 취득을 위한 단계는 다음과 같이 요약할 수 있다: (1) 부부가족치료 교육 인증위원회(COAMFTE) 인증을 받은 MFT 대학원 프로그램 학위 취득, (2) 최소 2년간의 전문 및 임상 경험 충족, (3) MFT 규제 위원회 협회(AMFTRB)가 주관하는 국가 자격시험의 통과, (4) 주 위원회(State Board)가 주관하는 주 자격시험의 통과.

자격 취득을 위한 교육 요건으로는 MFT 석박사 프로그램의 학위 취득과 임상실습(Clinical Practicum)이 필수적이다. 이때 MFT 석박사 학위 프로그램은 부부가족치료 교육 인증위원회(Commission on Accreditation for Marriage and Family Therapy Education, COAMFTE)의 인증을 받아야 하는데, 2021년 기준으로 미 전역에 총 124개(석사 96개, 박사 28개)의 COAMFTE 인증 프로그램이 있다. 이들 프로그램은 주 법령에서 규정한 특정 교과목을 반드시 포함해야 하는데, 이에는 인간발달, 정신병리, 진단 및 평가, 가족발달, 가족생활주기, 부부치료, 가족치료, 부부가족평가, 개입계획과 방법, 연구설계와 방법, 상담윤리와 법 등이 포함된다. 이러한 교육과정은 각 주의 MFT 위원회의 승인을 받아야 한다. 임상 실습(Clinical Practicum)은 최소 300시간의 실제 사례 경험을 요구하며, 이는 내담자 평가, 진단, 치료를 포함한다. 이 중 최소 150시간은 부부나 가족을 대상으로 해야 한다. 모든 실습 과정에서는 LMFT 자격 소지자 또는 AAMFT 인증 슈퍼바이저의 임상

지도가 병행되어야 한다.

교육 요건 이외에 LMFT 자격 취득을 위한 전문 및 임상 경험 요건으로 최소 2년간 총 4,000시간의 감독 하 전문 경험이 필요하다. 이 중 최소 1,000시간은 임상 경험(평가, 진단, 치료를 포함한 clinical client contact) 시간이어야 하며, 이 중 500시간은 반드시 부부 및 가족과의 임상 경험이어야 한다. MFT 슈퍼바이저로부터 200시간의 임상 슈퍼비전(개인 및 집단 슈퍼비전)을 받아야 한다.

LMFT 자격 취득을 위한 자격시험은 국가 자격시험과 주 자격시험 모두를 통과해야 한다. MFT 국가 자격시험은 MFT 규제 위원회 협회(the Association of Marriage and Family Therapy Regulatory Boards, AMFTRB)의 주관하에 시행된다. 국가 자격시험은 컴퓨터 기반의 표준화된 시험으로, 체계론적 관점의 치료와 평가, 사례개념화, 치료과정과 실제, 윤리 및 법령 등에 관한 지식을 평가한다. 주 자격시험은 각 주의 MFT 위원회가 주관하며, 시험 방식은 위원회에서 결정한다. 예를 들어, 미네소타주에서는 구술 시험(oral exam)을 실시한다. 시험 내용은 부부가족치료 전문가로서의 윤리, 관련 법령, 치료 실제와 관련한 영역을 다룬다. 국가 자격시험의 합격 점수는 AMFTRB가, 주 자격시험의 합격 점수는 주 위원회가 결정하며, 두 시험 모두 합격해야 LMFT 자격을 취득할 수 있다.

2) 부부가족치료 전문가(LMFT) 양성을 위한 기관 간 협력 체계

미국의 경우, 부부가족치료 전문가(LMFT) 양성을 위해 법규를 기반으로 하여 주 위원회(State Board), 부부가족치료 교육 인증위원회(COAMFTE), 미국 부부가족치료협회(AAMFT), MFT 교육 프로그램 간의 긴밀한 연계와 협력 체계가 구축되어 있다. 각 기관의 주요 역할을 정리하면 다음과 같다.

• 주 위원회(State Board): MFT 관련 연방 및 주 법령에 근거하여 LMFT 자격 취득을 위한 교육, 임상 경험, 자격시험 등의 요건을 규정 및 관리하며, 주 자격

시험을 주관하고 자격증 발급과 갱신을 담당한다.

- MFT 규제 위원회 협회(AMFTRB): MFT 자격 관리와 관련하여 각 주 위원회 간의 소통을 촉진하고 조정하는 기관으로, 표준화된 국가 자격시험을 개발, 관리 및 시행한다.
- 부부가족치료 교육 인증위원회(COAMFTE): MFT 교육 프로그램의 질적 수준을 관리하는 인증기관으로, 고등교육 인증기관인 CHEA(the Council for Higher Education Accreditation)에 의해 승인된 위원회이다. CHEA는 미국 고등교육의 질 향상을 위한 인증위원회들을 승인하고 이들의 역할을 촉진하기 위해 설립된 기관이다. COAMFTE는 LMFT 자격 소지자 및 AAMFT 정회원들이 전문위원으로 참여하여 교육과정 인증 기준을 수립하고, 각 교육 프로그램을 평가한다.
- MFT 교육 프로그램: COAMFTE의 인증 기준에 따라 교과과정을 구성하고 적격성을 갖춘 교수진을 확보하여 부부가족치료 전문가 양성을 위한 석박사 과정 교육을 제공한다. 인증된 MFT 교육 프로그램은 매년 리포트를 COAMFTE에 제출하여 기준에 지속적으로 잘 부합하는지 평가받는다. COAMFTE의 인증 기준을 충족하는 MFT 프로그램에 대해 최초 인증 또는 인증 갱신을 부여하며, 최초 인증은 최대 6년간, 인증 갱신은 최대 7년간 유효하다.
- 미국 부부가족치료협회(American Association for Marriage and Family Therapy, AAMFT): MFT 분야의 대표적인 전문가 단체로, COAMFTE 인증 기준에 부합하는 교육을 이수한 전문가들을 정회원으로 보유(AAMFT Clinical Fellow, AAMFT Approved Supervisor)하고, 임상 슈퍼바이저를 양성하며, MFT의 고유한 정체성을 갖춘 전문가 양성을 지원한다. 협회의 주요 역할은 전문가 교육 및 훈련 제공, 전문가 윤리 강령 제정, 회원 간 네트워킹 지원, 전문가 집단 이익의 대변, 정책 제안 및 참여, 학술 저널(JMFT) 발간 등이다.

앞에서 언급한 기관들의 연계와 협력 체계를 통해 양질의 부부가족치료 전문가들이 배출되고 있다. 이러한 체계에서 특히 주목할 점은 정부와 민간 협회 (AAMFT)와의 긴밀한 협력 관계이다. AAMFT의 임상 정회원들(Clinical Fellows)은 주 위원회나 COAMFTE에서 중심적 역할을 수행하며, 주 위원회가 시행하는 주 법령에는 AAMFT 관련 교육 및 임상 자격요건이 명시되어 있다. 이처럼 민간 협회의 역할이 정부의 법적 체계와 긴밀하게 연계되어 있는 점은 자격 관리를 위한 정부와 민간 기관의 효과적인 협력 관계를 보여 준다.

3) 부부가족치료 분야의 고유한 정체성 확보

미국의 부부가족치료 전문가(LMFT) 양성 과정은 다른 정신건강 분야와 차별화되는 고유한 정체성을 바탕으로 발전해 왔다. 이 분야의 핵심적 특징은 내담자의 호소 문제를 개인의 차원을 넘어 부부나 가족 체계(system)의 관계적 맥락에서 바라보며, 체계 내 구성원들 간의 상호연결성에 기반한 역동을 통해 문제를 이해하고 개입하는 체계론적 접근에 있다. 이러한 고유한 정체성은 COAMFTE의 인증 기준, MFT 교육과정의 구성, 임상 경험 요구사항 등에 명확히 반영되어 있다. 이는 부부가족치료(MFT)가 단순히 '부부나 가족을 만나는' 정신건강 서비스가 아니라, 독특한 이론적 기반과 실천적 특성을 지닌 전문 분야로 자리매김하게 된 배경이 되었다.

부부가족치료 분야의 고유한 정체성은 MFT 교육 프로그램 인증을 주관하는 COAMFTE의 평가 기준(Commission on Accreditation for Marriage and Family Therapy Education [COAMFTE], 2021; 2023)을 통해 명확히 드러난다. COAMFTE 인증 기준(버전 12.5)(2021)에 따르면, MFT 교육 프로그램 인증을 위한 평가 항목들은 MFT 기초 및 고급 교과과정, 교육 및 임상을 위한 공간과 설비 등 다양한 영역을 포함하고 있다. 특히 주목할 점은, 평가의 핵심 원칙 및 세부 항목에서 체계론적 정체성을 강조하고 있다는 것이다. COAMFTE 인증 정책과 과정을 담은 매뉴얼(2023)에서는 인증을 위한 핵심 원칙 중 하나로, 부부가족치료 전문가는 관계적/체계론적 철학(relational/systemic philosophy)을 바탕으로 하며, 학생들이 모든 역량 영역에서 이러한 체계론적 관점을 체득할 수 있도록 교육해야 함을 제시하고 있다(p. 3).

또한 세부적인 COAMFTE 인증 기준(버전 12.5)(2021)에서는 MFT 교육 프로그램의 인증 적격성을 판단하는 자격 요건으로, 체계론적 관점이 반영된 성과 기반 틀(Outcome-Based Framework with Systemic Focus)(p. 8)을 갖추어야 함을 제시하고 있다. 또한 프로그램 교수진과 임상 슈퍼바이저는 관계적/체계론적 교육 및 슈퍼비전(MFT relational/systemic supervision)을 제공할 수 있는 자격을 갖추어야 함을 명시하고 있다(p. 15). 더불어 MFT 교육과정은 기본적으로 관계적/체계론적 철학을 중심으로 구성하되, 각 프로그램의 목적과 방향성에 따라 특성화된 교육 내용을 추가할 수 있음을 제시하고 있다(p. 20).

이처럼 미국의 부부가족치료 전문가 양성 과정은 교육 프로그램의 인증 기준을 통해 체계론적 관점을 핵심 정체성으로 일관되게 강조하고 있다. 이는 교육과정의 구성에서부터 교수진 및 슈퍼바이저의 자격 요건에 이르기까지 전방위적으로 반영되어 있으며, 이를 통해 부부가족치료(MFT)가 독자적인 전문성을 지닌 정신건강 서비스 분야로서의 위상을 확립하고 있음을 보여 준다.

3. 현대 부부치료의 동향과 전망

1) 과학적 근거에 기반을 둔 부부치료

부부치료 분야는 초기에 하나의 실천적 접근법으로 시작되었으나, 현대의 부부치료는 과학적 근거에 강한 기반을 두고 발전해 왔다. 부부치료 분야에서 과학적 접근이 인정받기 시작한 것은 부부치료의 결과와 효과성을 평가하는 방법이 도입되면서부터였다. 초기에 이러한 시도는 치료자들로부터 큰 반발을 샀다. 그러나 부부 관계의 만족도를 높이고 부부의 안녕을 증진시키고자 하는 명확한 목표를 가진 부부치료의 효과는 측정 가능하다는 점이 밝혀졌으며, 이는 치료를 받지 않은 통제 집단 부부들의 관계 만족도 변화와 쉽게 비교할 수 있게 해 주었다. 그 결과, 오늘날에는 다양한 부부치료 접근법의 효과를 입증하는 데 있어 과학적 근거의 중요성이 널리 인정받고 있다. 특히, 메타분석 데이터와 체계적 문헌고찰을 통해 부부치료의 전반적인 영향력이 상당하다는 점이 확인되고(Bradbury & Bodenmann, 2020; Doss et al., 2022; Roddy et al., 2020), 몇몇 특정 부부치료 접근법의 효과성도 입증되면서(Fischer et al., 2016; Roddy et al., 2016; Wiebe & Johnson, 2016) 부부치료는 더욱 확고하게 자리 잡게 되었다. 이러한 과학적 근거들은 부부치료의 가치와 중요성을 뒷받침하고 있다.

2) 부부치료 접근법의 통합적 추세

현대의 부부치료는 다원적이면서도 통합적인 추세를 보이고 있다(Lebow & Snyder, 2022). 부부치료 접근법들은 기존의 개인치료나 부부치료에서 흔히 볼 수 있었던 특정 치료 학파나 이론적 구분에 얽매이지 않고, 다양한 방식을 융통성 있게 활용하는 경향을 나타낸다. 예를 들어, 개인을 대상으로 한 정신분석적 치료가 전이나 초기 경험의 영향 등의 요인에 주로 초점을 두는 반면, 이 모형의 부부치료 적용 방식은 의사소통 기술 향상과 같은, 전통적인 정신분석적 개념이나 방식과는 다른 요인들을 포함한다. 마찬가지로, 인지행동적 부부치료 모형은 단순히 인지와 행동에 초점을 맞추는 것을 넘어 정서, 의미, 초기 경험까지 다룬다. 이 책에 소개된 다양한 부부치료 모형들을 자세히 살펴보면, 각기 다른 접근법들이 서로 융합되고 통합되어 가는 흐름이 나타나고 있음을 알 수 있다.

여러 부부치료 모형들 간의 통합 현상은 한 모형의 뛰어난 아이디어나 개념이 다른 모형에 차용되고 흡수되는 과정에 따라 발생한다. 또한 실제 부부치료 현장에서 치료자들이 공통적으로 직면하는 현실적인 과제들을 해결해 가는 과정에서 일어나기도 한다. 예를 들어, 부부가 서로에게 화를 내며 감정이 점점 격해지는 상황을 어떻게 다룰 것인지, 치료에 관심이 없거나 소극적인 배우자를 어떻게 치료 과정에 참여시킬 것인지, 부부간의 긍정적인 유대감을 어떻게 형성하고 강화할 것인지, 또는 한쪽 배우자가 우울증이나 만성 질환 같은 건강 문제를 함께 겪고 있을 때 이를 어떻게 부부치료에서 다룰 것인지 등의 과제가 있다. 이러한 실질적인 치료적 과제들이 다양한 치료 접근법들의 통합을 자연스럽게 이끌어 내고 있다.

이러한 통합적 추세는 각각의 부부치료 접근법이 서로 뚜렷하게 구별되는 효과성을 보여 주지 못했다는 점에서(Shadish, & Baldwin, 2003; Sprenkle, & Blow, 2004), 이들의 장점을 통합하여 더 효과적인 치료 방법을 개발하고자 하는 노력의 결과로도 볼 수 있다. 이 책이 지향하는 통합적 관점에서는 부부의 행동을 이해하고 변화시키기 위해 폭넓은 이론적 기반을 바탕으로 여러 접근법의 장점을 융통성 있게 활용할 수 있어야 한다고 본다. 즉, 단일 이론이나 기법에 국한되지 않고 각 부부 사례의 고유한 특성과 맥락에 맞춰 다양한 관점과 기법을 적용할 수 있어야 하며, 이러한 폭넓고 유연한 접근을 통해 부부치료의 효과성을 높일 수 있다고 보는 것이다.

3) 부부치료 모델의 진화

다양한 이론적 전통에서 비롯된 부부치료 모델들은 각기 고유한 학문적 발달 과정을 거치며 진화해 왔다. 시간이 흐르면서 기본적인 이론과 개념은 유지되어 왔지만, 실제 적용되는 구체적인 방법론은 계속해서 변화하고 발전해 왔다. 예를 들어, 부부치료 초기 모델로서 행동주의 이론에 기반을 둔 행동적 부부치료(Behavioral Marital Therapy)는, 이 책에 소개된 인지행동적 부부치료(Cognitive-Behavioral Couple Therapy)와 통합적 행동부부치료(Integrative Behavioral Couple Therapy)로 확장되어 진화하였다. 마찬가지로, 정서중심치료(Emotion-Focused Therapy)도 Susan Johnson의 정서중심적 부부치료(Emotionally Focused Couple

Therapy)와 Leslie Greenberg의 정서중심 부부치료(Emotion-Focused Couple Therapy)로 발전했다. 초기 정신분석적 치료는 대상관계 부부치료(Object Relations Couple Therapy)로 진화되었고, Bowen의 다세대 가족체계 이론은 여러 치료자들(Baker, 2015; Fishbane, 2022; Framo, 1992; Titelman, 2010)에 의해 부부관계 및 부부치료 맥락에 적용되면서 다세대 가족체계 부부치료(Intergenerational Family Systems Couple Therapy)로 확장 및 진화하였다.

또한 여기에는 소개되지 않았지만, 새로운 유형의 부부치료 모델들도 등장했다 (Lebow & Snyder, 2022). 사회문화적으로 조율된 부부치료(Socioculturally Attuned Couple Therapy)는 부부의 사회문화적 맥락을 고려하여 치료에 접근하며, 수용-전념 부부치료(Acceptance and Commitment Couple Therapy)는 마음챙김과 수용을 강조하는 접근법이다. 멘탈라이제이션 기반 부부치료(Mentalization-Based Couple Therapy)는 부부가 서로의 정신 상태를 이해하고 해석하는 능력을 향상시키는 데 중점을 둔다. 이 외에도 특정 문제나 대상을 겨냥한 다양한 치료법들이 개발되어 부부치료의 영역을 더욱 확장시켰다.

최근에는 부부 기능과 관련한 신경과학 정보가 폭발적으로 증가하면서 현대 부부치료 모델에 신경과학 지식을 접목하려는 시도가 늘어나고 있다. 그러나, 몇몇 학자들은 신경과학이 아직 초기 단계에 있으므로 이 새로운 지식을 임상 현장에 적용할 때, 주의가 필요하다고 주장한다. 특히 Lebow와 Snyder(2022)에 따르면, 신경과학 분야의 연구 결과를 임상 실제에 적용하고자 할 때 첫째, 하나의 접근법을 지지하는 신경과학 분야의 특정 연구 결과가 다른 접근법에도 적용될 수 있다는 점, 둘째, 연구 결과는 반복 검증이 필요하다는 점, 셋째, 상관관계가 인과관계를 의미하지는 않는다는 점, 마지막으로, 현재의 연구 결과들은 근거 기반의 지식체계를 구축해 나가는 초기 단계에 불과하다는 점을 신중히 고려해야 한다.

4) 부부치료의 디지털화와 원격 서비스 확대

코로나19 팬데믹으로 인해 부부치료에서 이미 진행 중이던 디지털화와 원격 서비스 활용 추세가 더욱 가속화되었다. 대면 만남이 어려워진 팬데믹 상황에 적응하기 위해 많은 치료자들이 화상 회의 방식으로 치료 방법을 전환하였다. 이 과정에서 부부치료자들은 원격 치료가 효과적이며, 대면 회기와 동등한 효과를 보인다는 것을 발견했다. 특히 부부가 일이나 파견 등으로 지리적으로 떨어져 있을 때 이러한 효과가 더 두드러졌다(Doss, Knopp, Wrape, & Morland, 2022). 화상 회의 등을 통한 원격 치료는 부부치료를 위한 만남의 시간과 장소를 정하는 데 따르는 제약을 해결해 주었다. 많은 부부들이 집이나 직장에서 원격으로 만나는 것이 더 편리하다고 느끼면서, 치료자들 역시 회기 일정을 더 유연하게 조정할 수 있는 장점을 경험했다. 최근에는 화상 회의 방식의 부부치료 서비스를 넘어서, 웹 기반의 각종 자원을 치료의 보조 수단으로 활용하거나 온라인을 통한 심리교육 자료를 제공하고, 처방된 행동 과제를 실천하도록 돕는 앱을 활용하는 등 다양한 방식으로 부부치료 영역을 확장하고 보강하고 있다(Doss et al., 2022).

5) 개인내적 문제를 위한 부부치료적 개입의 발전

부부치료는 전통적으로 주로 부부 관계 만족도를 높이기 위한 과정으로 여겨져 왔다. 그러나 부부치료는 그 영역을 확장하여, 우울증이나 중독 문제 등 개인의 내적 문제로 여겨왔던 영역에도 관심을 두고 이를 위한 부부치료적 개입 방법들을 개발해 왔다(Baucom et al., 2014; Whisman, Beach, & Davila, 2022). Baucom 등(2014)은 개인내적 문제에 대해 부부 단위를 중심으로 개입하고자 할 때, 이를 두 가지 유형으로 구분하였다. 첫 번째는 파트너 지원 개입(partner-assisted intervention)으로, 부부 중 한 명이 상대방의 개인내적 문제의 적극적인 치료를 위해 협력 및 지원하도록 요청하는 개입이다. 두 번째는 장애 특화 부부치료 개입

(disorder-specific treatment)으로, 이는 개인내적 장애를 단순히 개인의 문제로 보는 것이 아니라 부부 관계의 맥락에서 이해하고 접근하는 부부치료적 개입을 의미한다. 이 개입은 개인의 내적 문제가 발생하고 지속되는 관계적 맥락에서 나타나는 특정 부부간 상호작용 패턴을 파악하고, 이를 개선하는 데 중점을 둔다. 이러한 부부치료적 접근의 효과는 여러 연구를 통해 입증되고 있다. 예를 들어, 우울증 치료에 대한 부부치료와 다른 치료법들(인지치료 기반의 개인상담, 약물치료, 통제 집단)을 비교한 결과, 부부치료는 치료 직후와 6개월 이상 경과 후에도 우울증 개선 효과를 보였으며, 우울증의 회복률과 증상 변화 정도에 있어 개인상담만큼 효과적인 것으로 나타났다(Barbato & D'Avanzo, 2020).

개인의 내적 문제를 다루는 부부치료 모델은 주로 인지행동적 접근을 기반으로 한다(Belus, Baucom, & Abramowitz, 2014; Epstein et al., 2007; Fischer et al., 2016). 그러나 Susan Johnson의 정서중심적 부부치료(EFCT)와 같은 모델도 여러 유형의 심리적 장애에 대해 부부치료적 접근을 적용하고 있다(Johnson et al., 2022). 특히, EFCT 모델은 우울이나 외상 후 스트레스 장애(PTSD)와 같은 개인의 심리적 증상 감소에도 효과적이라는 것이 여러 연구를 통해 입증되었다(Denton et al., 2012; Weissman et al., 2018; Wittenborn et al., 2019). 앞으로는 더 많은 부부치료 모델들이 개인의 다양한 문제와 장애를 치료하는 데 부부 단위의 개입을 활용할 것으로 예상된다.

많은 부부들이 품행 장애를 비롯한 다양한 장애를 가진 자녀의 양육 문제로 상담을 받고자 할 때 대부분의 치료자들은 부모-자녀 간 상호작용에는 관심을 갖지만, 부모 간의 관계에는 상대적으로 적은 관심을 보인다. 가족치료 접근법을 사용하는 치료자들조차 자녀의 문제가 발생하고 지속되는 관계적 맥락에 초점을 두면서도, 이에 순환적으로 영향을 미치는 부부간 역동에는 주의를 기울이지 않는 경우가 많다. 부모가 함께 자녀를 양육하는 과정에서 의견 불일치나 여러 도전 과제에 직면하는 것은 불가피하며, 자녀가 정서나 행동상의 문제를 가지고 있을 때 부부간의 갈등은 더욱 심화되어 자녀의 치료를 방해하는 장애물이 될 수 있다.

Wymbs 등(2022)은 이러한 맥락에서 자녀의 ADHD나 문제행동 치료를 위해 행동적 부모 훈련(BPT)과 통합적 행동부부치료(IBCT)를 결합한 접근을 제안했다. 이들에 따르면, 치료 회기는 효과적인 양육과 부부간 의사소통 기술에 대한 교육으로 시작하여, 이를 부부가 경험하는 구체적인 어려움에 적용하는 방법을 논의하는 것으로 구성된다. 이후 부모 간 또는 치료자와의 역할극, 실제 자녀와의 상호작용 연습을 통해 학습한 기술들을 강화하고, 이를 일상생활에서 실천하면서 부부간 갈등을 해소하고 자녀의 문제행동에 일관되게 대응하도록 도울 수 있다. 그러나 정서적, 행동적 장애를 가진 아동이나 청소년의 부모를 대상으로 하는 부부치료에 대한 접근법이나 연구가 아직 현저히 부족한 실정이므로 앞으로는 이에 관한 많은 관심이 요구된다.

---- Chapter 2 ----

부부치료의 인식론적 기반

　인식론이란 세상과 현상을 이해하고 해석하는 근본적인 틀 또는 세계관이다. 인식론은 '세상을 기본적으로 어떻게 바라보는가'의 문제와 관련된다. '근본적인' 관점이라는 특성 때문에, 우리는 삶을 살아가면서 어떤 관점으로 이 세상을 바라보는지, 즉 어떤 인식론을 가지고 현상을 이해하고 해석하는지 잘 자각하지 못한다. 또한 자신이 현재 장착하고 있는 인식의 틀 이외에 어떤 또 다른 인식론이 있을 수 있는지 인지하지 못하는 경우가 일반적이다.

　부부치료의 맥락에서 인식론은 각 부부치료 모델의 토대를 구성하고 있다. 그러나 치료자들은 각 모델의 핵심 개념들과 접근 방식이 어떤 인식론적 세계관에 뿌리를 두고 있는지 깊이 있게 이해하지 못하는 경우가 많다. 이는 치료자 자신이 어떤 인식론을 통해 부부 갈등과 치료 과정을 바라보고 있는지 자각하지 못하는 경향과도 연결된다. 인식론과 이론적 모델은 모두 '관점'을 나타내지만, 이들의 본질적 차이를 자동차에 비유하여 설명하자면 다음과 같다. 다양한 부부치료 모델을 이해하고 사례의 특성에 맞게 특정 모델을 적용하는 것은, 같은 자동차로 도로 상황에 따라 주행 모드를 시내주행, 고속도로, 험로 등으로 전환하는 것과 같다. 반면, 다양한 인식론을 이해하고 사례에 적용하는 것은 세단에서 SUV로, 또는 전기차에서 하이브리드 차로 자동차 자체를 바꾸는 것과 같다고 할 수 있다. 이는 단순한 기능의 전환이 아닌, 세상을 바라보는 근본적인 관점의 전환을 의미한다.

부부나 가족치료 문헌에서는 인식론을 설명할 때, 주요 개념들을 중심으로 이론적 설명에 치중하는 경향이 있다. 그러나 부부치료 모델과 인식론은 서로 분리될 수 없는 관계이므로, 인식론이 실제 치료 모델에서 어떻게 구현되는지를 이해하는 것이 중요하다. 부부치료 모델들이 어떤 인식론에 기반을 두고 있는가에 따라 부부 문제의 정의나 의미가 달라지고, 이에 따라 치료적 접근 방식 또한 확연히 달라지게 된다. 부부치료에서 인식론은 치료자의 기본적인 역할과 태도, 접근 방식을 결정하기도 한다. 따라서 우리가 현재 장착하고 있는 인식론과는 전혀 다른 인식론을 이해함으로써 부부 문제에 대한 이해의 폭은 더 넓어지고 개입의 스펙트럼은 더 확장된다. 부부치료(혹은 부부가족치료)라는 정신건강 분야가 '부부'나 '가족'을 주요 대상으로 한다는 것 이외에 다른 정신건강 분야와 구별되는 독특한 인식론에 기반을 두고 있다는 점은 사실상 부부치료 분야의 정체성을 형성하는 핵심 요소라고 할 수 있다.

이 책에서 지향하는 '통합적 관점'은 치료자가 부부 사례의 다양한 맥락과 특성에 적합한 개입 방식을 선택할 수 있는 폭넓은 스펙트럼을 장착하도록 돕는다. 이러한 접근은 다양한 인식론에 관한 이해를 필요로 한다. 인식론을 깊이 이해하는 것은 치료자가 활용할 수 있는 여러 대의 자동차를 보유하는 것과 같다. 이는 치료자가 단순히 도로 상황에 따라 주행 모드를 전환하는 것을 넘어, 부부의 독특한 여정에 맞춰 세단에서 SUV로, 또는 전기차에서 하이브리드 차로 차종 자체를 바꿀 수 있는 유연성을 제공한다. 여기서는 다양한 부부치료 모델들을 이해하는 데 중요한 두 가지의 인식론을 중심으로 살펴보되 이론적 개념들에 관한 설명보다는 부부 문제와 변화를 이해하는 기본적인 틀로서 인식론이 어떤 의미를 가지는지를 중심으로 설명하고자 한다.

1. 체계론적 인식론

체계론적 인식론을 교육 현장에서 가르치다 보면, 교수자마다 자신만의 고유하고 다양한 방식으로 설명하게 된다. 부부가족치료 분야(MFT/CFT)가 학생들에게 어렵게 느껴지는 주된 이유 중 하나가 인식론 이해의 어려움, 혹은 인식 전환의 어려움에 있기 때문에, 교육자들은 각자 이해하기 쉬운 교수법을 개발하게 되는 것이다. 부부가족치료 분야의 체계론 관련 서적들을 보면, 학자들마다 다양한 비유를 활용한다. Becvar와 Becvar(2003)는 9개의 점 문제(Nine-dot problem)를 통해, Smith-Acuna(2019)는 '글자와 패턴' 게임이나 '장님 코끼리 만지기' 이야기를 통해 인식의 전환을 비유적으로 설명한다. 필자의 경우에는 유튜브 영상과 함께 '어느 중국지도자의 참새섬멸작전' 이야기를 비유로 사용하곤 한다.

이와 같은 비유들이 부부가족치료와는 무관해 보이지만 체계론을 효과적으로 설명할 수 있는 것은, 체계론이 인식론, 즉 근본적인 차원의 세계관이기 때문이다. 이 세상의 모든 현상을 바라보고 이해하는 근본적인 틀이므로, 체계론적 인식론 역시 상담 이외의 다양한 현상이나 대상에 적용할 수 있다. 이러한 특성 때문에 교육자들은 학습자가 가장 이해하기 쉬울 만한 비유를 선택하게 된다. 그러나 모든 교수법에는 장단점이 있다. 이에 여기에서는 간접적인 비유적 설명보다는 '부부'라는 대상을 어떻게 바라볼 수 있는가라는 질문을 중심으로 직접적인 설명을 시도하고자 한다.

1) 부부를 바라보는 일반적 인식론

우리 사회에서 일반적으로 공유하고 있는 인식론으로 부부를 상담한다면, 남편과 아내 각 개인에 대한 이해와 각 개인의 변화에 관심을 둘 것이다. 이러한 관점에서는 남편과 아내 각 개인의 인지, 정서, 행동 등의 영역에 어떤 역기능적 문제가 있는지 파악하고, 각 영역이 보다 잘 기능할 수 있도록 도울 것이다. 치료자가 부부 각 개인의 인지적 영역에 초점을 둔다면 인지치료 모델을, 정서적 영역에 중점을 둔다면 경험주의적 모델을, 행동적 영역에 관심을 둔다면 행동치료 모델을 적용할 수 있다. 이러한 치료 모델들은 서로 다른 접근 방식을 가지고 있지만, 인식론적 측면에서 중요한 공통점을 지닌다. 인지적, 정서적, 행동적 영역 중 어디에 초점을 두고 접근하든지 간에 모두 각 '개인'의 특성에 초점을 두고 있는 것이다. 즉, 인지적, 정서적, 행동적 영역 중 어디에 초점을 두든 궁극적으로 각 '개인'의 특성과 변화에 주된 관심을 둔다는 점이다. 또 다른 공통점이 있다.

부부의 각 개인에게 어떤 문제가 있는지 파악해 나갈 때 인지적 영역의 '비합리적 사고'든, 정서적 영역의 '억압된 정서'든, 행동적 영역의 '역기능적 행동'이든 간에 모두 문제 발생에 기여한 특정 원인을 밝혀내고자 한다. 즉, 치료자가 남편과 아내 각 개인에게 관심을 둔다면 필연적으로 부부 문제가 발생한 원인을 각 개인의 특정 요소에서 찾게 된다. 이처럼 개인에 초점을 맞추고 문제의 원인을 특정 요소에서 찾으려는 관점은 상담자들의 일반적인 인식론일 뿐만 아니라, 우리가 일상적으로 세상과 현상을 이해하는 매우 친숙한 방식이기도 하다. 이 친숙한 인식론을, 전혀 다른 새로운 인식론과 비교해 보기 전까지 우리는 이런 기본적 관점으로 세상과 현상, 문제와 변화를 바라보고 이해하고 있었음을 자각하기란 쉬운 일이 아니다. 우리에게 친숙한 개인 중심적 인식론과는 달리, 또 다른 새로운 인식론에 따라 부부를 바라본다면 다음과 같은 이해가 가능하다.

2) 상호연결된 전체로서의 부부

필자는 현상이나 대상을 체계론적으로 보기 위해서 먼저 '줌 아웃(zoom out)'해서 바라보기를 권한다(실제로 수업 시간에 학생들에게 자신의 손을 눈 앞에 가까이 둔 상태에서 점차 뒤로 멀리하며 관찰하도록 한다). 현상이나 대상과 이렇게 거리를 두고 바라보면, 이전에는 자각하지 못했던 대상 주변의 요소들이 전체적으로 눈에 들어오게 된다. 처음에 인식했던 대상은 이제 고립된 개체가 아닌 '전체' 속의 일부로 존재하게 된다. 예를 들어, 처음에 한 개의 손가락만 보였다면 줌 아웃했을 때는 그 손가락과 연결된 다른 손가락들과 함께 전체 손의 모습을 자각하게 되는 것이다. 이를 통해 처음 바라보았던 손가락이 독립된 개체가 아닌, 전체 손의 일부이자 다른 손가락들과 연결된 존재임을 알게 된다(마찬가지로 Bowen 관점에서 가계도를 그리는 것은 부부나 가족을 '다세대'라는 더 큰 전체 속에서 바라보도록 '줌 아웃'하는 과정이라 할 수 있다. 정서중심적 부부치료에서도 각 개인의 정서를 이해하되, '줌 아웃'하여 부부라는 더 큰 전체 속에서 이들의 상호작용 패턴과 과정을 바라본다).

이러한 관점으로 부부를 바라볼 수 있다. 남편과 아내를 개별적 존재로 보기보다는, 줌 아웃하여 하나의 연결된 전체로 바라볼 수 있는 것이다. '부부'라는 전체 속에서 남편과 아내는 서로 지속적으로 영향을 주고받으며 역동적인 관계를 형성하는데, 이러한 특성으로 인해 부부는 '상호연결된 전체'가 된다. 마치 모빌의 한 부분이 움직이면 다른 부분들도 함께 움직이듯이, 부부 관계에서도 한 사람의 행동이나 감정은 상대방뿐만 아니라 관계 전체에 영향을 미치게 된다. 이처럼 부부를 하나의 상호연결된 전체로 인식하게 되면, 각 개인의 인지, 정서, 행동적 특성에 초점을 두던 기존의 이해와는 전혀 다른 새로운 차원이 열리게 된다. 부부를 하나의 전체로 바라보게 되면, 더 이상 부부 문제의 원인을 각자가 가진 개인적 특성(인지적, 행동적, 정서적 특성 등)에서만 찾기 어려워진다. 개별 요소가 아닌 '상호연결된 전체로서의 부부'에 초점을 맞추게 되는 것이다.

3) 순환적 상호작용 패턴 속의 부부 문제

이제 부부라는 상호연결된 전체의 내부를 들여다보자. 그 안에서 남편과 아내는 서로 영향을 주고받으며, 각자의 생각과 감정, 행동이 두 사람 간의 상호작용을 통해 긴밀하고 순환적으로 연결되어 있다. 예를 들어, 부부 관계에서 남편의 '일 몰입'과 아내의 '관심 요구'는 서로 영향을 주고받으며 순환적인 상호작용 패턴을 형성할 수 있다. 남편의 일 몰입이 깊어질수록 아내의 외로움과 우울감은 커지고 이는 더 많은 관심 요구로 이어진다. 또한 아내의 관심 요구가 높아질수록 남편은 일에 더욱 몰입하게 되는데, 이러한 상호작용은 계속해서 반복되며 악순환의 패턴을 만들어 낼 수 있다. 이러한 관점에서 부부 문제를 바라보면, 개인의 특정 요소에서 원인을 찾기보다는 부부라는 전체의 역동성 속에서 일어나는, 상호 연결된 요소들의 상호작용 양상과 패턴의 일부로 부부 문제를 이해하게 된다. 즉, 부부 문제는 독립적으로 존재하는 것이 아니라 부부라는 전체 체계 내에서 순환적으로 반복되는 상호작용 패턴의 한 부분으로 작용하며, 이 순환적 패턴에 의해 지속된다고 보는 것이다. 예를 들어, 아내가 외로움과 우울감을 호소할 때, 상담자는 이러한 감정의 원인을 아내 개인의 인지, 행동, 과거 경험 등 개별적 요소에서 찾기보다는 부부라는 체계 내에서 반복되는 상호작용 패턴의 일부로 바라본다. 다시 말해, 아내의 부정적 감정은 부부 사이의 상호작용 패턴 속에서 발생하고 유지되는 순환적 과정의 한 부분으로 이해되는 것이다.

4) 부부문제에 대한 체계론적 접근

부부를 상호연결된 전체 체계로 보고, 그 전체 체계 속에서 순환적으로 반복되는 상호작용 패턴 속에서 부부 문제를 바라보는 상담자는 부부 문제의 특정 원인을 찾아 제거하는 데 집중하기보다는 전체 부부 체계의 상호작용 양상과 패턴을 변화시키는 데 초점을 둔다. 기존과는 다른 새로운 상호작용 패턴이 형성되면, 기존 체계의 균형을 유지하기 위해 전체의 일부로서 존재하던 문제 행동이나 감정이 더 이상 그 기능을 수행할 필요가 없어지게 되기 때문이다. 여기서 주목할 점은, 부부의 상호작용 패턴을 변화시키는 것이 단순히 의사소통 방식을 개선하는 것과는 다르다는 것이다. 부부 의사소통 개선이 주로 각 개인의 표현과 경청 기술을 훈련하는 행동적 접근이라면, 체계론적 접근은 부부라는 전체 체계의 역동성 변화에 초점을 맞춘다. 체계론적 관점에 기반한 다양한 부부치료 모델들은 공통적으로 부부 문제를 유지시키는 부부 체계 내 역동성과 상호작용 패턴을 파악하고, 이를 변화시키는 데 초점을 둔다. 예를 들어, 정서중심적 부부치료는 내재된 정서에 접근하여 이를 배우자와 서로 나누도록 하여 부부 체계의 변화를 촉진한다. MRI 전략적 부부치료 모델은 기존의 문제해결 시도와는 전혀 다른 새로운 시도를 하도록 하여 체계의 변화를 유도한다. 또한 다세대 가족체계 부부치료는 다세대 맥락에서 반복되는 패턴을 확인하고 자기분화를 향상시키는 데 중점을 둔다. 이처럼 각각의 모델들은 서로 다른 방식으로 부부 체계의 변화를 도모한다.

2. 사회구성주의적 인식론

체계론적 인식론과는 또 다른 근본적인 세계관이 존재한다. 이 세계관은 우리에게 익숙한 개인 중심적, 선형적 관점뿐만 아니라 앞에서 설명한 체계론적, 순환적 관점과도 크게 다르다. 이러한 차이를 강조하는 이유는 이 세계관을 기존 관점의 연장선으로 오해할 수 있기 때문이다. 이러한 오해는 이 세계관에 기반한 해결중심적 부부치료나 이야기 부부치료에 대한 이해마저 왜곡시킬 수 있다.

1) 사회적 구성체로서의 부부 문제

사회구성주의라 불리는 이 세계관은 기존 인식의 틀로 세상과 현상을 이해하거나 분석하지 않는다. 치료자가 부부 개개인의 인지, 정서, 행동 영역에 초점을 두거나 부부 체계에 주목한다는 것은 이미 특정한 인식의 틀을 가지고 부부를 바라본다는 것을 의미한다. 이러한 인식의 틀에는 부부의 특정 모습을 역기능적 '문제'로 규정하고, 이를 해결하여 기능적인 다른 모습으로 '변화'시켜야 한다는 전제가 내포되어 있다. 즉, 객관적 실체로서의 '문제'와 '변화'를 정의하는 인식의 틀로 부부를 바라보는 것이다.

그러나 어떤 부부가 과연 더 기능적이거나 역기능적인가는 특정한 사회문화적 맥락과 관점에 따라 달라질 수 있다. 필자는 연예인 부부들의 생활상을 보여 주는 한 관찰 예능 프로그램에서 흥미로운 장면을 본 적이 있다. 자주 티격태격하는 것으로 유명한 개그맨 부부와 거의 다투지도 않고 모범적인 부부로 알려진 유명 배우 부부의 남편이 함께 출연하였다. 프로그램에서 개그맨 부부가 다투는 장면이 나올 때마다 배우 부부의 남편은 좋은 부부 관계를 위한 조언을 건네곤 했다. 물론 부부가 행복했으면 하는 마음에서 하는 조언이었지만, 문득 이런 의문이 들었다. '과연 개그맨 부부가 배우 부부보다 더 문제가 있고 역기능적인 부부라고 할 수 있을까?' 사실 모든 부부에게는 그들만의 고유한 역사와 이야기, 그리고 강점이 있다. 따라서 어떤 부부가 더 기능적이거나 역기능적인지를 객관적으로 판단하기란 어려울 수 있다. 어떤 사회문화적 맥락과 관점에서 보는가에 따라 다르게 이해될 수 있기에 한 부부가 다른 부부를 본받아 변화해야 한다고 볼 필요는 없는 것이다.

즉, 우리가 흔히 말하는 '문제'란 사실 객관적 실체라기보다는 특정 맥락과 관점에 의해 규정되고, 사람들 간의 대화와 상호작용을 통해 사회적으로 구성되는 것이다. 이는 마치 앞서 언급한 예능 프로그램에서 진행자와 출연진이 배우 부부와 비교하여 개그맨 부부를 '문제가 있는' 부부로 규정하고, 이에 관해 서로 대화를 나누면서 '부부 문제'라는 현상을 특정 관점에서 함께 구성해 나가고 있는 것과 같다. 그간 우리가 익혀온 대부분의 치료 모델들은 문제를 객관적인 실체로 가정하고, 이렇게 실체화한 문제를 해결하고자 개발된 틀이라고 할 수 있다.

2) 부부 문제에 대한 사회구성주의적 접근

앞에서 기술한 사회구성주의적 시각으로 세상과 현상을 바라보면, 부부 문제는 객관적인 실체로 존재하지 않는다. 이를 해결하기 위해 개발된 틀 역시 절대적 진리가 될 수 없다. 이러한 틀들은 특정한 시대와 문화적 맥락에서 만들어진 사회적 합의의 산물이라 할 수 있다. 우리는 부부 문제를 포함한 모든 현상을 규정해 온 틀이 실제로는 일종의 신기루와 같았음을 깨닫게 된다. 이는 우리에게 무한한 가능성을 제공한다. 이러한 인식은 기존의 각종 틀에서 벗어나 자유로운, 오직 텅 빈 새로운 창조의 공간을 열어주는 것이다.

이 공간에서 치료자는 더 이상 전통적인 의미의 '전문가'로 자신을 규정할 수 없다. 전문가의 역할은 문제와 그에 관한 지식을 객관적 실체로 볼 때에만 유효하기 때문이다. 대신 치료자는 부부와 협력하여 이들이 선호하는 방향의 새로운 이야기를 함께 만들어 가는 촉진자로서 기능할 수 있다. 이 과정에서 치료자는 기존의 문제 틀과는 전혀 상관없는 새로운 의미를 구성하고자 부부의 강점, 자원, 예외적 상황, 그리고 독특한 결과들을 지속적으로 탐색한다. 이러한 접근은 단순히 긍정 심리학적 관점에서 장점과 자원을 찾아나가는 것과는 다른 것이다. 객관적으로 존재하는 강점을 발견하고자 하는 것이 아니라, 강점 자체가 대화를 통해 구성되는 것으로 보고, 이러한 탐색 과정을 새로운 현실의 공동 구성으로 이해하기 때문이다.

Part 2

부부치료의
이론적 모델

현대 부부치료의 대표적인 아홉 가지 주요 모델들을 체계적으로 살펴보고자 한다. 다음 페이지에 소개된 열 가지 핵심 요인을 기준으로 각 이론적 모델의 특성을 분석하고 설명하여, 모델들 간의 차이점을 비교할 수 있도록 하였다. 이를 통해 각 이론의 고유한 관점과 실천적 의의를 심도 있게 파악하고, 나아가 통합적 관점에서 부부 사례에 효과적으로 접근할 수 있는 기반을 마련하고자 하였다.

1. **이론적 배경**: 각 이론적 모델이 발전해 온 과정과 이를 이끈 주요 이론가들, 그리고 그 인식론적 토대를 살펴본다.

2. **기본 관점**: 각 모델이 기반으로 하는 인간관, 부부관, 문제관과 변화관을 살펴본다. 이 는 건강한 부부와 불건강한 부부의 특성 차이, 부부 문제의 발생과 지속 요인, 부부간 갈등과 문제의 심화 과정, 그리고 부부의 변화 기제에 대한 이해를 포함한다.

3. **주요 개념**: 각 모델의 핵심적인 주요 개념들을 살펴본다.

4. **평가와 사례개념화**: 각 모델에서 제시하는 사례개념화의 틀과 이에 필요한 주요 평가 요인들을 살펴본다.

5. **치료적 초점과 목표**: 각 모델의 사례개념화를 바탕으로 도출되는 치료적 초점과 목표 를 살펴본다.

6. **치료 과정과 구조**: 각 모델에서 제시하는 치료의 진행 과정과 단계, 그리고 회기 구성 과 빈도 등의 치료 구조를 살펴본다.

7. **치료자 역할**: 각 모델에서 치료자가 취해야 할 태도와 역할, 그리고 치료자–내담자 관 계의 특성을 살펴본다.

8. **치료적 개입**: 각 모델에서 활용하는 구체적인 치료적 개입 기법과 전략들을 검토한다.

9. **사례 적용**: 각 이론적 모델의 관점과 개입 방식을 부부 사례에 적용하여 제시한다. 포 스트모더니즘 모델들의 경우, 그 인식론적 특성에 따라 치료자와 부부간의 대화를 중 심으로 구성하여 제시하였다. 제시된 사례들은 임상 경험을 토대로 재구성하되 비밀보 장을 위해 식별 가능한 모든 정보를 변환한 것이다.

10. **통합적 관점에서의 평가**: 치료자가 부부 사례의 특성에 따라 통합적, 절충적으로 접 근할 때 각 모델이 기여할 수 있는 고유한 의의와 실천적 함의를 논의한다.

Chapter 3

인지행동적 부부치료

1. 이론적 배경

인지행동적 부부치료(Cognitive-Behavioral Couple Therapy, CBCT)는 1980년대 초에 등장하여 지속적으로 발전해 온 접근으로, 그 이론적 토대는 주로 세 가지 관점으로부터 형성되었다(Baucom et al., 2020; Baucom et al., 2022; Epstein & Baucom, 2002). 이는 행동적 부부치료(BCT), 인지치료(CT), 그리고 생태학적 관점이다. 먼저, 행동적 부부치료(BCT)의 영향은 1960년대 후반 학습의 원리를 부부 문제에 적용하면서 시작되었다. BCT는 부부의 행동이 서로가 제공하는 강화와 처벌을 통해 형성되고 수정될 수 있다고 보았으며, 부부 갈등의 주된 원인을 관계에 필요한 행동 기술의 결핍으로 보고 효과적인 의사소통과 같은 긍정적 상호작용 행동 기술의 학습을 강조했다. 두 번째로, 인지치료(CT)의 영향으로 부부의 인지적 측면을 중요하게 다루게 되었다. 관계에서 발생하는 사건들에 대한 부부 각자의 해석과 평가가 서로에 대한 정서와 행동 반응을 결정한다고 본 것이다. 특히 인지적 처리 과정에서 발생하는 인지적 왜곡이나 관계에 대한 역기능적 도식이 부부 갈등의 핵심 원인이 될 수 있다고 보았다. 이에 CBCT는 BCT의 행동적 개입을 유지하면서도 인지적 요소들을 통합하여, 부부의 행동뿐 아니라 인지적, 정서적 반응들도 관계 개선을 위한 핵심 요소로 다루게 되었다. 더 나아가 CBCT는 인지와 정서를 직접적으로 다루는 개입까지 포함하도록 확장되었으며, 그 결과 치료자들은 각 부부의 필요에 따라 폭넓은 범위의 개입 방법을 활용할 수 있게 되었다(Epstein & Baucom, 2002; Fischer et al., 2016). 마지막으로, 생태학적 관점의 영향으로 CBCT는 각 개인뿐만 아니라 부부, 그리고 더 넓은 사회환경이라는 세 가지 수준에서의 상호작용을 고려하게 되었다. 이는 부부의 문제를 이해할 때, 부부를 구성하는 각 개인, 하나의 단위로서의 부부, 그리고 가족, 직장, 사회와 같은 더 넓은 맥락을 모두 고려해야 함을 의미한다(Baucom et al., 2020; Baucom et al., 2022). CBCT는 이러한 세 가지 이론적 관점들을 통합하여, 부부의 인지적, 정서적, 행동적 측면을 다양한 체계 수준에서 포괄적으로 다루는 접근법으로 발전해 왔다.

2. 기본 관점

CBCT에서 바라보는 건강한 부부 관계는 서로의 성장과 안녕에 기여하면서도 부부라는 하나의 단위로서 잘 기능하며, 환경의 요구와 자원에 적응적으로 대응하는 관계이다. 이러한 관계의 부부들은 자신들의 욕구, 성격 요인 등 서로 간의 차이를 협상을 통해 잘 극복해 나간다(Baucom et al., 2022; Fischer et al., 2016). 부부 관계에서의 기본적 욕구는 자율성, 통제, 성취와 같은 개인적 차원의 욕구와 친밀감, 이타성, 소속감과 같은 공동체적 욕구를 포함하는데, 이러한 욕구나 선호도에서의 부부간 차이가 관계 문제의 원인이 될 수 있다. 예를 들어, 친밀감에 대한 욕구나 통제에 대한 선호도가 서로 다른 부부는 각자 자신의 욕구가 충족되지 않아 생기는 좌절감에 반응하여 정서적으로 불안해지고, 서로에게 부정적으로 행동하며, 상대방의 행동을 왜곡해서 해석하게 된다. CBCT에서는 이와 같이 기본적인 욕구가 충족되지 않아 생기는 스트레스를 '1차 스트레스(primary distress)'로 설명한다. 반면, 1차적 스트레스에 대응하여 부부가 서로에게 영향을 미치는 부적응적인 전략을 사용하게 되면 '2차 스트레스(secondary distress)'가 발생할 수 있다(Baucom et al., 2020; Epstein & Baucom, 2002). 부적응적인 전략의 예로, 각자 욕구가 충족되지 않을 때 서로 회피하거나 언어적으로 공격하는 행동을 할 수 있는 것이다.

건강하게 기능하는 관계의 부부는 자신들이 부부라는 하나의 단위로서의 감각과 정체성을 가지고 있으며, 이러한 정체성은 구체적인 행동이나 일상 습관, 생활 방식으로 드러난다. 이러한 부부는 관계상의 만족스러운 경계를 설정하여 상대방과 공유될 수 없는 영역을 명확히 하고, 양측 모두가 건강한 관계를 위해 노력을 기울이며, 변화하는 환경에 반응하여 안정성과 변화의 균형을 잘 유지해 나간다. 특히 가족생활주기상의 각종 전환기에 힘과 자원을 어떻게 분배하고 어떻게 의사결정해야 하는지, 그리고 부부로서의 연결감을 유지하기 위해 어떻게 소통해야 하는지 등을 결정하면서 유연하게 환경에 적응해 나간다(Baucom et al., 2020; Epstein & Baucom, 2002).

CBCT에서는 기본적으로 부부 관계를, 각자 행동, 인지, 감정을 가진 두 명의 개인이 상대방과 서로 상호작용하면서 양방향적인 행동과 반응을 지속하는 특성을 가진 관계로 본다. 이러한 관점에서 CBCT는 역기능적인 부부 관계의 문제에 관해 어떤 단일한 원인이나 메커니즘이 있다고 가정하지 않는다. 부부 관계의 역기능성과 문제는 각자의 행동, 인지, 감정뿐만 아니라 둘 간의 상호작용, 서로에게 영향을 미치는 일련의 행동과 반응을 포함한 여러 요인들의 조합의 결과로 나타나며, 특히 특정 부부에게 가장 관련있는 요인들의 결합으로 발생하는 것으로 본다(Baucom et al., 2022).

이러한 문제에 대한 관점은 변화에 대해서도 유사하게 적용된다. 어떤 단일한 변화의 메커니즘이나 치료적 요인이 있는 것이 아니고, 관계를 향상시키기 위해 어떤 부분이 변화해야 하는지는 각 부부마다 다르다고 보는 것이다. 따라서 CBCT 치료자는 부부와의 강한 치료적 관계하에 부부의 고유한 특성을 고려하여 다양한 개입 방법을 활용한다. 예를 들어, 의사소통 훈련과 같은 행동적 개입, 관계에 대한 왜곡된 사고를 다루는 인지적 개입, 그리고 정서 조절이나 표현을 다루는 정서적 개입을 부부의 필요에 따라 적절히 활용한다(Fischer et al., 2016).

3. 주요 개념

(1) 행동적 상호성

행동적 상호성(behavioral reciprocity)은 부부간 긍정적, 부정적 행동이 서로에게 영향을 미치며 강화되는 과정을 의미한다. 부부 중 한 사람의 행동이 상대방의 반응을 이끌어 내고, 이는 다시 원래 행동을 한 사람의 다음 행동에 영향을 미치는 순환적 패턴을 형성한다.

(2) 관계 도식 처리

관계 도식 처리(relationship schematic processing)는 부부가 관계 사건들을 어떻게 해석하고 처리하는지에 관한 인지적 과정을 의미한다. 건강한 부부 관계에서는 긍정적, 부정적 측면을 균형 있게 인식하고, 서로의 행동이 상대방에게 미치는 영향을 이해한다.

(3) 정서적 반응성

정서적 반응성(emotional reactivity)은 부부가 서로의 행동이나 상황에 대해 보이는 정서적 반응의 강도와 패턴을 의미한다. 이는 정서의 유형, 강도, 표현 방식을 포함하며, 관계의 질에 중요한 영향을 미친다.

(4) 관계 규범

관계 규범(relationship standards)은 부부가 관계에 대해 가지고 있는 기대와 믿음 체계를 의미한다. 이는 관계가 어떠해야 하는지에 대한 기준을 제공하며, 때로는 비현실적이거나 경직된 형태로 나타나 관계 갈등의 원인이 될 수 있다.

(5) 안내된 발견

안내된 발견(guided discovery)은 치료자가 부부로 하여금 새로운 경험을 통해 자신들의 관계를 이전과는 다른 관점에서 보고 이해하도록 돕는 과정이다. 치료 자가 직접적으로 설득하거나 해석을 제공하기보다는, 부부가 실제 경험을 통해 관계에 대한 새로운 이해와 관점을 발견하도록 이끄는 것을 강조한다.

4. 평가와 사례개념화

1) 평가

CBCT에서 평가는 부부 사례를 효과적으로 개념화하고, 맞춤형 치료 계획을 개 발하는 데 중요한 역할을 한다. CBCT 치료자는 부부의 관계 문제를 각 부부에게 고유한 개인, 부부, 환경적 요인들이 복합적으로 작용한 결과로 보기 때문에, 이 러한 다양한 영역 내의 인지, 정서, 행동 요인들을 다각도로 평가한다(Fischer et al., 2016). 평가는 보통 첫 2회기에서 4회기 동안 진행하며, 평가 회기는 1시간 반 에서 2시간 동안 지속된다. 평가를 위해 (1) 부부와의 공동 회기, (2) 자기보고식 질문지, (3) 부부 의사소통의 직접 관찰, (4) 부부 각자와의 개별 회기 방법이 사용 된다. 평가 과정 동안 치료자는 부부가 서로 대화하도록 하는 대신에, 한 번에 한 명씩 치료자와 대화하도록 하고 다른 파트너는 이를 듣도록 한다. 이러한 구조화 는 문제를 탐색할 때 부부간 갈등이 급격히 고조되는 것을 방지하는 데에 도움을 준다. 평가를 기반으로 사례개념화가 이루어지고, 피드백 회기에서 부부와 함께 논의한다(Baucom et al., 2020; Baucom et al., 2022; Epstein & Baucom, 2002). CBCT 치료자가 부부 사례를 평가할 때 고려하는 요인들은 다음과 같다.

(1) 부부의 주요 호소 문제

부부 각자가 호소하는 주된 문제가 무엇인지에 관해 각 파트너와 약 5~10분 동안 대화하여 파악한다. 호소 문제를 통해 치료자는 주요 문제에 관한 부부 각자의 관점을 확인할 수 있으며, 이때 치료자는 문제에 대한 관점이 부부 각자가 다를 수 있음을 주지한다.

(2) 부부 관계의 역사

부부 관계의 역사에 관한 정보는 현재 문제를 발달적인 맥락에 둠으로써 호소 문제가 시간의 흐름에 따라 어떻게 발전했는지, 부부가 겪는 고통의 원천이 무엇인지 파악하는 데 도움을 준다. 부부가 처음 만난 이후에 관계를 발전시켜 온 과정을 시간순으로 탐색하면서 발달상의 중요한 사건 및 전환기, 부부가 이러한 사건을 어떻게 대처했는지, 그리고 그 과정에서 각 개인 및 부부가 어떤 강점과 자원이 있었는지 평가한다. 부부 관계의 역사를 파악하는 동안 치료자는 부부의 행동과 상호작용 패턴, 주요 상황에 대한 인지와 정서적 반응, 부부 관계의 전반적인 정서적 분위기 또한 평가할 수 있다. 관계 초기, 서로에게 끌렸던 매력이 무엇이고 그때의 관계 역동이 어떠했는지 평가하는 것은 부부가 긍정적인 감정을 재경험하게 하고 부부 강점에 초점을 맞출 수 있어서 희망감을 불러일으킬 수 있다.

(3) 현재 관계의 기능

치료자는 현재 부부 관계의 기능을 평가한다. 부부 관계에 대한 전반적인 만족도가 어떤지, 부부 생활의 주요 영역(의사소통, 친밀감, 자녀양육, 재정 관리 등)에서 각자가 바라는 변화가 무엇인지, 현재 부부의 갈등이 어떻게 다루어지고 있는지, 그리고 성생활에 관한 걱정이나 알코올 및 중독성 물질의 사용 여부, 부부간 공격 및 폭력적 행동에 관해 질문한다. 각 개인의 기능 및 정신병리 영역을 포함하여 평가한다. 현재 관계의 기능을 효율적으로 평가하기 위해 각 영역에 관한 측정 도구를 사용할 수도 있다.

(4) 부부 의사소통 관찰

부부가 7분에서 10분 정도의 대화를 나누도록 요청하고 치료자는 그 의사소통 과정을 관찰한다. 관계에서 다소 걱정되는 영역에 관해 부부가 대화하도록 해서 의사결정 방식을 관찰할 수 있고, 자신이나 관계에 대한 생각과 감정을 서로 나누도록 요청하여 각자의 표현 및 경청 기술을 평가할 수 있다.

(5) 부부 각자의 과거력과 기능

부부 각자와 20분에서 30분 정도의 개별 면담을 통해 현재 부부 관계에 영향을 미치는 각 개인의 과거력 및 기능에 관해 평가한다. 치료자는 남편 혹은 아내에게 현재의 삶에 영향을 미치는 과거의 주요 사건, 어린 시절 부모 및 원가족과의 경험을 통해 형성된 관계에 대한 기본 틀과 패턴, 과거의 친밀한 관계 경험, 신체적 및 정신적 건강 관련 문제, 학력 및 직무 경력 등에 관해 질문한다. 개별 면담 시간은 짧기 때문에 치료자는 가능한 각 평가 영역에 관해 간략하게 이야기해 주기를 요청하고, 특히 현재의 관계 기능에 가장 밀접하게 영향을 미치는 내용에 초점을 둔다.

2) 사례개념화

사례개념화는 평가 과정에서 수집된 정보를 통합하는 작업으로, 각 부부 사례에 적합한 방식으로 맞춤화하여 구성한다. 이를 위해 CBCT 치료자는 (1) 부부와 개인, 그리고 이들을 둘러싼 환경적 요소들을 포함한 전체적인 맥락과 (2) 각 개인의 인지, 정서, 행동을 포함한 CBT 관점, 이 두 가지의 틀을 바탕으로 하여 각 부부의 특성에 맞는 맞춤형 사례개념화를 발전시킨다(Baucom et al., 2020; Epstein & Baucom, 2002). 먼저 치료자는 부부의 고통을 지속시키는 가장 핵심적인 3~4가지 주요 주제(예: 친밀감 부족, 의사소통 문제 등)를 선택한 다음, 각 주제 내에서 부부에게 영향을 미치는 요인들을 세부적으로 파악하여 정교화한다. 이러한 정교화 과정에는 각 주제가 일상생활에서 어떻게 구체적으로 나타나는지에 관한 세부 사항을 포함하며, 각 주제들이 서로 어떻게 연관되는지에 관해서도 탐색한다. 예를 들어, '친밀감 부족'이라는 주제가 선택되었다면, 이 주제가 부부의 일상생활에서 어떤 식으로 나타나는지 세부적으로 탐색하는데, 여기에는 대화 부족, 신체적 접촉 회피, 공동의 활동 부재 등으로 나타날 수 있다. 또한 치료자는 친밀감 부족과 의사소통 문제라는 두 가지 주제에 대해 이들의 상호 연관성을 파악할 수 있다. 주제들 간 연관성을 고려하면서 파악된 각 주제에 다양한 인지적, 행동적, 정서적 개입 기법들을 적용하여 치료 계획을 세운다.

3) 치료 계획

치료자는 사례개념화를 토대로 잠정적인 치료 계획을 수립하고, 이를 부부와 논의하여 수정한다. 이 계획에는 부부문제의 주요 주제들을 다루기 위해 인지적, 행동적, 정서적 차원의 다양한 개입기법들을 어떻게 적용할 것인지가 포함된다 (Baucom et al., 2020). CBCT는 매뉴얼화된 개입이 아니기 때문에 각 부부에 대해 유연한 방식으로 개입 방식과 순서를 결정한다. 치료에서 다루어질 문제의 순서를 결정할 때 고려해야 할 원칙들이 있다. 먼저, 부부 폭력과 같이 시간에 민감하거나 부부에게 매우 심각한 영향을 미치는 문제들은 즉각적인 주의가 필요하다. 치료 초반에는 이러한 위기 문제를 위주로 다루고, 이후에는 부부가 지속적으로 겪어온 문제들로 치료의 방향을 전환한다.

많은 부부들이 의사소통으로 인한 문제로 고통을 겪기 때문에 치료 초반에는 부부의 의사소통 능력을 강화하는 것이 일반적이다. 이를 통해 부부는 자신들이 직면한 수많은 문제들을 효과적으로 서로 대화할 수 있도록 도울 수 있다. 의사소통 문제와 마찬가지로, 부부의 부정적인 행동은 관계 기능에 해로운 영향을 미치기 때문에 치료 초기에 부부가 이러한 부정적 행동을 줄여나가도록 돕는 것이 중요하다. 부부가 긍정적인 행동을 바탕으로 건설적으로 상호작용할 수 있게 되면,

이들이 겪는 핵심 문제들을 보다 효과적으로 다룰 수 있게 된다. 따라서 부부간 긍정적 행동 표현이 거의 없는 경우, 치료자는 우선적으로 부정적 상호작용은 줄이고 긍정적 상호작용은 늘리는 데 초점을 맞춘다.

4) 피드백 회기

평가 회기를 마친 후 치료자는 피드백 회기에서 사례개념화 내용과 치료 계획을 부부와 함께 논의한다. 이 회기에서 치료자는 부부와 협력적인 태도를 유지하면서 사례에 대한 치료자의 관점을 제시하고, 이에 관한 부부의 피드백을 요청하면서 초기의 사례개념화 내용을 수정할 수 있다. 또한 각 주제에 치료적으로 어떻게 개입할 것인지에 관한 계획을 설명하여 부부가 이 치료 계획에도 피드백을 줄 수 있도록 요청한다.

5. 치료적 초점과 목표

CBCT는 부부의 관계 고통을 유발하고 유지하는 행동적, 인지적, 정서적 차원의 문제들을 통합적으로 다룬다. 행동적 차원에서는 부부간 역기능적 행동은 감소시키고 기능적 행동은 증진시키는 것을 목표로 하며, 이를 위해 행동변화 지도와 의사소통 기술과 같은 구체적 기술 훈련을 실시한다. 인지적 차원에서는 부부 각자가 관계 사건을 해석하고 처리하는 방식의 변화와 함께 부적응적 신념의 수정을 목표로 한다. 정서적 차원에서는 부부가 서로의 감정을 잘 인식하고 적절히 표현하며, 강렬한 정서를 관리하고 조절할 수 있도록 돕는다.

치료의 초점은 부부의 특성과 문제의 심각도에 따라 유연하게 결정되나, 일반적으로 부부 폭력과 같은 위기 문제가 있다면 이를 우선적으로 다루며, 부부간 의사소통 능력의 강화와 부정적 상호작용의 감소가 치료의 주요 초점이 된다.

CBCT의 궁극적 목표는 부부가 관계에서 발생하는 문제들을 효과적으로 다룰 수 있는 능력을 갖추도록 하는 것이며, 이는 치료자와의 협력적 관계를 바탕으로 한 다차원적 개입을 통해 이루어진다.

6. 치료 과정과 구조

CBCT는 일반적으로 단기 치료적 접근으로 실시되며, 개인이나 부부 기능의 문제 심각도에 따라 수 회기에서 20회기 이상까지 진행될 수 있다. 치료는 크게 평가와 치료, 두 단계로 구성되는데, 평가 단계는 보통 2~4회기에 걸쳐 진행되며 이를 통해 도출된 사례개념화, 목표 설정, 치료 계획을 부부와 함께 논의한다 (Baucom et al., 2022; Fischer et al., 2016). 본격적인 치료 단계는 주 1회 회기로 진행되며, 종결이 다가올 무렵에는 부부가 초기 치료 목표를 달성해감에 따라 점진적으로 치료 빈도를 줄여나간다. CBCT는 치료를 통해 부부가 모든 문제를 해결하기보다는 향후 발생할 수 있는 문제들을 스스로 다룰 수 있는 역량을 갖추는 것을 목표로 한다.

CBCT는 회기 사이의 과제 활용을 중요하게 다룬다. 이는 기존의 역기능적 상호작용 패턴을 새로운 적응적 패턴으로 대체하기 위해서는 실제 생활 조건에서의 반복적 연습이 필요하다는 학습 원리에 기반한다. 예를 들어, 부부는 회기 중 치료자의 지도하에 연습했던 의사소통 기술을 가정에서 연습할 수 있다. 이때 치료자는 과제에 대한 부부의 부정적 인지를 탐색하여 과제 수행의 순응도와 성공 가능성을 높일 수 있도록 한다.

CBCT는 기본적으로 부부만을 대상으로 하지만, 치료 목적에 따라 다른 가족구성원이 간헐적으로 참여할 수 있다. 이는 치료자가 가족구성원이 부부 관계에 미치는 영향을 관찰하고, 부부가 이들과 새로운 방식으로 상호작용하는 것을 연습할 기회를 제공하기 위함이다. 또한 부부 각자와의 개별 회기는 주로 초기 평가 단계에서만 진행되나, 특별한 치료적 필요가 있고 부부 모두가 동의하는 경우 제한적으로 실시될 수 있다. 이때는 비밀유지에 관한 명확한 지침을 사전에 합의하는 것이 중요하며, 더 심도 있는 개별적 개입이 필요한 경우에는 다른 치료자에게 개인 치료를 의뢰하여 치료적 경계를 유지한다(Baucom et al., 2020; Epstein & Baucom, 2002).

7. 치료자 역할

CBCT의 모든 과정에서 치료자는 일방적인 지시적 태도보다 부부와 협력적이고도 호기심 어린 태도를 유지한다. 치료자는 여러 치료적 기법들을 각 부부 문제에 적용할 수 있는 전문가뿐만 아니라 교육자, 컨설턴트, 코치, 촉진자, 협력자 등의 다양한 역할을 수행한다. 교육자 혹은 컨설턴트로서 치료자는 부부가 고통을 야기하고 유지시키는 요인들에 관해 이해할 수 있도록 돕는다. 예를 들어, 친밀감에 대한 각자 다른 욕구, 감정 소통의 어려움, 사회 환경에서의 차별 경험 등의 요인이 관계상의 고통에 기여하고 있음을 이해할 수 있도록 돕는다. 그러나 대부분의 부부는 스스로 부적응적인 패턴을 강화시켜 왔기 때문에 이러한 요인들에 대한 이해만으로는 충분하지 않다.

따라서 치료자는 효과적인 의사소통 기술 등 관계에 필요한 기술들을 직접 코칭하는 기술 코치로서 부부를 직접적으로 조력한다. 새로운 기술 습득이 필요치 않더라도 치료자는 부부의 변화를 촉진하는 촉진자로서 부부의 일상적 상호작용 패턴을 변화시키는 역할을 하기도 한다. 예를 들어, 부부가 자녀들로부터 떨어져 함께 시간을 보내는 일정을 정하도록 돕는 것과 같이 일상적인 패턴에 변화를 야기할 수 있도록 돕는다. 이러한 역할들 외에도, CBCT 치료자는 치료 과정에서 부부의 상태와 요구에 따라 다양한 역할을 유연하게 수행한다. 예를 들어, 치료 초기에 변화 의욕이 저하된 부부를 만날 때는 동기 부여자나 지지자로서 부부의 변화 동기를 강화하는 역할을 한다. 반면 정서적 강도가 높고 감정적 반응 수준이 높은 부부를 대할 때는 보다 구조화된 개입을 통해 감정의 수위를 조절하는 역할을 수행한다.

이러한 유연한 역할을 통해 CBCT 치료자는 특정 기법에 국한되지 않고 다양한 치료적 개입들 중에서 목표 달성에 가장 적합한 방법을 선택한다. 구체적으로, 사례개념화를 바탕으로 설정된 목표를 달성하기 위해 여러 치료 기법들은 물론, 반영, 해석, 자기공개, 유머와 같은 다양한 상담 기술들 중 부부에게 가장 효과적일 것으로 판단되는 방식을 선택하여 활용한다. 치료자는 또한 부부가 치료 과정에서 제시되는 새로운 정보를 열린 마음으로 받아들이고, 부부 각자가 배우자에 대해 가지고 있는 편향된 시각을 인식하며, 새로운 행동을 시도해 볼 수 있도록 돕는다. 이러한 치료자의 접근은 인지 수정 작업이 단순한 인지적 훈련이 아닌, 관계 변화를 위한 행동적, 정서적 측면을 포괄하는 과정으로 경험되도록 한다. 부부치료는 복잡한 요인들을 다루는 작업이므로, CBCT 치료자에게는 다양한 정보를 명확하고 설득력 있게 통합할 수 있는 사례개념화 역량이 특히 중요하다.

특정 개입이나 다양한 역할 수행 못지않게 중요한 것은 치료자가 회기 중에 부부와 상호작용하는 방식과 태도이다. CBCT 치료자는 부부 모두에게 공감적이고 진정한 존중을 보여 주어야 하며, 때로는 치료에 비협조적으로 보이는 배우자에게도 변함없이 지지적인 태도를 유지하는 것이 필수적이다.

8. 치료적 개입

CBCT 치료자는 부부의 행동적, 인지적, 정서적 차원의 다양한 개입기법을 적용한다(Baucom et al., 2020; Baucom et al., 2022; Epstein & Baucom, 2002).

1) 행동 수정을 위한 개입

부부가 관계상의 고통을 최소화하고 만족스러운 관계를 유지하기 위해서는 부정적이고도 파괴적인 행동은 적게 하고, 긍정적인 행동은 가능한 늘려나가는, 행동 수정을 위한 개입이 필수적이다. 따라서 CBCT 치료자는 부부의 행동을 수정하기 위한 다양한 개입 기법들을 적용하는데, 이러한 개입 기법들은 크게 두 가지 범주인 행동변화 지도와 기술중심 개입으로 구분할 수 있다.

(1) 행동변화 지도

행동변화 지도(guided behavior change)는 사례개념화를 바탕으로 부부와의 논의하에 제시되는데, 치료자는 부부가 새로운 기술을 학습하지 않고도 변화를 촉진하도록 돕는 개입 기법들을 제시한다. 예를 들어, 자녀 양육에 지나치게 신경써온 부부의 경우, 배우자와의 연결감을 강화하기 위해 부부가 함께 시간을 보내는 것의 중요성에 관해 치료자와 논의하고, 행동변화 지도의 하나로 자녀들없이 저녁에 부부 둘만의 시간을 보내도록 할 수 있다. 이때, 치료자는 사례개념화를 바탕으로 자녀 양육과 배우자와의 관계에 쏟는 관심 사이에 균형을 잡을 필요가 있다는 기본 원칙을 부부에게 주지시키고, 부부는 이를 위해 어떻게 행동할 것인가 세부 사항을 합의하여 결정하도록 한다. 이는 행동주의 부부치료(BCT) 초기의 행동교환 기법과 같이 이미 결정되어 있는 기법을 부부에게 제시하는 것과는 다른 방식이라 할 수 있다.

행동변화 지도는 부부가 서로 보살피거나 사랑을 표현하는 행동을 평소에 잘 하지 않아서 둘 간의 정서적 분위기를 전환할 필요가 있을 때에도 적용할 수 있다. 부부 각자가 매일 상대방을 보살피는 하나 이상의 작은 돌봄 행동을 할 수 있도록 치료자와 부부가 함께 결정할 수 있다. 행동변화 지도는 또한 서로의 친밀감을 높이는 행동을 증가시키거나 관계에서 각각의 개인적인 요구가 충족되는 정도를 높이는 행동과 같은 특정 주제에도 적용할 수 있다.

(2) 기술중심 개입

기술중심 개입(skills-based interventions)은 부부가 특정한 행동 기술들을 생활 속에서 사용할 수 있도록 연습하고, 부부에게 기술과 관련한 지침을 제공하는 방식의 개입을 의미한다. 읽기 자료나 비디오 자료, 치료자의 설명 등 특정 부부가 가장 잘 수용할 수 있는 방식에 따라 지침이 주어지며, 부부가 새로운 방식으로 행동하는 것을 연습하는 데 이 지침이 사용된다. 대표적인 기술중심 개입은 의사소통 훈련으로, 두 가지 유형의 대화를 연습하기 위한 지침을 사용한다: (1) 생각과 감정을 공유하는 대화, (2) 의사결정 및 문제해결을 위한 대화. 각 유형의 대화에 대한 부부 각자의 역할과 지침은 다음과 같다.

① 생각과 감정을 공유하는 대화

생각과 감정을 공유하는 대화의 목적은 부부 각자가 적절한 방식으로 자신의 생각과 감정을 배우자와 나누고, 그 배우자는 섣부른 판단없이 주의 깊게 듣고 상대방의 관점을 이해하도록 돕는 데에 있다. 말하는 자와 듣는 자, 두 역할을 부부가 번갈아 수행하면서 말하는 자 역할을 맡은 사람은 자신의 생각과 감정, 내면의 경험을 자각한 후에 듣는 자로 하여금 방어적이 되지 않고도 잘 이해할 수 있도록 표현하는 방식을 연습한다. 예를 들어, 말하는 자는 특정 상황에 대해 자신의 감정이 어떠한지를 중심으로 표현할 수 있다. 듣는 자 역할을 맡은 사람은 말하는 자의 관점에 대해 진정한 관심을 보여 주면서 상대의 생각과 감정을 있는 그대로 반영하는 방식을 연습한다.

② 의사결정 및 문제해결을 위한 대화

부부가 재정 상황이나 가사 분담과 같은 주제에 관해 의사 결정하거나 문제를 해결해야 할 때, 다음의 지침을 고려하도록 한다: (1) 문제를 정의하고, (2) 그 문제가 중요한 이유와 함께 문제와 관련하여 부부 각자가 원하는 바를 명확히 하며, (3) 부부 모두의 원하는 바를 고려하여 가능한 해결책을 생성하고, (4) 해결책을 선택하여 실행 계획을 수립한다. 이러한 지침들은 부부가 서로의 생각과 감정을 적절히 표현하고 경청하는 의사소통 방식을 실천하면서 적용되며, 그 결과 부부는 더욱 존중하고 배려하는 방식으로 의사결정과 문제해결을 해 나가게 된다.

2) 인지 수정을 위한 개입

부부는 겉으로 드러나는 행동뿐만 아니라 생각, 즉 인지적 반응을 통해서도 자신들의 관계를 경험한다. 부부 각자의 생각이 다르기 때문에 치료자는 부부의 서로 다른 인지적 반응을 존중할 필요가 있다. 부부치료에서의 인지 재구조화는 인지치료에서 주로 적용하는 소크라테스식 질문에 많이 의존하지 않는 경향이 있다. 부부 중 한 명에게 인지의 적절성에 관한 소크라테스식 질문을 하고 사고의 근거를 요구하는 방식은 부부치료 맥락하에서 쉽게 방어적인 반응을 유발하고, 치료자가 마치 배우자의 편을 드는 것처럼 느끼게 할 수 있기 때문이다. 대신에 치료자는 안내된 발견(guided discovery)의 개입을 통해 부부가 서로와 관계를 다른 방식으로 보게 하는 새로운 경험을 만들어 내고, 이를 통해 인지적 변화가 이루어지도록 돕는다. 인지 수정을 위한 개입은 크게 두 영역에 초점을 맞춘다. 첫째는 부부가 관계와 사건을 인지적으로 처리하는 방식이며, 둘째는 각자가 가진 구체적인 인지 내용이다.

(1) 인지적 처리에 관한 개입

건강한 부부 관계에서 부부 개개인은 관계의 부정적인 측면에만 지나치게 주목하기보다는 균형적인 시각으로 관계를 바라본다. 이들은 자신의 행동이 상대방에게 미치는 영향을 이해하고, 관계를 개선하기 위해 행동해야 할 시점을 적절히 인식한다. 부부가 이처럼 자신들의 관계를 어떻게 인식하고 해석하는지와 관련된 인지적 처리 과정을 관계 도식 처리(relationship schematic processing)라고 하는데, 치료자는 이러한 관계적 차원의 인지적 처리가 균형 있게 이루어지도록 개입할 필요가 있다. 특히 관계의 부정적 측면에만 주의를 기울이거나 자신의 행동이 상대방에게 미치는 영향을 인식하지 못하는 등의 편향된 처리 방식을 구체적인 개입 전략을 통해 다루어, 더욱 균형 잡힌 관계 도식 처리가 가능하도록 돕는다.

예를 들어, 치료자는 부부에게 상대방의 긍정적인 행동을 하루에 한 가지씩 적어보도록 하고, 이에 대해 감사를 표현하도록 함으로써 서로의 긍정적 행동에 대한 인식과 반응이 관계 개선으로 이어지도록 할 수 있다. 유사한 개입 전략으로, 치료 회기 내에서 치료자는 부부에게 회기 중 나눈 대화에서 잘 진행된 점이 무엇인지를 생각해 보도록 요청할 수도 있다. 치료자가 부부의 관계 도식 처리를 균형 있고 적응적으로 이루어지도록 돕고자 할 때, 두 사람의 행동들 간의 상호연결성(interconnectedness)을 염두에 두고 강조한다. 예를 들어, 치료자는 부부 각자에게 "오늘 회기에서 나눈 대화 중에서 당신이 개인적으로 잘했다고 생각하는 점은 무엇인가요? 그리고 그 행동이 상대방에게 어떤 영향을 주었고, 전체적인 대화 흐름에 어떤 긍정적인 영향을 미쳤나요?"란 질문을 던질 수 있다. 또 다른 예로, 부부가 생각과 감정을 공유하는 대화를 할 때 치료자는 화자 역할을 맡은 사람에게 '상대방의 특정 행동이 당신에게 어떻게 영향을 미치고, 그에 따른 당신의 반응이 다시 어떻게 상대방과 관계에 영향을 주는지'를 설명해 보도록 요청할 수 있다. 이러한 상호연결적 관점은 CBCT의 다양한 개입전략에 통합하여 적용할 수 있다.

(2) 인지적 내용에 관한 개입

치료자는 부부 각자의 인지적 내용에 대해서도 개입한다. 인지 내용을 이해하기 위해 특정 사건에 관한 자동적 사고, 배우자와의 관계에 관한 기본적 신념 등을 파악하는데, 여기에는 배우자와의 관계가 어떻게 진행되어야 한다고 생각하는지도 포함한다. 파악한 인지 내용의 변화를 위해 회기 내외에서 부부가 여러 경험을 실행해 보도록 안내된 발견 과정에 따라 개입한다. 예를 들어, 부부가 배우자의 행동을 해석할 때 확인 없이 자의적으로 판단하는 '독심술(mind-reading)'의 인지적 오류를 보인다면, 치료자는 부부로 하여금 서로의 행동 의도나 당시 상황에 대해 대화를 나누도록 할 수 있다.

부부 각자는 배우자와의 관계에 대한 기본적인 신념 혹은 가정을 가지고 있다. 이러한 신념이나 가정은 배우자와의 광범위한 경험에 기반하기 때문에 잘 변화하지 않고 유지되는 특성이 있다. 부부가 관계에 대해 가진 부정적 신념을 다루기 위해, 치료자는 부부의 상호작용에서 이러한 신념과 상응하지 않는 새로운 행동들을 알아차리도록 돕는다. 예를 들어, 한 배우자가 대화할 때 이전보다 더 주의 깊게 경청하려 노력한다면, 다른 배우자는 시간이 지나면서 그 사람과의 관계에 대한 기존의 부정적 신념을 조금씩 수정하게 될 수 있다. 여기서 치료자의 역할은 이러한 긍정적 행동 변화가 체계적이고 지속적으로 일어날 수 있도록 구조화하고, 부부가 이러한 변화의 과정을 인식할 수 있도록 돕는 것이다.

부부는 각자 자신들의 관계가 어떻게 되어야 하는지에 관한 극단적인 규범(standards)을 가지고 있을 수도 있다. 한 예로, 어떤 부부가 "우린 결코 서로에게 화를 내서는 안 돼."라는 규범을 가지고 있을 경우, 상대방에서 화를 내는 관계는 이 부부에겐 절대 있을 수 없는 일인 것이다. 관계의 규범에 관한 극단적인 형태의 신념은 남편과 아내가 서로 다를 수도, 혹은 서로 유사할 수도 있다. 이때 치료자의 역할은 부부로 하여금 이러한 규범에 관해 더 폭넓게 생각해 보고 규범을 수정해 나가도록 시도하면서, 수정된 규범이 구체적인 행동으로 변환되도록 돕는 것이다. 이를 위해 치료자는 (1) 부부가 자신들의 관계 규범을 명확히 하고, (2) 그러한 규범의 장단점을 평가하여, (3) 규범의 장점은 유지될 수 있도록 규범상 아주 작은 부분만 수정하는 것을 고려하고, (4) 규범이 구체적인 행동으로 변환되도록 하며, (5) 서로의 차이를 조정할 수 없을 때 그것을 허용하는 법을 배우도록 도울 필요가 있다. 예를 들어, 항상 자신들의 관계보다 타인을 먼저 생각하며 베푸는 삶을 살고자 하는 부부는 서로 유사한 형태의 관계 규범을 가지고 있지만, 부부가 서로에게 베푸는 것도 역시 필수적임을 인식하고 매주 함께 어떻게 시간을 보낼지에 관한 행동적인 차원의 구체적인 계획을 세워볼 수 있다.

3) 정서적 경험의 수정을 위한 개입

CBCT에서 정서적 요인을 다루는 건 효과적인 치료를 위해 필수적이다. 그 이유는 첫째, 치료 회기에서 부부 중 한쪽이나 양쪽 모두가 정서적으로 조절되지 않거나 지나치게 위축된 경우에 인지적 혹은 행동적 목표를 가지고 치료적 과제에 접근하기가 어렵기 때문에 적절한 정서적 분위기를 만드는 것이 중요하다. 둘째, 부부의 친밀감 향상이나 전반적인 행복감 증진과 같은 목표는 부부의 정서 상태와 관련이 있기 때문에 이러한 목표를 달성하는 데 도움이 되는 방향으로 정서를 경험하고 표현할 수 있도록 돕는 것이 중요하다.

정서적 차원의 개입은 주로 정서의 세 가지 측면, 즉 정서의 유형, 정서의 강도, 부부 서로에 대한 정서적 반응성(reactivity)을 그 대상으로 한다. 어떤 측면을 대상으로 하든지 간에 부부가 자신의 정서적 경험을 언어로 표현할 수 있는 능력을 갖추도록 돕는 것은 필수적이다. 따라서 앞에서 언급한 생각과 감정을 공유하는 대화를 위한 기술을 갖추는 건 CBCT에서 정서를 다루는 데 있어서 중요한 토대가 된다. 부부가 각자 자신의 정서를 보다 세밀하게 인식하고 명명할 수 있도록 돕는 것은 자신의 정서를 적절하게 조절하도록 돕고 서로의 이해를 촉진할 수 있다. CBCT의 정서적 개입은 주요 목표에 따라 다음과 같이 구분될 수 있다: (1) 정서적 경험 및 표현의 증진, (2) 강렬한 정서의 관리.

(1) 정서적 경험 및 표현의 증진

부부 중 한쪽이나 양쪽 모두가 최소한의 수준으로만 감정을 경험하거나 정서 표현을 회피할 수 있다. 또는 특정 감정은 표현하지만 다른 감정의 표현은 회피할 수도 있다. 특히 치료 초기 단계에서 부부는 취약한 정서의 표현은 회피하고, 분노와 같이 덜 취약한 이차적 정서(secondary emotions)를 주로 표현하는 경향이 있다. 이때 CBCT 치료자는 최소화된 정서의 전반적인 강도를 높여서 치료적 과정을 촉진하기 위해 여러 개입 방법을 적용한다. 중요한 목표는 부부가 취약한 정서를 포함하여 보다 폭넓은 범위의 정서를 경험하고 표현할 수 있도록 돕는 것이다.

이를 위해 치료자는 먼저, 자신의 취약한 감정을 공유하더라도 어느 누구도 비난받지 않도록 구조와 방향을 제공할 수 있다. 예를 들어, 치료자는 치료 과정 중 자신의 취약하고도 힘든 정서를 표현한 배우자에게 타당화하는 반응을 시도해 보도록 다음과 같이 도울 수 있다: "(남편에게) 이 관계를 아내의 경험과는 전혀 다르게 경험해 오셨고, 자신의 입장을 설명하고 싶은 충동을 느끼실 수 있겠지만 금방 아내는 자신이 겪은 정말 힘든 무언가를 공유하셨습니다. 일단 먼저 아내가 표현한 것을 잘 들었음을 아내분께 알려주시고, 아내가 겪은 것에 대해 금방 들으신 내용을 한 번 요약해 보실 수 있을까요?" 치료자는 또한 분노와 같은 특정 정서를 느끼고 표현하는 것이 '잘못된 것'이라거나 '미성숙의 표현'이라고 믿는 부부가 있는 경우 심리교육을 제공하여 정상화(normalizing)하고 허용할 수 있도록 안전한 환경을 조성할 수 있다.

(2) 강렬한 정서의 관리

부부간에 강렬한 정서가 조절되지 않은 채 지나치게 표현될수록 적절한 관계 기능을 방해하기 때문에 치료자는 부부가 이러한 정서를 관리할 수 있도록 도와야 한다. 치료 회기 내에서 CBCT 치료자는 부부가 강렬한 정서를 서로에게 쏟아부으면서 정서적으로 격화되는 것을 방지하기 위해 적절하게 구조화할 필요가 있다. 예를 들어, 치료자는 부부가 서로에게 직접 말하지 말고, 치료자에게 말하도록 요청하거나 한 명씩 치료자에게 이야기하는 동안 방해하지 않도록 명시적으로 요청할 수 있다. 개방형 질문보다 좀 더 구체적인 질문을 부부에게 던지는 것도 한 가지 방법이 될 수 있고, 부부 각자의 정서적 경험을 치료자가 정상화하고 타당화하는 반응을 제공할 수도 있다. 이는 부부가 서로에게 타당화 반응을 제공하기 어려울 때 특히 더 중요하다.

부부간 상호작용의 내용보다는 관찰자 시각에서 상호작용의 과정에 초점을 두거나 부부와의 대화에서 보다 인지적인 접근을 취함으로써 정서적인 각성과 격화를 감소시킬 수 있다. 관찰자 시각에서 상호작용의 과정에 초점을 두는 예로, 치료자는 "잠시만요. 지금 막 일어난 상황을 한번 살펴볼게요. 두 분 모두 상처받을 때 일종의 공격 모드로 전환되는 경향이 있는 것 같네요. 이것이 서로를 공격하고 감정이 점점 격화되는 것으로 이어지네요. 두 분이 방금 일어난 상황을 알아차리셨나요?"라는 식으로 지적할 수 있다. 앞에서 다룬 생각과 감정을 공유하는 지침을 부부에게 가르치는 것도 효과적일 수 있다. 청자에게 자신이 들은 내용을 요약하도록 함으로써 부부 상호작용의 속도를 늦추고 정서적 격화에 기여하는 오해를 최소화할 수 있다.

9. 사례 적용

1) 기본 정보

P씨(33세, 남편)와 B씨(32세, 아내)는 결혼 6년 차 부부로, 4세 아들을 두고 있다. 두 사람은 소개로 만나 1년 반 동안 연애를 하고 결혼했다. 남편 P씨는 공학 계열 전공으로 현재 자동차 정비소에서 정비사로 일하고 있으며, 아내 B씨는 유아교육과를 졸업하고 어린이집 교사로 근무 중이다. P씨는 대학 시절 자동차 동아리에서 활동하며 차량 정비에 대한 흥미를 키웠고, 현재는 정비소에서 차량 수리를 맡아 일하고 있지만, 장기적으로는 자신만의 정비소를 운영하고 싶은 꿈을 가지고 있다. B씨는 대학 시절부터 아이들 교육에 관심이 많았고, 현재 직업에 대체로 만족하지만 아이들을 돌보는 일과 행정 업무로 인해 스트레스를 느끼고 있다.

평일에는 아들을 어린이집에 보내며, 주로 P씨가 퇴근 후 아들을 데리러 가는 역할을 맡고 있다. 하지만 P씨가 정비소에서 야근을 해야 하거나, B씨가 어린이집 행정 업무로 야근을 할 때는 종종 아들을 돌보는 문제로 어려움을 겪는다. 양가 부모님들은 주말에는 손주를 돌봐주지만, 평일에는 각자 일정 때문에 도움을 받기

힘들다. B씨의 부모님이 주말에 종종 육아에 관여하면서 P씨와 B씨 사이에 갈등
이 생기기도 한다. P씨의 가족은 감정 표현이 적은 편이고, B씨의 가족은 정서적
인 교류가 활발한 편이라 이러한 가족 문화 차이도 갈등의 한 원인이 되고 있다.

2) 호소 문제

두 사람은 결혼 초기에는 서로의 직장 생활에 대해 이야기를 나누며 주말에는
함께 카페를 가거나 영화 관람 등 취미생활을 공유했다. 하지만 아이가 태어난 후
점차 서로에 대한 불만이 쌓이기 시작했다. 남편 P씨는 B씨가 일과 육아에 집중하
느라 자신과의 부부 관계에 소홀하다고 느끼는 반면, 아내 B씨는 P씨가 자신의 고
민을 이해하지 못하고 점점 대화를 피하는 것 같아 불안해하고 있다.

부부는 최근 재정적 어려움을 겪고 있다. 맞벌이지만 부부의 월급만으로는 생
활비와 대출 상환이 빠듯해, 이로 인해 부부간 갈등이 더욱 심화되고 있다. 특히
재정 문제를 논의할 때마다 심각한 말다툼으로 이어지는 경향이 있다. 최근 들
어 P씨는 가벼운 우울 증상을 보이고 있으며, B씨는 불안감을 자주 호소하고 있
다. P씨는 자신의 직업적 성취 부족과 미래에 대한 불안감으로 인해 자존감 문제
를 겪고 있으며, 이는 부부 관계에도 영향을 미치고 있다. 부부간 의사소통 방식
의 차이도 문제가 되고 있다. 아내 B씨는 감정을 표현하고 대화로 문제를 해결하
려 하는 반면, 남편 P씨는 갈등 상황에서 대화를 피하거나 감정을 억누르는 경향
이 있다.

최근 아내 B씨가 관계의 어려움으로 인해 별거를 고민하고 있다고 털어놓은
후, B씨의 제안으로 부부치료를 받기로 결정했다. 남편 P씨는 처음에는 치료에
대해 회의적이었지만, 관계 개선을 위해 동의했다.

3) 평가 및 사례개념화

치료자는 질문지와 함께 부부와의 공동 회기 및 개별 회기를 통해 얻은 정보를 바탕으로 다음과 같은 사항에 초점을 두고 사례개념화하였다.

- 각자의 가족 관계 및 배경의 차이에서 비롯된 대화 방식의 차이
- 부부 각자의 개인적 삶의 발달적 변화와 자녀 양육기의 결혼생활 단계에 따른 스트레스 및 대처의 어려움
- P씨의 인생 성취에 대한 평가와 관련한 자존감 문제
- B씨가 남편과의 친밀감을 추구하는 반면, P씨가 이에 대해 회피하는 상호작용 패턴(이는 재정 문제에 대한 대화 양상을 통해 드러난다)

이러한 요인들로 인해 현재 부부 사이의 갈등과 거리감이 계속 커지고 있고, 관계에서 오는 스트레스와 무력감이 점점 높아지고 있다. 치료자는 부부와 함께 평가 결과 및 사례개념화 내용을 공유했고, 두 사람 모두 이 내용이 적절하다고 느꼈다. 부부는 2개월간 매주 한 번씩 상담을 받으며 다양한 CBCT 개입을 통해 목표를 향해 노력하기로 했다. 초기 치료 목표는 다음과 같다.

- 부부 각자의 성장 배경에 기초한 의사소통 방식의 차이를 고려하면서, 생각과 감정을 나누는 능력을 향상시켜 서로 간의 유대감, 상호 배려, 정서적 지지를 높이기
- 돈 문제, 일과 가정 사이의 균형 등 일상의 스트레스를 다루는 문제해결 기술을 향상시키고, P씨의 직업 선택의 폭을 넓히기 위한 탐색하기
- 부부 각자가 서로에 대한 신념과 인지적 해석을 인식하고, 필요시 수정하여 각자의 해석이 현실을 정확히 반영하지 않을 수 있음을 인식하도록 돕기
- 두 사람 간에 반복되는 추적-회피의 행동 패턴을 바꾸고, 더 긍정적인 유대

감을 촉진하기 위해 즐겁고 긍정적인 활동들을 함께 공유하기

이러한 치료 목표를 통해 부부 관계 개선을 위한 구체적인 치료적 방향과 초점을 설정할 수 있었다.

4) 치료적 초점과 개입

치료자는 각 목표에 따라 행동, 인지, 정서적 반응에 초점을 두고 개입을 진행하였다. P씨와 B씨는 의사소통을 개선하기 위해 서로의 정서를 표현하는 방법과 공감적으로 상대방의 말을 경청하는 기술을 배우기 시작했다. 특히, 갈등 상황에서 각자가 정서를 억제하거나 표현하는 방식에 영향을 미치는 사고 패턴을 다루었다. 예를 들어, P씨는 자신의 성취 부족과 자존감 문제로 인해 '아내는 날 더 이상 필요로 하지 않아.'라는 생각을 하며 대화를 피하거나 감정을 억제하는 경향이 있었고, 이로 인해 갈등이 더욱 심화되었다. 치료자는 P씨가 이러한 사고 패턴이 실제 상황과 다를 수 있음을 깨닫도록 돕기 위해, B씨가 실제로 어떻게 느끼는지 피드백을 요청하여 P씨의 생각을 재검토하도록 했다. 이를 통해 P씨로 하여금 자신의 생각이 불안에서 비롯된 왜곡된 해석임을 인식하도록 도왔다.

치료자는 또한 두 사람의 개인적 발달상의 변화와 부부 관계에서의 변화를 심도 있게 논의하며, 그로 인한 스트레스를 다룰 수 있는 해결책을 모색했다. 예를 들어, P씨와 B씨가 아이가 태어나기 전에는 함께 카페에 가거나 영화를 보며 오랜 대화를 나누었으나, 현재는 그러한 시간을 잃어버렸다는 문제를 다루면서 치료자는 이들이 함께 주말에 짧은 외출을 하거나 취미를 찾는 등 현실적인 활동들을 논의하게 했다. 이를 통해 부부가 다시 서로를 향해 다가갈 수 있는 기회를 마련했다.

치료 중에는 부부간의 상호작용을 면밀히 관찰하고, 이들이 서로의 말에 어떻게 반응하는지에 주의를 기울였다. 예를 들어, B씨가 직장과 가정의 균형을 맞추는 것이 어렵다고 이야기했을 때, P씨는 즉각적으로 불안한 표정과 태도를 보였

다. 치료자는 이를 포착하고 P씨의 감정과 생각을 물었다. P씨는 아내의 말이 마치 자신이 그 안에서 중요하지 않은 존재가 된 것처럼 느껴져 불안하다고 표현했다. 치료자는 이러한 P씨의 해석이 그의 정서와 행동에 어떻게 영향을 미치는지를 인식하도록 돕고, 이 패턴이 가정에서도 갈등을 유발하는 요소임을 설명했다.

특히 P씨가 직업적 불만과 미래에 대한 불안을 겪고 있는 상황에서, 치료자는 P씨가 자신의 고민을 아내에게 털어놓고 B씨가 이를 공감적으로 받아주는 연습을 하도록 도왔다. P씨는 처음에 이 과정에서 자신이 열등감을 느낄까 두려워했으나, B씨가 그와 그의 일을 존중한다는 피드백을 받으면서 점차 안정을 찾았다. 이 과정에서 B씨는 자신의 일과 관련된 어려움도 공유하며, P씨로 하여금 자신처럼 아내도 어려움을 겪고 있다는 사실을 깨닫게 했다. 이를 통해 두 사람은 서로의 삶에서의 고민을 함께 깊이 탐구할 수 있는 기회를 가질 수 있었다. 또한 부부는 재정 문제에 대해 자주 논쟁이 벌어졌는데, 치료자는 이 주제를 다루기 위한 구체적인 문제 해결 방식을 함께 논의하도록 도왔다. P씨와 B씨는 매달 특정 시간을 정해 재정 문제를 논의하기로 했고, 필요한 경우 '타임아웃'을 통해 대화를 멈추기로 합의했다.

이를 통해 부부는 반복되던 갈등 패턴에서 벗어나 점차 긍정적인 변화를 이루기 시작했다. 2개월간의 치료 후, 부부와 치료자가 상담 목표의 달성 정도를 평가한 결과 의미 있는 진전이 있었다는 데 모두 동의했다. 이에 상담 빈도를 격주로 조정하여 지속하면서, 기존의 갈등 패턴을 보다 안정적으로 변화시키기 위한 작업을 이어갔다.

10. 통합적 관점에서의 평가

인지행동적 부부치료(CBCT)는 부부의 인지와 행동적 측면에 주로 초점을 두고 있지만, 점차 정서적 요인의 중요성을 강조하는 방향으로 발전해 왔다. 치료 과정에서 인지, 행동뿐만 아니라 부부 각자의 정서를 이해하고 다룰 필요성이 대두되었고, 개입 기법 역시 정서적 요인에 초점을 두고 통합적인 형태로 발전해 왔다. 더 나아가 CBCT는 부부의 인지적, 행동적, 정서적 측면을 개인, 부부, 가족, 사회 등 다양한 체계 수준에서 포괄적으로 다루는 접근법으로 발전했다. 이러한 통합적 발전 동향은 CBCT가 부부의 고유한 특성과 맥락에 따라 다양한 차원의 여러 가지 기법을 선택적으로 적용할 수 있는 장점을 제공한다.

그뿐만 아니라 CBCT는 부부 각 개인의 인지와 행동 상의 변화를 넘어 두 사람 간의 상호연결성을 염두에 두고 상호작용 패턴의 변화에도 관심을 두기 때문에, 체계론적 관점에 기반한 다른 모델들과 통합적으로 적용할 수 있는 맥락을 제공한다. CBCT를 포함한 여러 부부치료 모델들은 각각의 한계점을 보완하는 방향으로 발전하면서 보다 통합적인 형태로 진화해 왔다. 전통적인 행동적 부부치료(BCT)의 단점을 보완하고 정서적 수용이라는 새로운 차원을 통합하여 개발된 통합적 행동부부치료(IBCT)가 또 하나의 대표적인 예라고 할 수 있다.

Chapter 4

통합적 행동부부치료

1. 이론적 배경

현장에서 행동적 차원의 개입을 시도해 본 부부치료자들은 아마 이런 경험이 있을 것이다. 행동교환이나 의사소통 훈련 등의 행동적 개입을 시도했더니, 부부가 마치 '당신은 치료자가 시킨 대로 안 하잖아'라는 식으로 상대방을 비난하고 변화를 강요하는 수단으로 사용하거나, 단순히 과제를 수행하는 듯한 형식적인 방식으로 진행되는 경우를 말이다. 통합적 행동부부치료(Integrative Behavioral Couple Therapy, IBCT)는 이런 한계를 보완하여 행동적 차원의 '변화' 요소에 더해 정서적 차원의 '수용'이라는 요소를 도입하여 부부 문제에 통합적으로 접근한다. 이는 CBCT처럼 기존 치료 모형의 약점을 보완하여 통합적인 형태로 발전해 온 대표적인 모델이라 할 수 있다.

IBCT는 Jacobson과 Christensen(1996)에 의해 부부를 대상으로 한 전통적인 행동치료의 한계점을 지적하면서 발전되었다. IBCT에 따르면, 전통적인 행동적 부부치료(BCT)는 변화하고자 하는 의지가 있고 치료 과정에 협력할 준비가 되어 있는 부부들에게만 주로 효과가 있다. 그러나 모든 부부가 이러한 유형에 해당하는 것은 아니라서 어떤 부부들은 행동적인 접근과 기법만으로 조정하기가 매우 어려운 특성을 가진다. 이 부부들은 서로 간 불일치 영역이 크고, 각자가 겪는 정

서적 고통이 크며, 서로에 대해 헌신하고자 하는 마음은 적은 경향이 있다. IBCT
에서는 서로 간 정서적인 차원의 수용(acceptance)을 증진시킴으로써 이러한 특
성을 가진 부부들의 갈등을 해소할 수 있음을 제안한다. IBCT는 Susan Johnson
과 Leslie Greenberg의 경험주의적 관점, 초기 가족치료 발전에 지대한 공헌을
한 MRI(Mental Research Institute) 중심의 전략적 관점의 영향을 받아 발전하였다
(Christensen et al., 2004; Christensen et al., 2022; Roddy et al., 2016).

2. 기본 관점

　사람들은 자신과 유사한 특성을 가진 파트너에게 매력을 느껴 배우자로 선택하
기도 하는 반면, 자신과 전혀 다른 특성을 가진 파트너에게 끌려 배우자로 선택하
기도 한다. 배우자와의 유사점이나 차이점 모두 한때 서로에게 끌리게 하는 요인
이었지만, 시간이 지나면 결혼이란 새로운 맥락 속에서 이는 서로 간 갈등과 불일
치(incompatibility)의 원인이 될 수 있다(Jacobson & Christensen, 1996; Roddy et al.,
2016). 특히, 두 사람의 유사점보다 차이점에 의해 부부 갈등이 더 많이 야기되는
경향이 있다. 예를 들어, 외향적인 여성에게 매력을 느낀 남성과 내향적인 남성에
게 이끌린 여성이 서로를 배우자로 선택하여 함께 가정을 꾸리게 되었을 때, 전혀
다른 두 사람의 성향으로 인해 자신들의 집을 친구들에게 어느 정도 개방해야 하
는지에 관해 심각한 갈등을 겪을 수 있다.

　한때는 치명적인 매력이었던 배우자의 그 특성이 결혼 후 생활이란 새로운 맥
락에서 서로 간 불일치로 경험하게 되는 것이다. 결혼 초기에는 이러한 불일치를
서로 부정하거나 가능한 한 최소화하면서 서로에게 맞추려는 경향을 보일 수 있
다. 결혼 이전만큼 배우자가 자신의 기대에 부응하지 않는 것 같다면, 자신의 욕
구를 좀 억제하거나 부드럽게 표현해 보기도 한다. 그러나 이러한 전략은 필연적
으로 부부 관계에서 부부 중 한 명 혹은 두 명 모두가 서로 긍정적인 강화를 받지

못하고 혐오 자극에 노출되는 결과가 있을 수밖에 없고, 결국 계속 이런 전략을 취하기가 어려울 정도로 각자의 인내심은 바닥나게 된다. 서로 간 불일치 영역이 존재한다는 것을 인정하기가 점점 더 어려워지면서 부부 관계상의 적응과 타협에 좌절감을 느끼게 되는 것이다.

이 시점에서 부부는 각자가 원하는 것을 부정적으로 표현하거나 강압적으로 요구한다. 이 강압(coercion) 단계에서는 자신의 욕구가 충족되지 않는 것에 대해 상대방을 비난하거나 죄책감을 유발할 수도 있고, 감정을 지나치게 억제하거나 상대로부터 철수해 버리기도 한다. 부부의 강압적인 상호작용은 일방적인 과정이 아니기 때문에 남편과 아내 모두 자신의 욕구를 충족하기 위한 강압 행동이 양방향으로 작용하는 상호 강압(mutual coercion)이 발전하게 된다. 부부 서로가 각자의 강압 전략을 사용하면서 양방향으로 작용하는 상호 강압의 강도가 점차 높아지면, 세 가지 부정적인 형태의 상호작용 패턴이 형성된다. 첫째, 대립과 갈등을 직면하여 공개적으로 논의 또는 반격하는 것보다 서로 상대방을 회피하는 상호 회피(mutual avoidance)의 패턴, 둘째, 서로에게 혐오 자극을 제공하며 비난하거나 공격하는 상호 부정적 상호작용(mutual negative interaction)의 패턴, 셋째, 부부 중 한 명이 비난하거나 공격하고 다른 쪽은 회피하고 철회하는 요구-철회 패턴(demand-withdraw pattern)이 형성된다.

부부의 갈등이 깊어갈수록 부부는 각자 갈등의 원인과 책임을 상대방에게서 찾고자 한다. 이에 부부 갈등이 두 사람 간의 차이점보다는 상대방의 나쁜 속성으로 인해 발생하는 것으로 해석하는 인격적 비난 단계(vilification)에 다다른다. 상대방의 인색함이나 이기적인 성향, 경솔함이나 완고함, 냉담하거나 경망스러운 성향 등의 탓으로 해석하는 것이다. 시간이 흐를수록 부부 갈등은 단순히 "난 당신이 이걸 더 많이 했으면 좋겠어. 저걸 할 때 난 싫어"라는 식의 갈등에서 "이건 당신이 자기중심적인 사람이라는 뜻이야" "이건 당신이 내 감정을 전혀 신경쓰지 않는다는 걸 의미해"와 같이 서로의 속성에 대한 갈등까지 포함하게 된다. 결과적으로, 부부간 차이점을 다루기 위한 강압적인 노력과 인격적 비난의 결과로 부부는 서로에 대해 더욱 강압적이 되고 서로의 차이점을 상대방의 결점이나 부정적인 속성으로 점점 더 해석하게 되면서 차이점이 더욱 부각되고 각자의 입장이 극단적으로 대립하는 양극화(polarization)가 일어나게 된다. 이제 배우자는 원래의 모습과는 거리가 먼, 훨씬 더 다른 모습으로 서로에게 보여지는 것이다(Jacobson & Christensen, 1996; Jacobson et al., 2000; Roddy et al., 2016).

IBCT 관점에서 부부 관계 만족도와 안정성은 크게 두 가지 요인을 통해 향상될 수 있다. 하나는 부부 행동상의 '변화'이고, 다른 요인은 상대방 행동에 대한 정서적 반응성의 변화, 즉 '수용'을 통해 이루어진다. 변화와 수용, 이 두 가지 변화 요인은 IBCT의 다양한 개입전략 및 기법의 기본 바탕이 된다.

3. 주요 개념

1) 불일치

불일치(incompatibility)는 부부간의 성격, 가치관, 생활방식 등의 차이를 의미한다. 초기에는 이러한 차이가 서로에 대한 매력으로 작용할 수 있으나, 결혼이라는 새로운 맥락에서 갈등의 원천이 될 수 있다. 결혼 초기에는 이러한 불일치를 부정하거나 최소화하려 하지만, 시간이 지날수록 적응과 타협의 어려움을 경험하게 된다.

2) 상호 강압

상호 강압(mutual coercion)은 부부가 각자의 욕구 충족을 위해 상대방에게 가하는 양방향적 압력을 의미한다. 이는 비난, 철수, 감정 억제 등의 형태로 나타나며, 상호 회피, 상호 부정적 상호작용, 요구-철회 패턴과 같은 부정적 상호작용 패턴을 형성하게 된다.

3) 인격적 비난

인격적 비난(vilification)은 갈등의 원인을 상대방의 부정적 성격이나 특성으로 귀인하는 것을 의미한다. 단순한 행동상의 차이를 넘어 상대방의 인격이나 본질적 속성의 문제로 해석하는 경향으로, 갈등을 더욱 심화시키는 요인이 된다.

4) 양극화

양극화(polarization)는 부부가 서로의 차이를 변화시키려는 시도가 각자의 입장을 더욱 극단화시키는 현상을 의미한다. 한 배우자의 변화 시도가 다른 배우자의 반대 방향으로의 움직임을 유발하여, 결과적으로 둘 사이의 차이가 더욱 커지는 악순환적 과정이다. 이는 부부의 차이를 해결하려는 노력이 오히려 그 차이를 심화시키는 역설적 결과를 낳는다.

5) 상호 덫

상호 덫(mutual trap)은 부부가 갈등 해결을 위해 시도한 모든 노력이 실패로 돌아간 후 경험하는 상호간 막힘 상태를 의미한다. 이는 마치 출구 없는 미로에 갇힌 것 같은 무력감과 좌절감을 특징으로 하는데, 부부는 이러한 고통스러운 경험을 서로 공유하지 못한 채 각자 홀로 감내하는 경향을 보인다.

4. 평가와 사례개념화

1) 평가

평가의 주목적은 사례개념화를 구성하는 것이다(Christensen et al., 2022; Jacobson & Christensen, 1996; Roddy et al., 2016). 이 사례개념화는 치료 계획의 기초가 된다. IBCT 치료자는 사례개념화와 치료 계획을 세운 후 피드백 회기에서 이를 부부와 공유한다. 평가의 또 다른 목적은 평가를 통해 부부에게 치료적인 영향을 미치는 것으로, IBCT 평가는 부부에게 치료적인 과정이 될 수 있도록 고안되어 있다. 첫 평가 회기에는 부부와 함께 합동 면담을 진행하고, 이후 각각 개별 회기를 진행한다. 합동 및 개별 회기의 면담 내용과 평가 질문지의 답변을 바탕으로 사례개념화와 치료 계획을 도출한다.

평가를 위한 첫 합동 면담에서 치료자는 부부에게 치료 모델을 소개하고, 신뢰를 구축하며, 희망감을 심어주는 것이 중요하다. 치료 모델 소개를 위해 치료자는 치료의 구조를 설명하되, 특히 평가, 피드백, 개입 단계의 차이점에 초점을 두고 설명한다. 첫 회기에서 치료자는 부부 각자의 문제에 대한 견해를 탐색하고, 각자의 감정과 입장을 이해하고 있음을 보여 줌으로써 신뢰와 희망감을 심어줄 수 있다.

특히, 첫 합동 면담에서 치료자가 염두에 두어야 할 것은 부부가 조금이라도 희망감을 가지도록 해서 처음 왔을 때보다 좀 더 나은 기분으로 회기를 마치는 것이다. 부부의 호소 문제에 지나치게 초점을 두면서 평가를 진행하면, 부부는 급격하게 감정적으로 격화될 수 있다. 따라서 문제에 관한 평가는 가급적 평가 질문지와 개별 회기를 통해 다루고, 첫 합동 면담에서는 부부가 일시적이나마 안도감과 희망감을 가질 수 있도록 긍정적인 분위기를 조성하는 것이 좋다. 이를 위해 치료자는 관계 초기의 호감 형성 과정을 포함한 부부 관계 역사에 관한 질문들을 던질 수 있으며, 이 과정에서 사례개념화에 중요한 평가 정보를 수집할 수 있다. IBCT 첫 합동 회기에서 치료자가 사용하는 질문들은 다음과 같다.

질문 1 **두 분이 처음에 어떻게 만나셨나요?**

부부가 처음에 어떻게 만났고, 그 첫 만남에서 어떻게 부부로 발전했는지에 관한 이 질문은 배우자와의 관계 문제에 사로잡혀 있는 부부로 하여금 전혀 떠올려본 적 없는 관계의 발달에 관한 주제를 생각해 보도록 한다. 치료자는 이에 관한 이야기를 상세하게 들려주기를 요청하는데, 보통 부부들은 행복했던 과거 시절을 회상하면서 긍정적인 분위기에서 안도감을 가진다.

질문 2 **결혼 전 연애 시절은 어떠셨나요? 그때 상대방의 어떤 모습(매력)에 끌렸나요? 문제가 시작되기 전에 관계는 어떠셨나요?**

연애 시절에 관한 질문은 부부가 이 시기를 재경험하도록 해 안도감을 주는 이점 외에도, 평가 이후의 수용 작업 시에 유용한 정보를 제공한다. 현재의 부부 갈등은 관계 초기에 매력적으로 느꼈던 상대방의 특성과 관련이 있기 때문에, 초기 면담에서 이를 파악하는 것은 사례개념화의 중요한 요소가 된다. 예를 들어, 감정 표현이 적은 사람이 감수성이 풍부한 사람에게 끌리는 경우, 이러한 상호보완적 특성은 관계 초기에 긍정적으로 작용할 수 있다. 감수성이 풍부한 쪽이 관계에 활기를 더하고, 차분한 쪽이 안정성을 제공하는 식이다. 그러나 시간이 지나 부부 관계로 발전하면, 이러한 특성들이 오히려 갈등의 원인이 되어 차분한 쪽이 감수성이 풍부한 쪽을 피곤하게 여기거나, 감수성이 풍부한 쪽이 차분한 쪽의 반응 부족에 좌절할 수 있는 것이다.

질문 3 **두 분이 문제없이 잘 지낼 때는 지금과 어떻게 다른가요?**

부부 만족도가 높은 시기에 어떤 점이 다른지에 관해 알 수 있다면, 이후의 회기에서 어떤 영역에 초점을 두고 치료를 진행할지에 관해 파악할 수 있는 이점이 있다.

질문 4 현재의 문제들이 더 이상 없다면 관계는 어떻게 달라질까요?

이 질문과 함께 치료자는 부부에게 미래에 더 자주 일어나기를 바라는 모습을 가능한 구체적으로 설명하도록 요청하고, 이 질문에 대해 부부는 관계 초기에 서로를 끌어당겼던 강점, 관계의 긍정적인 측면, 미래에 원하는 관계의 유형 등에 관해 이야기하게 된다.

첫 합동 회기를 마무리할 때, 치료자는 부부 각자에게 결혼만족도 검사, 결혼생활 문제 목록, 부부 적응 척도 등의 평가 질문지를 작성하여 다음 개별 회기에 가져오도록 요청한다. 부부 관계 평가를 위한 다양한 질문지가 있지만, 비교적 간단하고 사용하기 쉬운 질문지를 선택하여 사용한다.

첫 합동 회기 이후, 치료자는 부부 각자와 개별 회기를 가진다. 이 개별 면담에서 치료자는 부부치료의 비밀 유지 원칙에 대해 설명한다. 개인치료와 달리, 부부치료에서는 치료자가 양쪽 모두에 대해 책임을 진다는 점을 강조한다. 치료자는 부부 각자에게 "특별히 달리 언급하시지 않는 한, 여기서 나누는 모든 대화는 합동 회기에서도 논의할 수 있는 것으로 생각하겠습니다"라고 안내한다. 이러한 원칙하에 만약 한쪽이 외도와 같은 중요한 정보를 비밀리에 털어놓는다면, 치료자는 이러한 정보가 부부치료의 진행 및 관계의 신뢰에 중요하다는 점을 설명하고, 가능한 한 빨리 이 정보를 배우자에게 공개하거나 외도를 종결하는 등의 문제 해결을 위한 조치를 취할 것을 권고한다. 이에 동의하지 않을 경우, 치료자는 부부치료를 계속할 수 없음을 알리고, 해당 내담자가 직접 배우자에게 치료 중단을 전달하도록 한다.

이후 개별 회기에서는 주로 부부 관계의 문제 영역을 평가하는 데 초점을 맞춘다.

2) 문제 영역의 평가

IBCT에서 치료자는 사례개념화 및 치료계획을 도출하기 위한 시도로 문제 영역을 평가한다(Christensen et al., 2022; Jacobson & Christensen, 1996; Roddy et al., 2016). 이 평가 과정을 통해 사례개념화를 위한 세 가지 주요 요인, 주제, 양극화, 상호 덫을 파악해 나간다. 문제 영역의 평가 과정에서 치료자는 기본적으로 다음의 여섯 가지 질문을 중심으로 정보를 수집한다. 이 질문들은 부부 합동 회기와 개별 회기를 통해 탐색되며, 이후 피드백 회기에서 수집된 정보를 요약하여 제시한다. 이러한 과정은 효과적인 사례개념화를 개발하고 적절한 치료계획을 수립하는 데 필수적인 정보를 제공한다: (1) 이 부부는 얼마나 고통받고 있는가? (2) 이들은 이 관계에 얼마나 헌신적인가? (3) 부부 사이를 멀어지게 하는 이슈는 무엇인가?(주제) (4) 이러한 이슈가 왜 이들에게 문제가 되는가?(양극화 및 상호 덫) (5) 이들을 함께 묶어두고 있는 강점은 무엇인가? (6) 이들을 치료로 어떻게 도울 수 있는가?

질문 1 부부 고통의 심각성: 이 부부는 얼마나 고통받고 있는가?

부부가 겪는 고통의 심각성에 관한 첫 번째 질문은 치료의 진행 방식을 결정한다. 경미하거나 중간 정도의 고통을 겪고 있다면 일반적인 평가 과정을 진행하면 되지만, 수면이나 섭식에 심각한 문제가 있을 정도로 고통의 심각성이 심하거나 자살위험, 가정폭력, 아동학대 등의 가능성이 있을 경우 위기 상황에 대한 평가와 함께 병원에서의 진단과 약물처방을 제안하는 등의 즉각적인 개입이 필요하다. 앞에서 부부가 작성한 결혼만족도 검사와 같은 질문지는 부부의 고통 수준을 측정하는 데 유용하다.

질문 2 부부의 헌신 수준: 이들은 이 관계에 얼마나 헌신적인가?

부부가 현재의 부부 관계에 얼마나 헌신하고자 하는지의 정도를 평가한다. 부부의 헌신 수준은 이 부부가 치료에 얼마나 협조를 하고 변화를 위한 노력을 기울일 것인지를 잘 보여 주는 지표다. 헌신 수준이 매우 낮은 경우, 부부는 현재 이혼 직전의 상태로 부부치료는 문제 해결을 위한 마지막 시도일 수 있다. 남편이나 아내가 외도 관계에 있을 수도 있다. 따라서 부부의 헌신 수준을 명확히 파악하기 위해서는 합동 회기보다 개별 회기가 더 효과적일 수 있다. 치료자는 각 배우자에게 현재의 관계 문제에서 자신의 역할을 어떻게 인식하고 있는지 물어볼 수 있다. 예를 들어, "현재의 관계 문제에 당신은 어떤 영향을 미치고 있나요?" 또는 "관계를 개선하기 위해 당신이 할 수 있는 변화는 무엇일까요?"와 같은 질문을 통해 헌신 수준을 평가할 수 있다. 헌신 수준이 낮은 부부는 협력이나 상호 조정을 요구하는 치료적 개입에 순응하지 않을 가능성이 크기 때문에 헌신도가 낮을수록 변화보다 수용 위주의 개입이 더 적절할 수 있다.

질문 3 주제: 부부 사이를 멀어지게 하는 이슈는 무엇인가?

부부를 갈라놓거나 멀어지게 하는 이슈가 무엇인지에 관한 탐색을 통해 부부의 주제(theme or themes)가 무엇인지를 파악할 수 있다. 사례개념화를 위한 첫 단계인 주제는 부부간 주된 갈등의 양상으로 이에 대한 이해를 위해, 치료자는 어떤 영역 혹은 이슈에 대해 부부 갈등이 발생하는지, 특정 영역이나 이슈에 대한 각자의 입장이나 관점은 무엇인지, 그리고 갈등 발생에 영향을 미치는 상황적 요인은 무엇인지 탐색한다. 예를 들어, 부부가 경제적 이슈에 관해 갈등이 있다면 부부 중 한쪽은 지출에 매우 인색한 반면, 다른 쪽은 빚을 지더라도 원하는 대로 지출해야 한다는 서로 다른 입장 때문에 갈등이 지속될 수 있다. 둘 간의 갈등 발생에 영향을 미치는 상황적 요인으로, 후자 쪽이 전자보다 가정의 재정적 기여도가 더 높기 때문에 지출에 더 허용적인 태도일 수 있다. 이러한 탐색 과정에서 치료자는 표면적으로 드러나는 갈등의 이슈나 영역을 넘어서서 부부간 주된 갈등의 양상을 발견할 수 있다.

또 다른 예로, 여가 시간 활용이나 대화 방식 등의 이슈를 탐색하다 보면 그 기저에 '친밀감-거리감'이라는 주제가 있음을 알 수 있다. 부부 중 한쪽은 배우자와 더 많은 시간을 함께 보내면서 애정을 표현하고 서로 감정을 공유하고 싶은 욕구가 있는 반면, 다른 쪽은 개인적인 감정을 표현하거나 함께 하는 활동보다는 혼자서 할 수 있는 활동을 더 선호할 수 있다. 이들의 갈등 발생에 영향을 미치는 상황적 요인으로, 각자의 직업적 유형을 꼽을 수 있다. 전자는 재택근무하는 유형의 직업을 가지고 있어서 혼자만의 시간이 충분하기 때문에 배우자와 함께 시간을 보내며 사회적 욕구를 충족하고자 하는 반면, 후자는 많은 사람들과 만나야 하는 유형의 직업에 종사해서 집에 돌아온 후에는 고요하게 혼자 있는 시간을 원할 수 있는 것이다.

개별 회기에서 치료자는 부부 갈등의 구체적인 영역과 이슈를 파악하기 위해 다양한 방법을 활용할 수 있다. 이전 합동 회기에서 논의된 내용을 언급하거나, 부부가 작성한 질문지의 개방형 응답, 또는 결혼생활 문제 목록에서 부부가 체크한 영역을 확인하며 추가 질문을 할 수 있다. 부부가 호소하는 갈등과 문제가 얼마나 오랫동안 지속되었는지 문제가 시작된 시점과 시간에 따른 변화 및 지속성을 평가한다. 부부 각자의 성장 배경과 원가족 역사를 이해하는 것도 현재의 관계 문제를 파악하는 데 도움이 된다. 치료자는 개별 면담에서 부모의 결혼 생활, 부모-자녀 관계, 전반적인 가정 분위기 등에 대해 질문할 수 있다. 이러한 초기 경험들이 현재 부부 관계에 어떤 영향을 미치고 있는지 주의 깊게 살펴보는 것이 중요하다. 또한 개별 면담은 각 배우자의 과거 연애 경험을 살펴볼 수 있는 기회가 된다. 치료자는 이전 관계에서 반복되는 패턴이나 문제점들을 파악하고, 이러한 경험들이 현재 부부 관계에 어떻게 영향을 미치고 있는지 주목해야 한다.

질문 4 양극화 및 상호 덫: 이러한 이슈가 왜 이들에게 문제가 되는가?

네 번째 질문은 부부 갈등의 양극화 과정과 상호 덫의 탐색과 관련이 있다. 치료자는 이 질문에 대한 부부의 답변을 통해 갈등이 발생할 때 이들이 갈등에 어떻게 반응하는지, 그리고 서로에게 반응하면서 어떻게 상호 덫에 빠지게 되는지 탐색한다. 이를 위해 치료자는 치료 회기에서 부부의 상호작용을 관찰하거나 평소 가정에서 발생하는 부부 갈등의 전형적인 상황을 설명해달라 요청할 수 있다. 이를 위해 치료자는 "최근에 있었던 두 분 사이의 대화나 상호작용 중에서, 지금 치료받으러 오신 갈등을 잘 보여 주는 사례를 들려주실 수 있을까요?"와 같은 질문을 할 수 있다. 특정 영역과 이슈에 대해 갈등이 일어날 때 둘 다 회피하는지, 부부 간 격렬한 비난과 공격 끝에 며칠 간의 소강 상태로 이어지는지, 한쪽이 비난하고 공격하면 다른 쪽은 회피하고 물러나는지 등에 관해 파악한다.

부부 갈등 상황에 따른 서로의 반응과 둘 간의 상호작용 패턴은 양극화 과정을 동반한다. 즉, 갈등 상황에서 상대방의 문제를 해결하려는 선의의 노력은 상대의 문제 행동을 더욱 유발하고, 이는 다시 자신의 문제 행동을 불러일으키는 것이다. 친밀감-거리감 주제의 경우, 상대방에게 접근하여 더 친밀하고자 하는 선의의 노력은 상대방으로 하여금 더욱 거리를 두고 싶게 만든다. 혼자 있고 싶지만 친밀하고자 하는 상대의 감정을 상하게 하고 싶지 않아 내키진 않지만 함께 있어 주는 선의의 노력 역시 진실치 않은 노력을 간파한 배우자로 하여금 화나고 상처받게 하여 더 진실한 관심을 추구하며 다가올 것이다. 이들의 반복되는 노력은 결국 자연스럽게 필연적으로 악순환의 패턴을 만드는 데, 부부와의 피드백 회기에서 이러한 악순환 패턴에 관한 새로운 관점을 부부와 함께 공유할 필요가 있다.

질문 5 **부부의 강점: 이들을 함께 묶어두고 있는 강점은 무엇인가?**

부부의 강점에 관한 다섯 번째 질문은, 부부를 함께 묶어두고 있는 강점은 무엇인지, 처음 만났을 때 서로에게 끌리게 한 특성은 무엇인지, 이러한 특성들 중 여전히 애착의 기반으로 작용하고 있는 점이 있는지, 그리고 그간의 심각한 어려움에도 불구하고 어떻게 함께 지내올 수 있었는지에 관한 탐색을 포함한다. 부부 각 개인과의 개별 회기에서 이에 관한 탐색을 추가로 보완할 수도 있다. 치료자는 특히 부부의 현재 문제와 연관된, 과거 한 때 매력적이었던 특성들에 주의를 기울일 필요가 있다. 예를 들어, 아내의 예측 불가능한 적극성에 매료되었던 남편과 안전을 추구하는 남편의 편안함에 매료된 아내가, 결혼 이후 서로의 소비 방식에 관해 갈등을 겪고 있다면, 치료자는 부부의 소비 방식에 관한 차이를 각자 상대방에게 처음 매료되었던 특성의 맥락에서 살펴볼 필요가 있다.

아내의 예측 불가능한 적극성은 현재의 소비 습관을 통해, 남편의 안전을 추구하는 편안함은 현재의 절약 습관을 통해 드러나고 있다고 볼 수 있다. 따라서 배우자의 매력적인 특성에 관한 정보는 현재의 문제를 재구성하는 데 사용할 수 있는 것이다. IBCT에서는 부부간 차이점의 긍정적 측면과 부정적 측면 모두를 경험하도록 해서 그 차이점이 수용될 수 있는 맥락을 만들고자 한다. 현재의 소비 문제에 대한 부부간 차이점은 적극성과 안전추구라는 매력적 특성의 맥락에 놓음으로써 현재의 문제를 재구성하는 데 사용될 수 있기 때문에 부부의 매력적 특성에 관한 정보는 매우 중요하다. 또한 그간의 심각한 어려움에도 불구하고 부부가 어떻게 함께 지내올 수 있었는지에 관한 질문 역시 중요하다. 부부가 삶에서 중요한 이슈에 대해 여전히 핵심적인 가치를 공유하거나 자녀를 위한 특정 목표에 함께 헌신하고 있다는 것을 알면, 이는 치료자에게 향후 개입에 중요한 정보를 제공할 수 있다.

부부 수용과 변화의 열쇠는 부부의 과거 성공 경험에서도 찾을 수 있다. 부부가 문제없이 서로 좋은 관계를 유지하고 있었을 때 부부간에 어떤 일이 일어나는지, 이때의 상호작용 특성 및 패턴이 부부 갈등 시기의 부정적인 상호작용 특성 및 패턴과 어떻게 다른지에 관해 치료자가 구분할 수 있다면, 이를 바탕으로 양극화 과정을 중단할 수 있는 단서를 얻게 된다. 이를 위해 치료자는 부부 문제나 갈등이 시작되기 전에는 관계가 어땠는지, 문제가 시작된 이후 지금까지 부부가 잘 지내던 때가 있었다면 지금과 관계가 어떻게 달랐고 부부간에 어떤 일들이 있었는지를 평가한다.

질문 6 치료 계획: 이들을 치료로 어떻게 도울 수 있는가?

마지막 질문은, 앞에서 기술한 영역에 관한 평가를 통해 구성된 사례개념화를 바탕으로 치료 목표와 방향을 설정하고 치료 전략을 세우기 위한 질문이다. IBCT 의 일반적인 목표는 부부간의 차이점을 수용하면서도 갈등 영역에서 변화를 도모 하는 것이다. 여기에서 변화란 부부간 긍정적인 행동이 증가하고, 더 개방적이고 방어적이지 않은 의사소통이 증가하는 것을 의미한다. 부부간 수용을 촉진하기 위해서 치료자는 평가 과정부터 서로 조정 가능하고 협력할 수 있는 부분, 서로 수 용할 수 있는 부분들에 주목할 필요가 있다.

　변화와 수용을 위해 치료가 어떻게 도울 수 있을지의 질문과 관련하여 이에 영 향을 미치는 중요한 요인은 부부 각자의 변화와 수용 능력이다. 이상적으로는, 부 부가 함께 문제를 해결하고자 하면서 각자 자신들이 변화해야 함을 인정하는 '고 객형'의 태도를 갖춘 상태겠지만, 이와는 거리가 아주 먼 부부들도 있다. 대부분의 부부는 이 양극단 사이에 위치하기 때문에 치료 초기에 치료자는 변화 또는 수용, 둘 중 어느 한쪽에 더 초점을 둔 치료 계획을 제안하는 것이 중요하다. 일반적으 로, 부부가 협력하고자 하는 태도가 높다면 치료 초기에 변화와 관련한 기법들이 더 강조될 것이다. 반대로, 부부간 불일치나 고통의 수준이 높고 서로에 대한 헌 신도가 낮을수록 치료 초기에 부부간 수용이 더 강조된다.

　치료 초기, 변화에 더 초점을 둘지, 수용에 더 초점을 둘지 결정하는 가장 중요 한 요인은 부부가 얼마나 협력적인 태도를 견지하고 있는가 하는 것이다. 협력적 인 태도란, 부부가 모두 관계 문제에 대해 상호 책임이 있음을 자각하고 관계가 개 선되려면 각자 본인을 포함한 양쪽 모두가 변화해야 함을 인식하고 있음을 의미 한다. 부부가 이러한 태도를 견지하고 있는 정도가 클수록 변화를 위한 전략이 성 공할 가능성이 높아진다. 반면, 부부가 각자 자신을 무고한 피해자로 보면서 치료 자가 상대방이 변화하도록 설득해 주길 기대하는 태도를 가질수록 수용을 위한 전략에 더 초점을 둘 필요가 있다. IBCT 치료자는 부부가 자신들을 제시하는 태 도에 따라 반응하며, 만약 부부가 치료를 시작할 때 협력적인 태도를 보이지 않는 다면, 치료자는 그러한 태도를 유발하고자 애쓰기보다 협력이 부족한 부부의 태 도를 그대로 받아들인다.

3) 사례개념화

IBCT에서는 부부간의 차이점이 파괴적인 상호작용 패턴으로 어떻게 발전되는 지에 관한 기본적인 사례개념화(formulation)의 틀을 가지는 것이 매우 중요하다 고 본다. 치료자는 상담하는 동안 이 사례개념화 틀을 참조하여 상호작용 패턴으 로의 발전 과정 중 어디에서 어떻게 막히게 되는지 이해할 수 있고, 또한 그 파괴 적인 패턴이 반복되는 것을 방해할 수 있다. 치료자가 사례개념화한 내용을 부부 에게 단순히 설명하는 것 자체도 치료적일 수 있다. 혼란스럽고 절망적인 관계를 경험하고 있는 부부에게 사례개념화는, 자신들의 고통이 어디에서 비롯되고 어떻 게 발전되어 왔는지 알 수 있는 맥락을 제공한다. 부부가 자신들이 반복해 온 상 호작용 패턴과 그 결과에 대해 더 많이 알고 자각하게 될수록, 그 패턴에 빠지는 것이 더 어려워진다. IBCT의 사례개념화는 세 가지 주요 요인—주제, 양극화, 상 호 덫—을 중심으로 구성된다. 주제에서 양극화 과정으로 이어지는 과정은 다음 에 소개되는 DEEP 분석을 통해 이해할 수 있다(Christensen et al., 2022; Jacobson & Christensen, 1996; Jacobson et al., 2000; Roddy et al., 2016).

(1) 주제

주제는 부부간 주된 갈등의 양상을 의미한다. 친밀감—거리감 주제를 가진 부 부의 경우, 관계에서 각자 최적의 친밀감 수준을 유지하고자 하며, 돈이나 육아 등 어떤 문제에 관해 갈등하고 있는가와는 상관없이 한 명은 배우자와의 친밀감 을 기대하는 반면, 다른 파트너는 최적의 거리감을 유지하고자 한다. 예를 들어, 한 부부의 친밀감—거리감 주제를 보면, 아내는 남편이 저녁 시간과 주말에 가족 활동에 더 많이, 즐거운 태도로 참여하길 원한다. 그러나 남편은 혼자만의 시간을 중요하게 여겨 저녁 식사 후 서재 문을 닫고 컴퓨터에 몰두하는 것을 선호한다. 이러한 차이로 인해 서로의 요구가 충돌하면서 관계의 긴장감이 점점 고조되고, 부부간 갈등의 씨앗이 서서히 자라나게 된다.

부부의 주제는 유사한 기능과 목적을 가진, 상호 연결된 행동들을 통해 드러난다. 함께 더 많은 시간을 보내거나 더 친밀한 대화를 요구하는 파트너의 행동(부부가 함께 하는 활동을 제안하거나 상대방의 사랑에 대해 의문을 제기하는 행동 등)은 더 높은 친밀감을 추구하는 기능을 가지고, 혼자만의 시간을 추구하는 파트너의 행동(상대방을 회피하거나 상대방의 의존성을 비난하는 행동 등)은 충분한 심리적 거리감을 유지하는 기능을 가진다. 이러한 부부는 서로 다른 행동을 보이더라도 결국 관계 내에서 최적의 친밀감 수준이나 정서적 거리를 유지하고 조절하고자 한다는 면에서 유사한 기능과 목적을 가진다. 즉, 친밀감-거리감 주제의 부부는 관계에서의 정서적 조화와 균형을 이루기 위한 공통된 기능을 가지지만, 이를 서로 다른 방식의 행동들로 표현하는 것이다.

이 주제를 통해 치료자는 부부 갈등 상황에서 각 개인의 행동이 어떤 기능과 목적을 가지는지 파악할 수 있으며, 이러한 행동들이 상호 영향을 주고받아 역동적인 패턴을 형성한다는 점을 이해하게 된다. 예를 들어, 친밀감-거리감 주제에서 한쪽이 친밀감을 더 강하게 추구할수록 다른 쪽은 거리감을 더 강화하려 하고, 거리감을 추구하는 행동은 친밀감을 원하는 쪽에게 불안감을 주어 더 많은 친밀감을 요구하게 만든다. 이러한 상호연결된 행동들은 특정 주제에 따라 반복되고 강화되며, 부부간의 관계에서 일관된 패턴을 형성하게 된다.

또한 '통제와 자율' 주제에서도 유사한 기능과 상호연결된 행동들이 나타날 수 있다. 이 주제에서 한쪽은 더 많은 통제를 원하면서 상대방이 자신의 의견을 따르도록 지시하고 압박하는 반면, 다른 쪽은 통제를 받는 것에 반발하여 '내가 알아서 할게'라는 식으로 책임을 회피하거나 수동적인 태도를 보이면서 더 많은 자율성을 원할 수 있다. 이러한 상호연결된 행동들은 결국 관계에서 권력과 책임을 어떻게 나누고 다룰 것인지, 즉 최적의 권력 수준을 유지하고 조절하려는 공통된 기능과 목적을 가진다. 부부는 이러한 유사한 기능을 서로 상반된 방식으로 표현하게 된다. 이 외에도 '예술가와 과학자' '관습과 비관습'과 같은 다양한 주제들이 있을 수 있으며, 이러한 주제에 따른 차이가 반드시 부부간 불일치나 갈등으로 이어지지는 않지만, 이러한 차이는 양극화 과정에 의해 심각한 갈등과 문제로 이어질 수 있다.

부부에게 특정 주제가 어떻게 문제가 되는지 이해하려면, 해당 주제에 대한 DEEP 분석을 수행하는 것이 도움이 된다. DEEP은 IBCT 관점에서 문제에 기여하는 주요 요소들을 나타내는 약어이다. D는 **차이**(Differences)로, 개인의 성격, 문화적 배경 등으로 인한 부부간의 차이를 의미한다. 예를 들어, '친밀감−거리감' 주제의 부부에서 남편은 더 많은 독립성을 선호하는 반면, 아내는 더 많은 친밀감을 원한다. 첫 번째 E는 **정서적 민감성**(Emotional sensitivities)으로 각자의 개인적 경험과 과거로 인해 형성되며, 이는 특히 둘 간의 차이를 문제로 만든다. 예를 들어, 남편은 어린 시절부터 자신의 어머니를 침해적이고 과보호적으로 경험했기 때문에 아내의 친밀감 시도를, 자유를 제한하려는 노력으로 받아들인다. 반면, 아내는 대가족에서 자라면서 필요한 관심을 충분히 받지 못했다고 느꼈기 때문에 남편의 무감한 반응을 자신에 대한 무시로 경험한다.

두 번째 E는 **외부 환경**(External circumstances)으로, 차이나 정서적 민감성을 악화시키는 외부 상황이나 스트레스 요인을 말한다. 예를 들어, 남편의 직장에서는 스트레스가 많은 사회적 상호작용이 요구되는 반면, 아내의 직장은 사람들과의 교류가 거의 요구되지 않는다면, 남편은 집에 돌아와 혼자 있기를 원하는 반면, 아내는 남편과의 대화를 원하고 필요로 할 수 있다. 마지막으로 P는 **상호작용 패턴**(Pattern of interaction)으로, 문제를 해결하기보다는 오히려 악화시키는 둘 간의 상호작용 방식을 의미한다. 예를 들어, 아내는 더 많은 친밀감을 위해 남편에게 항상 함께 있기를 요구하고 남편이 반응하지 않을 때 비판적일 수 있는 반면, 남편은 아내가 다가올 때 회피하려 하고 아내의 비판에 방어적으로 반응할 수 있다. 이렇게 '더 다가가는 만큼 더 거리를 두는' 상호작용 패턴은 둘 다 원하는 바를 얻지 못하게 하고, 문제를 더 악화시킨다.

이러한 상호작용 패턴의 결과로, 부부는 서로의 행동(남편의 방어와 회피, 아내의 요구와 비판)을 더욱 강화하게 되고, 서로를 더욱 비난하게 된다. 각자의 입장은 양극화되어 남편은 더 많은 혼자만의 시간을, 아내는 더 많은 친밀한 접촉을 원하게 된다. 이 과정에서 남편은 아내를 신경질적으로 의존적이라고 보고, 아내는 남편을 병적으로 친밀감을 두려워한다고 보면서 서로를 인격적으로 비난한다. 결국 두 사람은 모두 갇혀 있고, 낙담하며, 희망이 없다고 느끼면서 한마디로 '상호 덫'에 걸린 상태가 된다. 이러한 DEEP 분석을 통해 특정 주제의 부부간 차이가 어떻게 양극화 과정을 거쳐 심각한 문제로 발전하는지 깊이 있게 이해하고 접근할 수 있다. 효과적인 사례개념화는 부부의 주제에 대한 설명, 그 주제에 대한 DEEP 분석, 그리고 그 결과로 나타나는 상호 덫을 포함한다.

이러한 사례개념화가 실제로 얼마나 유용한지는 부부에게 얼마나 도움이 되는지에 따라 결정된다. 즉, 사례개념화는 부부에게 공감되고, 관계에 대한 이들의 이해에 통합될 수 있어야 하며, 서로에 대한 비난을 줄이고 수용과 변화를 위한 준비도를 높이는 데 도움이 되어야 한다. 반면에 성공적이지 못한 사례개념화는 부부가 이를 통해 이해받았다고 느끼지 못하거나 관계에 대한 이해 속에 통합하지 못하며, 때로는 서로를 더 비난하는 방식으로 사용되기도 한다. 모든 사례개념화는 치료 과정 전반에 걸쳐 지속적으로 수정되고 확장되지만, 그 핵심 내용은 평가 단계에서 개발된다. IBCT에서 평가 단계의 구조와 내용은 모두 효과적인 사례개념화 개발을 위해 고안되었다.

(2) 양극화

양극화는 부부간에 갈등이 시작되어 서로가 상대방을 변화시키고자 할 때 작동하는 파괴적인 상호작용의 과정을 의미한다. 부부가 서로의 차이점으로 인해 갈등을 겪을 때, 각자는 상대방의 행동을 수정하거나 변화시키고자 노력하는 경향이 있다. 이러한 노력은 보통 성공하지 못하는데, 그 실패의 이유는 부부의 주제 자체에 내재된 두 사람 간의 차이점과 불일치에서 나온다. 각자가 상대방을 변화시키고자 하는 노력은 상대방이 차이점을 유지하고자 하는 정반대되는 노력에 의해 상쇄되어 결국 성공하지 못하는 것이다.

예를 들어, 친밀감–거리감 주제를 가진 부부의 경우, 거리를 두고자 하는 쪽은 상대방이 자신에게 다가오면서 공간을 침해할수록 거리를 유지하고자 더 멀어질 것이고, 친밀하고자 다가가는 쪽은 상대방이 자신을 회피하고 거리를 둘수록 더 다가가고자 할 것이다. 거리감을 원하는데 상대가 침해하려고 할 때 뒤로 물러서는 것이나 친밀감을 원하는데 상대가 멀어지려고 할 때 다시 끌어당기려고 애쓰는 건 모두 자연스러운 반응이다. 그러나 이는 자가당착적인 노력으로 두 사람 모두 동시에 이러한 상반되는 방향의 노력을 하면서 애쓸 때, 필연적으로 둘 간의 차이점은 더욱 악화되고 결국 양극화에 다다르게 되어 갈등은 이전보다 더 증가하게 된다.

또 다른 예를 들자면, 남편이 혼자만의 시간을 원하거나 가족 활동에 소극적이고 불만스러운 태도로 참여할 때, 아내는 이에 분노를 느끼고 남편의 행동을 변화시키기 위해 더 많은 참여를 요구하거나 화를 내며 압박한다. 그러나 남편은 갈등을 피하기 위해 더 멀어지거나 물러서려 하고, 자신의 공간을 확보하려는 행동을 강화한다. 아내가 남편을 변화시키기 위해 더 강하게 다가갈수록 남편은 점점 더 거리를 두려 하고, 남편이 거리를 두려 할수록 아내는 더욱 다가가며 강하게 반응한다. 이처럼 두 사람의 상반된 노력은 서로를 더 극단적인 행동으로 몰아가며, 갈등을 심화시키고 양극화에 이르게 한다.

(3) 상호 덫

상호 덫은 양극화의 결과로 부부가 갈등에 대해 더이상 어떻게 해 볼 엄두를 내지 못하면서 갇히고 막힌 느낌, 무력감과 절망감을 가지게 되는 것을 의미한다. 상호 덫은 부부 각자가 개별적으로 경험하는 것으로, 각자의 절망스러운 느낌을 배우자와 함께 논의하지 않는 특성을 가진다. 각자는 배우자와의 관계에서 매일 갇히고 막힌 느낌을 경험하지만, 그 배우자 역시 유사한 느낌을 가지고 살고 있음을 잘 알지 못한다. IBCT의 주요 과제인 수용은 한 파트너가 다른 파트너의 갇힌 느낌에 대해 공감과 연민을 갖도록 하는 것을 포함한다.

4) 피드백 회기

IBCT에서 피드백 회기는 평가 단계와 치료적 개입 사이를 잇는 중요한 가교 역할을 한다. 이 회기에서 치료자는 사례개념화 내용을 부부에게 요약하여 전달하고, 향후 치료 계획을 설명한다. 회기 진행 중 치료자는 지속적으로 부부의 반응을 살피며, 사례개념화가 양쪽 모두에게 의미 있게 받아들여지는지 확인한다. 한쪽이 동의하지 않는 부분이 있다면, 치료자는 추가 설명을 요청하고 이를 반영하여 사례개념화를 조정한다. 치료자는 부부가 사례개념화를 그대로 받아들여주기를 바라지만, 동시에 유연한 태도를 유지할 필요가 있다. 부부 각자가 자신들의 문제를 어떻게 인식하고 있는지 고려하면서, 이들의 언어와 관점을 활용하여 사례개념화의 핵심 내용을 설명한다.

피드백 회기는 초기 세 회기에서 다룬 여섯 가지 주요 평가 질문을 토대로 구성된다. 첫째, 치료자는 부부의 고통 수준에 대해 피드백을 제공한다. 이때 결혼만족도 검사 결과를 함께 논의하는 것이 도움이 될 수 있다. 둘째, 치료자는 부부 각자의 관계 헌신도를 다룬다. 이는 부부가 작성한 질문지와 개별 회기에서 얻은 정보를 바탕으로 한다. 부부의 고통 수준과 헌신도를 논의할 때, 치료자는 어디에 초점을 둔 접근이 더 유익할지 판단해야 한다. 즉, 문제의 심각성을 강조하기 위해 높은 고통 수준이나 낮은 헌신도에 초점을 맞출 수도 있고, 반대로 치료 예후에 대한 불안을 완화하고 치료에 대한 희망감을 주기 위해 상대적인 만족도나 높은 헌신도를 강조할 수도 있다. 이는 각 부부의 특성과 상황에 맞춰 유연하게 결정해야 한다.

셋째로, 치료자는 부부간 갈등을 일으키는 이슈들, 혹은 핵심 주제에 초점을 맞춘다. 이를 위해 합동 및 개별 회기에서 부부가 언급한 구체적 사건들과 결혼생활 문제 목록에 표시한 항목들을 활용하여 주제를 파악하고 제시한다. 넷째로, 치료자는 DEEP 분석을 통해 이러한 이슈들이 부부에게 왜 문제가 되는지 설명한다. 부부간 차이(D), 정서적 민감성(E), 외부 환경 요인(E)이 문제를 어떻게 악화시키는지, 그리고 이들의 상호작용 패턴(P)이 어떻게 건설적인 대화와 문제 해결을 방해하는지 설명한다. 이로 인해 부부가 무력감과 절망감을 느끼게 된다는 점을 강조한다.

다섯째로, 치료자는 부부의 강점을 강조한다. 관계 초기의 서로에 대한 매력을 언급하면서, 현재의 어려움에도 불구하고 관계를 유지하게 하는 현재의 강점들을 부각시킨다. 여섯째로, 치료자는 치료적 개입이 어떻게 부부에게 도움이 될 수 있는지 구체적으로 설명한다. 이 과정에서 치료자는 폭넓은 치료 목표를 제시하는데, 여기에는 서로의 차이와 정서적 민감성에 대한 이해와 수용 증진, 그리고 상호작용 패턴의 변화 등이 포함된다. 더불어 자녀 양육에서의 협력 개선과 같은 실질적이고 구체적인 목표도 함께 언급한다.

치료자는 여섯 가지 주요 평가 영역을 다룬 후, 매 회기 전 부부가 작성할 주간 질문지(Weekly Questionnaire)(Christensen, 2010)를 소개하면서 앞으로 치료가 어떻게 진행될지 설명한다. 이 한 페이지 분량의 간단한 설문지는 지난 회기 이후의 상황을 파악하기 위한 것으로, 다음과 같은 내용을 담고 있다: (1) 부부 관계 만족도(4개 항목), (2) 폭력이나 파괴적 행동, 약물/알코올 문제, 생활 상의 주요 변화(예: 실직, 취업 등)의 발생 여부, (3) 지난 회기 이후 가장 긍정적이고 의미 있었던 관계 경험(예: 지난 주말에 나눈 애정 표현), (4) 지난 회기 이후 가장 어렵고 힘들었던 관계 경험(예: 신뢰 문제로 인한 다툼), (5) 다가오는 어렵고 도전적인 상황(예: 명절에 처가 방문), (6) 이번 회기에서 다루고 싶은 주제들의 우선순위, (7) 지난 회기의 과제 수행 여부. 치료자는 이 질문지가 향후 상담 회기의 방향을 안내하는 데 도움이 될 것이라 언급하며, 여기서 드러난 중요한 관계 사건들과 문제들을 다루면서 부부가 기존의 부정적인 상호작용 패턴에 빠지지 않도록 적극적으로 개입할 것임을 강조한다.

5. 치료적 초점과 목표

IBCT는 부부의 관계 개선을 위해 정서적 '수용'과 행동적 '변화'를 중심으로 두 가지 주요 치료적 초점과 목표를 설정한다. 이는 각각 부부의 갈등을 이해하고 수용하는 기반을 형성한 후, 실제 행동 변화로 이어지는 방식으로 서로 긴밀하게 연결되어 있다(Jacobson & Christensen, 1996; Jacobson et al., 2000; Roddy et al., 2016).

1) 정서적 수용

정서적 수용(acceptance)은 부부가 서로의 차이를 이해하고 받아들이며 정서적 연결을 강화하는 데 초점을 둔다. 이는 부부가 서로의 정서적 경험과 고통을 공감할 수 있도록 돕는 것을 목표로 한다. 구체적으로, 부부가 표면적인 분노나 적개심 이면에 숨겨진 더 깊은 감정을 탐색하고, 이를 안전하게 표현함으로써 상대방의 입장을 보다 깊이 이해하며 정서적 친밀감을 회복할 수 있도록 지원한다. IBCT 치료자는 부부가 각자의 취약한 감정을 안전하게 표현할 수 있는 환경을 조성하고, 상대방의 입장을 보다 깊이 이해하게 함으로써 서로의 차이에 대한 수용을 증진시킨다. 수용을 통해 부부는 정서적 친밀감을 회복하고, 갈등에 대해 더 긍정적이고 공감적인 반응을 보일 수 있게 된다.

2) 행동적 변화

행동적 변화(change)는 부부 상호작용에서 각자의 행동상의 빈도나 강도가 증가 혹은 감소되는 것을 의미한다. 변화는 부부의 긍정적인 행동의 빈도가 증가되고 서로에 대한 비난의 정도가 감소되면서 더 개방적인 의사소통을 나눌 수 있게 되는 것을 포함한다. 행동적 변화는 정서적 수용이 어느 정도 이루어진 후에 더 효과적으로 일어날 수 있으며, 부부가 서로 협력적인 방식으로 문제를 해결하고, 의사소통을 원활히 하며, 긍정적인 행동 방식을 늘려나가는 것을 목표로 한다. IBCT의 치료적 초점은 부부가 단순히 문제를 해결하는 것을 넘어 서로의 차이를 이해하고 수용하면서도 필요한 행동적 변화를 이끌어 내는 균형을 찾는 데 있다. 협력적인 태도를 가진 부부는 변화 전략이 적절하지만, 치료 초기에는 협력적인 태도를 취하는 부부가 많지 않기 때문에, 초기에는 주로 수용 전략이 이루어진다.

6. 치료 과정과 구조

IBCT는 대면 상담을 원칙으로 하며, 일반적으로 한 명의 치료자와 부부가 함께 참여한다. 보통 IBCT의 회기는 3회의 초기 평가 회기(첫 회기는 부부 합동 회기로, 이후 두 번의 회기는 개별 회기로 진행)와 이후 부부 합동 회기로 진행되는 네 번째 회기로 구성된다. 네 번째 회기에서는 부부 평가에 대한 피드백을 제공하고, 치료의 본격적인 개입 단계에서 추구하는 목표와 적용할 개입 방법에 관해 설명한다. 이후 부부는 치료의 본격적인 개입 단계에 참여할지 결정한다(Jacobson & Christensen, 1996; Jacobson et al., 2000; Roddy et al., 2016).

일반적으로 매주 1회 50분의 회기 구조는 많은 부부들에게 적합하지만, 치료 구조와 기간은 각 부부의 필요에 맞게 개별적으로 조정될 필요가 있다. 전체적인 치료 기간과 종결 시기는 치료자가 부부와 협력적으로 논의해야 한다. 이 과정에서 부부가 처음에 호소한 문제와 부부 각자의 목표를 재검토하고, 현재 시점에 어느 정도 진전이 있는지 평가한다. 부부가 처음보다 더 차분하게 문제를 논의할 수 있고, 서로의 관점을 더 잘 이해하며, 고통스러웠던 행동에 덜 고통받는다면 종결 논의를 시작하는 것이 적절하다. 심각하고 만성적으로 고통받는 부부들의 경우 IBCT를 적용했을 때 평균적으로 약 25회의 회기가 필요한 것으로 나타났지만, 일반적으로 부부들이 필요로 하는 전체 회기 수는 사례에 따라 다양하게 나타난다. 심각한 수준의 고통을 경험하는 부부들이 치료를 통해 얻은 긍정적인 변화를 장기적으로 유지하기 위해서는 정규 치료 기간이 끝난 후에도 간헐적으로 강화 회기를 가질 필요가 있다(Christensen et al., 2004; Christensen et al., 2022).

본격적인 개입 단계에서 치료자는 부부의 전반적인 근황을 확인하며 회기를 시작하고, 특히 폭력 사건, 알코올이나 약물 관련 문제, 실직과 같은 상황 혹은 삶의 주요한 변화 영역에 주의를 기울인다. 그 후 치료자는 부부와 함께 이들에게 가장 중요하거나 두드러진 문제, 사건을 바탕으로 회기에서 주로 다룰 논의사항을 정한다. 여기에는 지난 회기 이후 가장 중요한 긍정적, 부정적 상호작용, 부부가 직면한 도전적인 상황, 현재 우려되는 문제 등이 포함될 수 있다. 이 초기에 정한 논의사항은 부부에게 더 중요한 문제나 사건이 떠오르면 변경될 수 있다.

치료자는 적극적인 촉진자로서 대화를 이끌되, 이러한 대화는 IBCT 사례개념화와 밀접하게 관련된 핵심 주제들을 반영할 필요가 있다. 예를 들어, 남편이 친구들과 주말 낚시 여행을 계획하는 상황이 부부 관계에서의 '자율성과 소속감'이라는 주제를 반영한다면 이에 대해 심도 있게 논의할 수 있다. 그러나 이들 부부 관계의 주제와 무관한 긍정적인 여행 경험(예: 남편이 여행에서 아내를 위한 특별한 선물을 사온 것)이나 부정적인 여행 경험(예: 남편이 여행 중 차량 고장으로 늦게 귀가한 것)에는 일반적으로 초점을 맞추지 않는다. 치료자는 각 회기의 마지막 부분에 시간을 할애하여 부부가 해당 회기에서 논의된 주제에 대해 적절한 정리를 할 수 있도록 돕는다. 또한 이 시간을 활용하여 회기 동안 나온 중요한 통찰이나 부부간 합의 사항과 같은 핵심 내용을 강조하여 부각시킴으로써 부부가 각 회기의 중요한 내용을 명확히 인식하고, 이를 일상생활에 적용할 수 있도록 돕는다.

7. 치료자 역할

　IBCT 치료자는 특정 회기의 맥락에 따라 다양한 방식으로 기능하기 때문에 다양한 역할을 수행한다. 특히 치료 초기 단계에서 치료자는 교사나 교치와 같은 역할을 하면서 적극적이고 지시적인 경향이 있다. 고통 수준이 높은 부부들의 경우, 치료자는 모든 대화가 치료자를 통해 이루어지도록 요청하고, 부부 각자의 메시지를 상대방이 듣고 이해할 수 있게 표현하도록 도우며 상대방이 그 메시지에 반응하도록 격려하는 역할을 한다. 그러나 고통 수준이 높지 않을 경우, 부부가 의사소통 지침에 따라 서로 직접 대화하도록 격려하고 피드백을 제공하는 역할을 할 수도 있기 때문에 IBCT 치료자는 무엇보다 높은 수준의 유연성과 변화에 익숙해질 필요가 있다.

　IBCT 치료자의 가장 중요한 역할 중 하나는 사례개념화 역량을 갖춘 공감적 경청자가 되는 것이다. 치료자는 회기 내내 언어적 및 비언어적 의사소통에 주의를 기울이며 부부 각 개인에 대한 진정한 이해와 공감을 표현하는 동시에 부부의 핵심 주제를 파악하고 사례개념화를 발전시켜나가는 데 지속적으로 초점을 둘 수 있어야 한다. 대부분의 경우 IBCT 치료자는 배려심을 갖춘 촉진자로서 부부 각자의 의사소통에 담긴 진실을 파악하고, 상대방이 이해할 수 있는 방식으로 표현할 수 있도록 돕는 역할을 한다. 또한 치료자는 변화와 수용을 위한 기법들을 균형 있게 적용하면서 이전과는 다른 경험을 부부에게 제공하는 경험적 안내자이기도 하다. 전반적으로 IBCT 치료자는 부부와의 상호작용에서 직면적 반응보다는 부부의 경험을 타당화하고 공감적인 태도를 취한다.

8. 치료적 개입

IBCT에서는 주로 네 가지 개입 전략—1) 공감적 연결(empathic joining), 2) 공동 객관화(unified detachment), 3) 용인성 기르기(tolerance building), 4) 변화 전략(change strategies)—을 부부 사례에 적용한다. 공감적 연결과 공동 객관화, 용인성 기르기는 부부간 수용을 증진시키는 것을 주요 목표로 하지만 이를 통해 부부의 변화가 일어날 수 있고, 변화 전략은 부부의 변화를 주요 목표로 하지만, 수용이 야기될 수도 있다(Jacobson & Christensen, 1996; Jacobson et al., 2000; Roddy et al., 2016). 여기에서는 각 개입 전략의 주요 특성과 목표에 따라 '수용' 전략과 '변화' 전략, 두 가지로 크게 구분하고 살펴보고자 한다.

IBCT 치료자는 부부간 반복되어 온 상호작용 패턴을 새로운 패턴으로 대체하면서도 정서적, 인지적, 행동적 변화를 촉진하기 위해 각 개입 전략별 각기 다른 특성의 부부 대화를 야기하고자 시도한다. 공감적 연결에서는 정서적 변화를 촉진하기 위한 공감적인 대화를, 공동 객관화에서는 인지적 변화를 위한 분석적인 대화를, 변화 전략에서는 행동적 변화를 위한 실용적인 대화를 이끌어 내고자 시도한다.

1) 수용 전략

(1) 공감적 연결

부부는 보통 높은 수준의 정서적 고통을 경험하면서 처음 치료실을 찾는다. 이 고통스러움의 표현으로, 부부는 서로를 비난하거나 공격하기도 하고 방어적 태도나 반격을 불러일으키기도 해서 결과적으로 각자의 고통은 더욱 악화된다. 공감적 연결의 목표는 부부가 서로 상대방을 비난하지 않으면서도 자신의 고통을 표현할 수 있도록 하는 것이다. IBCT 치료자는 서로를 도발하는 부부의 공격적인 행동보다 이들이 경험하는 정서적인 상처에 초점을 두고, 상대방에 대해 이전과는 다른 정서적 반응을 하도록 도와서 더 공감적인 대화로 이어질 수 있게 한다.

이를 위해 IBCT에서는 부부간의 정서적 반응을 두 가지 차원으로 바라본다. 첫 번째는 서로에 대한 분노나 적개심과 같은 '표면적 감정'으로, 부부는 갈등 상황에서 이러한 감정에 쉽게 접근할 수 있다. 이 강렬한 표면적 감정은 겉으로 잘 드러나고 표현되는데, 이를 '강한 공개(hard disclosures)'라 한다. 두 번째는 겉으로 거의 잘 드러나지 않는 '숨겨진 감정'으로, '내가 이 문제를 유발했다'는 죄책감, '저 사람이 날 떠나지 않을까'하는 두려움, '이 문제로 인해 관계가 끝나지 않을까'하는 불안감, '저 사람이 날 정말 사랑할까?' 하는 의구심 등이 여기에 해당된다. 이 숨겨진 감정, 즉 부부 각자의 내면적인 감정이 표현되는 것을 '부드러운 공개(soft disclosures)'라 한다. 치료자는 부부 각자의 표면적 감정을 타당화하면서 숨겨진 감정을 탐색해 나가는데, 특히 숨겨진 감정을 탐색하는 과정에서 치료자는 부드러운 공개(soft disclosures)가 일어나도록 촉진한다. 다시 말해, 분노와 같은 강렬한 표면적 감정 이면에 존재하는 상처나 두려움 등을 표현하도록 돕는 것이다.

부드러운 공개를 촉진하기 위해 치료자는 분노와 함께 존재하는 또 다른 어떤 감정이 있는지에 관해 질문할 수 있다. 또는 치료자가 "혹시 좀 관심받지 못한 느낌이거나, 혹은 무가치한 느낌이 드시는 건 아닌가요?"와 같이 말하면서 숨겨진 감정을 넌지시 살펴볼 수도 있다. 그러면, 내담자는 "전 가족들을 돌보느라 모든 시간을 다 보내고 너무 소진돼요. 외롭고 인정받지 못하는 것 같아요."와 같이 전보다 더 부드러운 감정을 꺼내어 놓을 수 있는 것이다. 화자의 이러한 감정들을 타당화하고 심도 있게 탐색한 이후, 치료자는 청자에게 주의를 돌려서 "아내(혹은 남편) 분이 이런 상황에서 외로움을 느꼈다는 것에 대해 놀라시진 않으셨나요?"라고 하며 방금 일어난 화자의 부드러운 공개를 강조하면서 청자의 반응을 이끌어낼 수 있다. 이상적인 흐름이라면, 청자도 부드러워지기 시작하면서 화자와 유사하게 부드러운 공개를 하고, 평소의 비난—방어 패턴과는 다른, 둘 간에 공감적으로 연결된 대화가 나타날 수 있다.

부드러운 공개를 이끌어 내는 또 다른 방법은, 부부가 자신의 취약한 감정을 털어놓을 수 있는 안전한 환경을 만드는 것이다. 이를 위해 치료자가 부부의 상호 취약한 영역에 관해 언급하는 것이 도움될 수 있다. 예를 들어, 돈 관리와 자녀 양육 문제에 대해 자주 다투는 부부의 경우, 아내는 성공적인 양육으로 자신의 역량을 발휘하고 싶은 욕구와 자녀 양육의 책임감으로 인해 남편에 비해 양육과 관련한 일에 더 민감하게 반응하지만, 남편은 자신의 사소한 실수도 그냥 넘어가지 않는 아내의 태도를 과민 반응이라 여길 수 있다. 반면, 가족의 생계를 성공적으로 꾸려가고자 싶은 남편은 돈 관리 영역에 있어서 자신의 역량을 발휘하고자 하기 때문에 아내에 비해 돈 관리와 소비에 관한 일에 더 민감하지만, 아내는 몇 천 원, 몇 백 원 단위로 사소한 소비까지 챙기는 남편의 태도를 과민 반응이라 여길 수 있다. 이렇게 부부는 각자의 역할에서 자신의 역량을 성공적으로 발휘하지 못할 수도 있다는 생각에 상대방보다 더 민감하고 취약한 감정을 나타내는데, 치료자는 이러한 상호 취약한 감정을 표현하도록 도움으로써 두 사람은 처음에는 과잉 반응으로 보였던 상대방의 태도에 공감할 수 있게 된다.

(2) 공동 객관화

치료자는 공동 객관화를 통해 부부가 자신들의 갈등과 정서적인 거리를 두면서 문제에 대한 분석적인 대화를 촉진한다. 문제에 대한 분석적인 대화는 부부가 서로에 대한 감정적인 비난없이 자신들의 문제에 대해 이야기할 수 있도록 한다. 공동 객관화 전략을 통해 치료자는 또한 부부가 문제를 이전과는 다른 방식으로 이해하도록 돕는다. 부부가 그간 정의해 온 문제는 각자의 입장에서 자신을 괴롭게 하는 '상대방'이었지만, 이보다 문제는 양쪽 모두가 관련되어 있는 '그것(it)'으로 보는 관점으로, '그것'은 부부가 함께 애써서 해결해야 할 '공동의 적'으로 재구성하여 이해하도록 돕는다. 치료자는 부부 상호작용의 핵심 주제와 상호작용 패턴, 양쪽 모두가 빠져들게 되는 상호 덫의 양상을 계속 언급함으로써 공동 객관화를 촉진하여 서로에 대한 비난을 감소시키고 수용을 촉진하도록 돕는다.

　공동 객관화를 증진하는 다른 방법은, 받아들이기 힘든 상대방과의 차이가 서로 다른 가족 배경이나 문화적 배경, 혹은 성별에 따른 차이에서 기인하는 것으로 재구성하는 것이다. 예를 들어, 부부 중 한쪽은 감정 표현이 자유로운 가족에서 자랐다면, 다른 쪽은 감정 표현을 억제하는 가족에서 자랐을 수 있다. 이 경우 후자는 배우자의 감정 표현을 이해하거나 대처하기가 어려울 수 있고, 그 반대의 경우도 마찬가지일 수 있다. 치료자는 이들의 서로 다른 가족 배경을 언급함으로써 부부가 서로의 차이를 단지 가족 배경으로 인한 차이로 볼 수 있도록, 상대방의 부족함 문제로 보지 않도록 도울 수 있다.

　IBCT 치료자가 공동 객관화를 증진하는 또 다른 방법은, 부부가 특정 갈등 상황이나 사건에서의 상호작용 패턴을 구체적으로 설명해 보도록 돕는 것이다. 관찰자적 시점에서 자신들이 반복해 온 상호작용 패턴을 설명하면서 부부는 이전만큼 감정적으로 반응하지 않고 공동으로 함께 갈등 상황과 거리를 두게 된다. 치료자는 부부가 자신들의 상호작용 패턴에 유머스러운 명칭을 붙여보도록 격려하기도 하는데, 이때 그 명칭은 양측 모두가 수용할 수 있는 것이어야 한다.

(3) 용인성 기르기

　용인성 기르기 전략은 상대방의 행동에 의해 촉발되는 정서적 반응성을 감소시키고자 하는 것으로, 수용과 변화 모두에 초점을 둔다. 이 전략을 적용하기 위해 치료자는 부부가 서로 부정적으로 경험했던 상대방 행동의 영향과 결과에 관해 논의하게 하고, 그 부정적인 행동이 현재나 과거에 긍정적인 측면도 있다는 점에 주목하도록 한다. 그러나 단순히 긍정적인 면을 인위적으로 만들어 내거나 부정적인 행동을 긍정적으로 재구성하기보다는 상대방 행동의 여러 기능에 대한 이해를 기반으로 이 전략을 적용한다.

　예를 들어, 감정 표현이 자유로운 사람과 감정 표현을 억제하는 성향의 사람이 현재 둘 간의 차이에 따른 행동 때문에 고통을 겪고 있다면, 이 서로 다른 두 측면은 한 때 서로에게 끌렸던 요인일 수 있다. 후자에게 전자의 자유로운 감정 표현은 불편하지만 과거 서로를 가까워지게 한 요인으로, 전자에게 후자의 무뚝뚝함과 꼼꼼함은 답답하고 짜증나지만 과거 자신에게 안정감을 주고 현재 가족을 위해 믿음직하게 노력하는 태도로 받아들일 수 있는 것이다. 차이에 따른 양측의 행동은 현재 괴로움을 야기하기도 하지만, 과거나 현재 긍정적으로 작용하는 측면도 있는 것이다. 이러한 측면을 강조하면서 치료자는 부부 각자가 평소 괴롭게 여기는 상대방 행동의 긍정적인 면을 볼 수 있도록 돕는다.

IBCT 치료자는 또한 부부가 치료 회기에서 각자 자신의 평소 부정적 행동을 의도적으로 연기하게 함으로써 용인성을 높이고자 시도할 수 있다. 이를 통해 상대방은 새로운 맥락에서 파트너의 부정적 행동을 경험하면서 정서적 반응성이 둔감화되고, 연기하는 사람은 자신의 행동이 상대방에게 미치는 영향력을 더 잘 인식하게 되는 것을 목적으로 한다. 예를 들어, 남편이 아내의 양육 방식을 부정적으로 평가하고 아내가 남편의 말을 듣는 둥 마는 둥 무시하는 태도를 반복적으로 나타내는 패턴에 빠져 있다면, 치료자는 이 패턴을 치료 회기에서 직접 재연해 보도록 요청할 수 있다. 이를 통해 부부는 평소 자연스럽게 하던 행동을 의도적으로 연기하려 하다 웃음을 터뜨리면서 '공동 객관화' 전략을 뒤따라 적용하거나, 혹은 서로를 정서적으로 다소 자극하게 되면서 '공감적 연결' 전략을 뒤이어 적용할 수 있다. 이 전체 과정을 통해 상대방 행동에 대한 용인성을 증진시킬 수 있다. 이 전략은 부부가 공동으로 문제에 대한 객관화가 어느 정도 되어있을 때 사용해야 한다.

용인성을 증진시키는 마지막 방법은 부부가 자기 관리(self-care)를 해 나가도록 돕는 것이다. 배우자의 도움이 필요할 때 항상 도움을 받을 수 있는 것은 아니므로, 각자가 자신만의 방법이나 사회적 자원을 잘 활용하여 스스로를 돌볼 수 있다면 배우자에 대한 과도한 기대나 의존이 줄어들면서 부부 관계 역시 더 건강해질 수 있다. 예를 들어, 정서적으로 고통스러운 경험을 배우자가 아닌 친구에게 털어놓는 것이 때로는 도움이 될 수 있다. 그러나 이 자기 관리는 배우자의 역할이 아예 필요없음을 암시하지 않도록 치료자가 주의해서 제안해야 한다.

2) 변화 전략

부부가 서로의 변화를 원하면서 치료실을 찾을 때, IBCT 치료자는 두 사람이 처한 갈등을 탐색하고 타당화하면서 공감적 연결과 공동 객관화 전략을 적용하기 시작한다. 이를 통해 각자 서로에 대한 감정이 다소 부드러워지고 정서적 분위기도 처음과 달리 변화하며, 특정 행동이 변화하기 시작할 수 있다. 그러나 위의 두 가지 전략이 부부의 변화를 가져왔다 해도 여전히 부부가 고군분투하는 문제들이 있을 수 있다. 그때 IBCT 치료자는 직접적이거나 의도적인 변화 전략을 적용한다.

대체로 일상생활에서 잘 기능하는 부부를 상담할 때, 치료자는 이 부부가 이미 좋은 의사소통 방법과 문제해결 능력을 가지고 있으며, 실제로 많은 상황에서 이러한 능력을 잘 활용해 왔다고 가정한다. 따라서 IBCT 치료자는 부부에게 익숙한 기존의 행동 레퍼토리에 접근하여 변화를 촉진하고자 하며, 새로운 의사소통 기술이나 문제해결 기술을 가르치는 것은 단지 부차적으로만 시도한다. 그 이유는 부부의 레퍼토리 안에 이미 있는 건설적인 행동을 이끌어 내는 것이 부부에게 더 자연스럽게 여겨질 것이고, 스스로 변화의 주체가 된 느낌을 가지도록 하여 변화가 더 지속 가능할 것이기 때문이다.

(1) 긍정적 상호작용 강화

부부의 관계에 대한 헌신 정도가 극도로 낮지 않은 이상, 부부는 보통 배우자를 위해 무언가를 시도하거나 관계 개선을 위한 노력을 할 것이다. IBCT 치료자는 거의 모든 회기에서 부부 사이에 일어났던 가장 긍정적인 상호작용을 포함한 사건을 검토하여 부부 각자의 개선 노력을 포착하고 이를 강화하고자 한다. 그 긍정적인 사건 속에 힘든 문제를 잘 다루었던 부부의 경험이 포함된다면, 그때의 상호작용을 자세히 돌아보고 문제 상황을 잘 다루기 위해 각자가 무엇을 할 수 있었는지 강조한다. 이런 식으로 치료자는 문제를 해결하려는 부부 각자의 긍정적인 행동과 자연스러운 노력을 포착하고 이를 강화하고자 시도한다.

(2) 상호작용 재연 및 개선

또 다른 변화 전략은, 치료 회기 안에서 부부가 원활하지 않았던 상호작용을 재연해 보도록 하되 이전보다 좀 더 나아지게 재연해 보도록 하는 것이다. 이 전략은 부부가 자신들의 상호작용 패턴을 잘 이해하고 어떤 요인들이 서로를 자극하는지 잘 인식하고 있을 때만 사용한다. IBCT에서는 최소한의 개입으로 최대의 변화를 이끌어 내고자, 이 전략을 사용할 때 보통 치료자는 "(이번에는) 좀 더 잘해 보세요"와 같은 다소 포괄적인 지침으로 시작한다. 이렇게 하는 것이 지나치게 코칭하고 통제하는 것보다 치료 회기 밖에서 부부의 변화가 더 잘 지속될 수 있을 것이라 보기 때문이다. 그러나 포괄적인 지침으로는 부부가 더 나아지지 않을 경우 좀 더 상세한 지침이나 코칭을 제공해야 할 수도 있다. 예를 들어, 치료자가 부부에게 최근의 갈등 상황에서의 회복 과정을 재연해 보되 이전보다 좀 더 나아지게 재연해 보도록 요청한 경우 부부가 재연하기를 계속 어려워한다면, 양측 모두에게 그 순간 겪었던 정서적 어려움을 이야기해 보도록 세부적인 지침을 제공함으로써 보다 의미 있는 대화를 이끌어 낼 수 있다.

9. 사례 적용

1) 기본 정보

C씨(남편, 33세)와 K씨(아내, 31세)는 결혼한 지 1년 반 된 신혼부부이다. 둘 다 대학 교육을 받았으며, 남편 C씨는 IT 회사에서 프로그래머로 일하고, K씨는 대학 부설 한국어학당에서 외국인을 위한 한국어를 가르친다. 이들은 최근 첫 아이를 유산한 후 관계의 어려움을 겪고 있다. 두 사람은 7년 전 서로 다른 대학의 연

합 동아리 활동을 통해 처음 만났고, 3년간의 불안정한 연애 끝에 결혼했다. 결혼 전 이들은 여러 번의 이별을 경험했는데, 한 번은 C씨가 대학 시절 전 여자친구와 다시 연락하며 잠시 관계를 가진 것이 이별의 한 가지 이유였다. 그 후 그들은 다시 만나 관계를 회복했고, 친구들의 권유로 진지한 관계를 시작한 지 6개월 후 결혼에 이르게 되었다.

두 사람 모두 천주교 가정에서 자랐지만, 종교 생활에 대한 태도는 다르다. K씨의 가족은 더 전통적이고 보수적인 가치관을 가지고 있어 가족 간의 유대와 의무를 중요시하는 반면, C씨의 가족은 상대적으로 개방적이고 개인의 선택을 존중하는 편이다. 이러한 가족 배경의 차이는 부부가 어려운 상황, 특히 유산과 같은 감정적인 문제를 다루는 방식에 영향을 미치고 있다. K씨는 가족들과 깊은 대화를 나누며 문제를 해결하려는 경향이 있는 반면, C씨는 혼자서 문제를 해결하고 상황을 빨리 정리하려는 성향을 보인다.

2) 호소 문제

결혼 초기에는 각자의 생활 방식 차이로 갈등이 있었다. 아내 K씨는 C씨가 퇴근 후 자주 PC방에 가거나 회식에 참석하는 것에 대해 불만을 표현했고, C씨가 집안일에 더 적극적으로 참여하기를 바랐다. 유산 후에는 이러한 갈등이 더욱 깊어졌고, 특히 K씨는 깊은 상실감과 우울을 경험했다. 남편 C씨는 K씨를 위로하고 싶어 했지만, 어떻게 해야 할지 몰라 종종 무력감을 느꼈다. K씨는 C씨가 자신의 감정을 제대로 이해하지 못한다고 느꼈고, C씨는 K씨가 유산에 대해 지나치게 오래 슬퍼한다고 생각했다. 또한 남편 C씨가 밖에 있을 때 K씨가 자주 전화하거나 문자를 보내는 것, 그리고 K씨가 우연히 옛 지인들을 만났을 때 C씨가 그들과의 관계에 대해 묻는 것 등이 서로에게 스트레스가 되었다. 이들은 서로에 대한 신뢰를 회복하고, 정서적 지지를 더 잘 주고받으며, 유산으로 인한 상처를 극복하고 미래를 함께 계획할 수 있기를 바랐다.

3) 평가 및 사례개념화

치료자는 C씨와 K씨 부부에 대해 DEEP 분석을 실시했다. 차이(D)에서, 남편 C씨는 문제에 직면했을 때 빠르게 상황을 정리하고 앞으로 나아가려는 경향이 있는 반면, 아내 K씨는 더 감정적이고 신중하게 접근했다. 이런 면에서 각각 '행동형'과 '신중형'이라 부를 만큼 뚜렷한 성향 차이를 보였다. 이는 특히 유산 후 대처 방식에서 두드러졌다. C씨는 빨리 일상으로 돌아가고 미래를 계획하려 했지만, K씨는 깊은 상실감을 느끼며 충분히 애도하고 싶어 했다. 정서적 민감성(E)에서, 두 사람의 과거 경험이 현재의 갈등에 영향을 미쳤다. C씨는 개방적인 가정에서 자라 개인의 자유를 중시했기 때문에, K씨가 자주 연락하는 것을 간섭으로 느꼈다. 반면, K씨는 보수적인 가정에서 자라 가족 간의 긴밀한 유대를 중요하게 여겼기 때문에, C씨의 행동을 무관심으로 해석했다. 외부 환경(E)에서, 두 사람의 직업 특성이 그들의 차이와 정서적 민감성을 악화시키는 요인으로 작용했다. C씨는 IT 회사의 프로그래머로 일하면서 동료들과의 빈번한 상호작용과 회의, 그리고 수시로 발생하는 문제 해결로 인해 높은 스트레스를 경험했다. 반면, K씨는 한국어 교사로 일하면서 상대적으로 안정적이고 예측 가능한 환경에서 근무했다. 이로 인해 퇴근 후 C씨는 혼자만의 시간을 갖고 싶어한 반면, K씨는 C씨와 더 많은 대화와 정서적 교류를 원했다. 또한 유산 경험은 두 사람에게 큰 스트레스 요인으로 작용했다. 상호작용 패턴(P)에서는, K씨가 감정적으로 힘들어할 때 C씨가 거리를 두고, 이에 K씨가 더 외로움을 느끼는 패턴이 반복되었다. 이러한 DEEP 분석을 바탕으로, 치료자는 IBCT의 주요 전략인 공감적 연결, 공동 객관화, 용인성 기르기를 적용하여 부부의 수용과 변화를 촉진하고자 하였다.

4) 치료적 초점과 개입

첫째, 치료자는 공감적 연결을 통해 부부가 서로의 감정과 동기를 이해하도록 도왔다. 치료자는 부부의 표면적 감정(예: C씨의 짜증, K씨의 분노)을 타당화하면서도, 그 이면에 있는 숨겨진 감정을 탐색하도록 유도했다. 예를 들어, 유산 후 C씨의 빠른 회복 욕구 이면에 있는 무력감과 두려움, K씨의 깊은 슬픔 이면에 있는 외로움과 버림받은 느낌을 표현하도록 격려했다. 치료자는 남편에게 "아내의 슬픔을 보면서 혹시 무력감을 느끼시나요?", 아내에게 "남편이 빨리 일상으로 돌아가려 할 때 혹시 버림받은 느낌이 드시나요?"와 같은 질문을 통해 부드러운 공개를 유도했다.

둘째, 공동 객관화 기법을 사용하여 부부가 자신들의 갈등을 객관적으로 바라볼 수 있도록 했다. '신중형'인 K씨와 '행동형'인 C씨의 차이를 '우리의 문제'로 재구성하여, 서로를 비난하기보다는 함께 해결해야 할 과제로 인식하도록 도왔다. 치료자는 "두 분의 서로 다른 대처 방식이 각자의 가족 배경에서 비롯된 것 같습니다. C씨의 개방적인 가정 환경과 K씨의 보수적인 가정 환경이 현재의 갈등에 어떤 영향을 미치고 있을까요?"라고 물으며, 부부가 서로의 차이를 개인적 결함이 아닌 배경의 차이로 이해하도록 도왔다.

셋째, 용인성 기르기 전략으로 부부가 서로의 차이를 받아들이고 적응할 수 있도록 했다. 치료자는 부부에게 서로의 행동이 과거에는 긍정적으로 작용했던 점을 탐색하도록 했다. 예를 들어, "C씨의 빠른 문제 해결 능력이 연애 시절 K씨에게 어떤 점에서 매력적이었나요?" "K씨의 감정적 표현이 C씨에게 어떤 긍정적인 영향을 주었나요?"와 같은 질문을 통해 서로의 차이점을 새로운 시각으로 바라보도록 했다. 또한 치료자는 부부가 의도적으로 각자의 부정적 행동을 연기해 보도록 제안했다. 예를 들어, C씨가 밖에 있을 때 K씨가 연락하는 상황과 K씨의 과거 관계에 대한 C씨의 질문 상황을 재연해 보도록 했다. 이를 통해 상대방의 행동에 대한 민감성을 줄이고 서로에 대한 이해를 높이고자 했다. 이러한 개입을 통해 치료자는 C씨와 K씨가 서로의 차이를 인정하고 존중하면서도 효과적으로 소통하고 지지할 수 있는 관계를 만들어가도록 도왔다.

10. 통합적 관점에서의 평가

　IBCT가 통합적 관점에서 주목받는 이유는 부부 사례의 특성과 맥락을 세심하게 고려한다는 점이다. 통합적 접근에서 여러 치료 모델을 절충적으로 활용할 때 치료자에게 가장 중요한 점은 '이 사례의 고유한 특성과 맥락에 가장 적합한 개입 전략이 무엇인가'를 판단하는 것이다. 이러한 고려 없이는 체계적이지 못한 무작위적 통합이 될 위험이 있기 때문이다. IBCT에서는 특히 '부부가 얼마나 협력적인 태도로 치료에 임하는가'를 중요한 맥락적 요인으로 본다. 치료에 협력적으로 임하는 부부에게는 행동 변화 전략이 효과적이지만, 상대방의 변화만을 요구하는 부부에게는 수용 전략이 더 적절하다는 것이다. 이는 개입의 순서를 결정하는 데에도 영향을 준다. 대개 치료 초기에는 부부가 협력적 태도를 보이기 어렵기 때문에, 초기에는 변화보다 수용에 초점을 맞추어 접근하는 것이 효과적이라고 보는 것이다. 이는 통합적 관점으로 부부 사례에 접근할 때 치료자가 고려해야 할 중요한 임상적 지침을 제시할 뿐만 아니라, 여러 치료 모형을 통합적으로 적용할 때 IBCT와 같이 사례의 맥락과 특성에 따라 개입의 방향과 순서를 결정하는 것이 중요함을 보여 준다.

　IBCT의 또 다른 매력적인 특징은 부부갈등이 어떻게 발생하고 심화되는지를 구체적이고 설득력 있게 설명한다는 점이다. 특히 '주제' '양극화' '상호 덫'이라는 개념들은 체계론적 관점을 반영하고 있으며, 이러한 개념들을 통해 부부간의 차이가 어떻게 파괴적인 상호작용 패턴으로 발전하는지를 설명한다. 양극화와 상호 덫의 개념은 부부가 기존의 문제해결 시도를 하면 할수록 오히려 문제를 악화시키는 역기능적 패턴을 만든다고 보는 MRI의 관점과도 맥을 같이 한다. 또한 정서적 과정을 중시하는 IBCT는 표면적 정서 이면에 있는 부드러운 정서에 접근하기 위해 숨겨진 감정을 넌지시 살피고 묻는 기법을 사용하는데, 이는 다음 장에서 다룰 정서중심적 부부치료(EFCT)와 유사한 면을 보인다.

---- Chapter 5 ----

정서중심적 부부치료

1. 이론적 배경

정서중심적 부부치료 집중 워크숍에 참여했던 경험이 떠오른다. 며칠 동안 이어지는 워크숍에서는 변화 원리와 기법에 대한 설명이 끝나면 곧바로 역할연습이 시작되었고, 이런 과정이 마치 끝없이 반복되는 듯했다. 지친 마음에 '외국인이라 더 힘든 건가?' 하고 생각하던 차에, "자, 이제 다음 역할연습을 시작하겠습니다"라는 진행자의 말이 나오자마자 옆자리의 미국인 참가자가 "아, 또…" 하며 머리를 움켜쥐고 책상에 머리를 파묻는 걸 보고 내심 안도했던 기억이 난다. 정서적 경험을 다루는 훈련 과정이 쉽지 않은 도전적인 작업이지만, 정서중심적 부부치료(Emotionally Focused Couple Therapy, EFCT/EFT)는 부부 관계에서의 정서적 반응을 변화시켜 관계를 개선하는 접근법의 개발에 선구적 역할을 해 왔다.

EFCT는 경험주의적 접근과 체계론적 접근을 통합하여, 부부의 현재 정서적 경험을 지속적으로 재구성하는 동시에 둘 간의 상호작용 패턴을 새롭게 형성하는 데 중점을 둔다. 이 통합적 접근은 애착 이론을 바탕으로 성인 애착 관계에 내재된 깊은 정서적 경험을 다루며, 부부 관계의 변화를 위한 치료적 환경으로 무조건적 긍정적 존중, 진솔성, 정서적 조율의 중요성을 재조명한다. 1980년대 초, Sue Johnson과 Leslie Greenberg는 이러한 아이디어들을 접목하여 체계론적 관

점과 정서의 힘을 활용하여 부부 관계를 변화시키는 통합적 접근법의 기초를 마
련했다. 1980년대 중반부터 EFT의 효과성에 대한 초기 연구가 시작되었으며,
이후 Johnson을 중심으로 EFT의 구체적인 치료 단계와 개입 전략이 지속적으
로 발전되었다. 1990년대에 들어서면서 EFT 연구는 더욱 체계화되고 확장되었
으며, 1990년대 후반에는 캐나다 온타리오주 오타와에 International Centre for
Excellence in Emotionally Focused Therapy (ICEEFT)가 설립되어 EFT의 교육
과 보급을 위한 중심 기관으로 역할하게 되었다. 또한 Johnson은 Ottawa Couple
and Family Institute(OCFI)를 설립하여 EFT 연구와 임상 적용의 장으로 활용하고
있다(Doss et al., 2022; Johnson et al., 2022; Wiebe & Johnson, 2016).

2. 기본 관점

EFCT의 인간관은 애착 이론의 관점에서 이해할 수 있다. 인간은 애착 욕구를
가진 존재로, 애착 욕구를 가진 인간은 자신에게 중요한 누군가와 친밀하고 안정
적인 관계 속에서 서로 연결되고 싶은 기본적인 욕구를 가진다. 남편이나 아내를
포함한 모든 사람은 그 누구도 단절감이나 고립감을 느끼고 싶어하지 않으며, 정
서적인 유대감 속에서 서로 연결되고자 하는 본성을 가지고 있다고 보는 것이다.
이러한 본성은 단지 유아기에 끝나는 것이 아니라 전 생애를 통해 지속된다. 성인
기의 결혼은 애착 대상인 배우자를 통해 자신의 애착 욕구를 충족하고자 하는 시
도로 볼 수 있다. 안정적인 연결감과 유대감을 갖기 위해 결혼을 시도하지만, 애
착 대상인 배우자의 행동과 반응이 내 기대와는 다를 때 애착 손상을 경험한다.
즉, 인간 본성으로서의 애착 욕구가 만족스럽게 충족되지 않는 경험을 하는 것이
다(Johnson, 2004; Johnson et al., 2005).

애착 손상을 경험할 때, 부부 각자는 크게 두 가지 방향, 불안과 회피 전략으로
반응한다. 불안 전략을 취하는 남편 혹은 아내(불안애착 유형 또는 집착형)는 애착

대상인 배우자를 통제하고 배우자로부터 반응을 얻어내기 위해 매달리고 집착하는 행동을 하며, 마치 추적자처럼 배우자 뒤를 바싹 붙어 쫓아가는 것과 같은 행동 양상을 나타낸다. 애착 이론의 관점에서 보면, 불안애착 유형의 배우자가 이렇게 매달리고 추적하는 행동을 보이는 것은, 애착 손상에 따르는 자신의 불안과 두려움을 해소하고 애착 욕구를 충족하기 위해 배우자와의 거리감을 좁히기 위한 시도로 볼 수 있다.

회피 전략을 취하는 남편 혹은 아내(회피애착 유형 혹은 거부형)는 자신의 애착 욕구를 억압하면서 애착 대상과의 정서적인 유대를 회피하는 행동을 보이며, 불안애착 유형과는 정반대로 마치 위축되어 피해다니는 도망자와 같은 행동 양상을 나타낸다. 애착 이론의 관점에서 보면, 회피애착 유형의 회피적인 행동은 애착 대상으로부터 자신의 본래 모습이 거절당하거나 무시당함으로써 애착 손상을 입을 것에 대한 두려움을 조절하고자 하는 시도라 볼 수 있다. 따라서 회피하는 행동을 한다고 해서 배우자와 정서적으로 연결되지 않기를 바란다고 볼 수는 없다. 이들도 역시 애착 욕구를 가지고 있지만, 배우자의 비난과 공격적인 태도로 인해 상처받을 것에 대해 배우자와 거리를 둠으로써 관계를 완화시키려는 시도로 볼 수 있다.

결과적으로, 회피 전략을 취하는 회피애착 유형과 불안 전략을 취하는 불안애착 유형은 애착 손상에 대한 표면적인 전략이 다를 뿐, 두 유형 모두 공통적으로 그 이면에는 애착 대상과 정서적인 유대감을 통해 연결되고 싶어하는 기본적인 애착욕구가 자리하고 있는 것이다. 단지 애착 손상에 따른 두려움으로 인해 불안애착 유형은 지나치게 다가가는 형태로, 회피애착 유형은 지나치게 멀어지는 형태로 부부의 상호작용 패턴 속에서 서로 다르게 드러난다(Johnson, 2004; Johnson et al., 2005; Johnson et al., 2022; Wiebe & Johnson, 2016). 정리하자면, 결혼 이후 부부 갈등과 문제로 남편과 아내가 부정적인 상호작용 패턴 속에서 부정적인 정서 경험을 반복하고 있는 것은 부부 각자가 배우자와 유대감을 형성하고 단절감을 해소하려는 방식, 즉 애착 욕구를 충족하고 안정적인 애착을 형성하기 위한 고군분투로 볼 수 있는 것이다.

3. 주요 개념

EFCT에서는 인간의 정서를 보편적 주요 정서와 일차적 및 이차적 정서 유형으로 구분한다(Johnson, 2004).

1) 보편적 주요 정서

인간이 보편적으로 경험하는 주요 정서에는 다음과 같은 것들이 있다: 화와 분노, 기쁨과 의기양양, 슬픔과 절망, 두려움과 불안, 수치심과 혐오감, 놀람과 호기심. 이러한 정서들은 문화와 언어를 초월하여 모든 인간에게서 관찰되는 기본적인 정서 상태를 나타낸다.

2) 일차적 정서와 이차적 정서

위와 같은 보편적 정서를 가진 인간은 일차적 정서와 이차적 정서, 즉 두 가지 수준의 정서를 가지는 것으로 본다.

(1) 일차적 정서

일차적 정서(primary emotion)는 어떤 상황에 대한 직접적이고도 솔직한 정서적 반응을 의미한다. 겉으로는 잘 드러나지 않기에 내재된 숨겨진 정서라 할 수 있다. 예를 들어, 누군가로부터 내 자존심이 흔들리는 비난성의 말을 들었을 때 상처받은 느낌, 내가 누군가로부터 평가받고 비난받는 느낌, 고통받는 내 마음을 아무도 알아주는 이가 없는 것 같은 외로움이나 공허감, 내가 누군가와의 연결감 없이 혼자 남겨지지 않을지에 대한 두려움, 내가 버려지고 중요하지 않은 존재가 된 듯한 느낌 등이다.

이러한 정서들은 관계에서 겉으로 잘 드러나지는 않지만, 있는 그대로의 솔직한 감정들이며 대부분 부드럽고 말랑말랑한 특성을 가진 인간 본연의 감정들이다. 부부 관계에서의 예를 들자면, 남편이 아내로부터 비난성 발언을 듣고 깊은 정서적 상처를 받았을 때, 아내에게 직접 표현하지는 않아도 남편이 받은 '정서적 상처'가 일차적 정서라 할 수 있다. 또 다른 예로, 남편으로부터 무시당하는 말을 듣고 아내가 자신의 자존감이 극도로 낮아지는 느낌을 경험했다면, 아내의 '낮은 자존감' 혹은 '내가 남편에게 더 이상 중요한 존재가 아닌 듯한' 느낌이 일차적 정서라 할 수 있다.

(2) 이차적 정서

이차적 정서(secondary emotion)는 솔직하고도 내재된 일차적 정서에 대한 부수적인 정서 반응을 의미한다. 상황에 대해 직접적으로 발생하는 일차적 정서 반응과는 달리 일차적 정서를 모호하게 하는 기능을 가진다. 예를 들어, 남편이 아내를 대상으로 겉으로 드러내는 적대감과 적대적인 표현을 통해 자신의 일차적 정서인 상처나 두려움이 드러나지 않도록 모호하게 하고 있다면, 남편의 적대감이 이차적 정서로 볼 수 있다. 또 다른 예로, 아내가 남편과의 관계에서 느끼는 무력감과 우울감을 통해 남편에 대해 내재된 일차적 정서인 분노가 더 커지는 것을 피하고 모호하게 한다면, 아내의 무력감과 우울감이 이차적 정서로 볼 수 있다. 부부 갈등 관계에서는 주로 이차적 정서가 관찰되며, 이는 부부간 부정적 상호작용이 순환적으로 반복되는 데 중요한 역할을 한다. 따라서 EFCT 치료자의 주요 과제 중 하나는 부부 각자의 이차적 정서 이면에 숨겨진 일차적 정서를 발견하고 이를 서로 공유하여 새로운 상호작용 패턴을 형성할 수 있도록 돕는 것이다.

4. 평가와 사례개념화

EFCT의 평가 과정은 보통 1~2회기의 부부 합동 면담으로 시작하여 각 배우자와의 개별 회기로 이어진다. 부부 합동 회기에서의 평가는 주로 면담을 통해 이루어진다. 이 과정에서 치료자는 부부와의 신뢰 관계를 형성하고, 부부의 관계 역사를 알아보며, 치료를 받게 된 이유를 탐색한다. 합동 회기의 초기에 치료자는 치료의 목표와 과정이 개인보다는 부부 '관계'에 초점을 맞추고 있음을 설명한다. 이는 개인의 문제가 아닌 관계의 문제로 바라보고, 둘 간의 상호작용 및 정서적 연결을 개선하는 데 중점을 둔다는 의미이다. 또한 비밀 유지에 관한 문제도 다룬다. 특히, 부부 중 한 명이 개별 상담 회기에서 배우자와 공유하지 않은 관계 관련 정보를 공개한 경우, 이는 치료의 목적을 저해할 수 있으므로 반드시 다음 몇 회기 안에 배우자에게 밝힐 것을 권장한다.

EFCT는 주로 현재에 초점을 두지만, 평가 단계에서 부부 관계의 역사에 대한 간단한 정보를 수집한다. 부부가 어떻게 만났는지, 서로에게 어떤 점이 매력적이었는지, 그리고 현재의 문제가 언제부터 나타나기 시작했는지를 질문한다. 특히 자녀 출산이나 은퇴 등 문제의 시작과 관련된 생활주기 상의 전환점이나 변화, 그리고 부부의 문화적 배경에 주목하여 평가한다. 각 배우자의 초기 애착관계의 역사를 파악하는 것도 중요한데, 이를 위해 "어렸을 때 누가 당신을 안아주고 달래주었나요?"와 같은 질문을 할 수 있다. 이런 질문에 대한 답변은 각 배우자가 초기 애착 관계에서 학습한 기대나 두려움, 전형적인 반응들이 현재 관계에 어떻게 영향을 미치는지 파악하는 데 도움을 준다. 또한 이를 통해 치료자는 부부가 안정적인 애착 관계를 경험해 봤는지, 아니면 그것이 이들에게 낯선 경험인지를 파악할 수 있다.

이와 함께 치료자는 부부의 주요 호소 문제를 특징짓는 부정적인 상호작용 순환(cycle), 즉 패턴을 파악하기 시작한다. 치료자는 회기 중 부부간에 실제 일어나는 상호작용 패턴을 직접 관찰하거나, 애착 이론의 관점에서 표면적 정서 이면의 깊은 정서와 애착 욕구를 이해하며 신중하게 패턴을 파악해 나간다. 초기 단계에서 부부가 표현하는 정서는 대체로 피상적인 경향이 있다. 따라서 치료자는 "그때 당신은 어떤 느낌이 들었나요?"와 같은 질문으로 정서 탐색을 시작하고, "당신이 배우자와 함께 하고 싶어하는 건 아주 자연스러운 일이에요"라고 하는 등 애착 욕구를 타당화하면서 이를 통해 부부가 자신들의 행동 패턴 속에 숨겨진 감정과 애착 욕구를 인식하도록 촉진한다.

이후 치료자는 부부에게 구체적인 치료 목표와 치료를 통해 얻고자 하는 바를 질문한다. 이 질문에 대한 답변은 대개 평가 초기에 제기된 호소 문제와는 정반대의 성격을 띤다. 보통 이러한 목표는 어떤 형태로든 부부 각자의 애착 욕구를 반영한다. 예를 들어, 배우자와 정서적으로 더 가까워지고 싶은 마음, 배우자와 함께 있을 때 더 큰 안정감을 느끼고 싶은 바람, 혹은 자신의 생각과 감정을 배우자가 깊이 이해해 주기를 바라는 욕구 등이 여기에 해당한다. EFCT에서는 치료 목표를 부부와 함께 설정하며, 치료자는 자신의 개입 방식과 그 근거를 설명하면서 변화 과정을 투명하게 공유한다. 예를 들어, 한 배우자가 관계에서 친밀감 향상을 원한다면, 치료자는 이를 단계적으로 접근할 것을 제안한다. 우선 부부간의 부정적인 상호작용 패턴을 완화하는 것을 중간 목표로 삼고, 이를 통해 궁극적인 친밀감 향상을 달성하는 방식을 설명할 수 있다(Johnson, 2004; Johnson et al., 2005; Johnson et al., 2022).

치료자는 부부의 관계 만족도를 평가하기 위해 부부적응 척도(Dyadic Adjustment Scale), 부부간 애착을 평가하기 위해 친밀관계 경험척도(Experiences in Close Relationships Scale, ECR)와 같은 평가 질문지를 사용할 수 있다. 이러한 측정 도구를 통해 치료자는 부부 각자의 서로에 대한 감정, 반응, 인식과 관련하여 유용한 질적인 정보를 얻을 수 있다.

부부 합동 회기 이후 각 배우자와 진행되는 개별 회기는 여러 가지 중요한 목적을 갖는다. 우선, 각 개인과 치료자 사이의 신뢰 관계를 더욱 돈독히 할 수 있으며,

부부 각자에게 배우자에 대한 생각과 관계 문제를 자세히 이야기할 기회를 줄 수 있다. 또한 개인의 애착 관계 역사를 살펴볼 수 있으며, 과거 애착 관계와 현재 관계에서의 신체적, 성적 학대와 같은 민감한 문제들을 조심스럽게 탐색할 수 있다.

다음은 EFCT 치료자가 매 상담회기에 들어가기 전에 체크해야 할 주요사항(Johnson et al., 2005)이다. 이는 치료자가 치료 과정의 진행 상황을 모니터링하고, 사례개념화와 관련하여 치료 방향을 재검토하며, 회기 내 개입 전략을 수립하는 데 유용하게 활용할 수 있다.

- 부부와의 치료적 동맹이 잘 이루어졌는가?
- 부부간 반복되는 부정적 상호작용 순환은 무엇인가? 어떤 역할(포지션)에 바탕을 두고 어떻게 패턴이 반복되는가?
- 부정적 상호작용 순환에 내재된 일차적 정서는? 이 정서를 애착 욕구의 관점에서 재정의해 본다면?
- 부부는 전체 치료 과정(9단계) 중 어느 단계에 있는가? 다음 단계는 무엇인가?
- 이 부부의 관계상의 특성을 명확히 정의하는 데 중요한 사건은 무엇인가?
- 지난 회기에서 가장 두드러진 내용은 무엇인가?
- 이 부부의 강점은 무엇인가? (이는 부부간 상호작용 순환을 완화하는 3, 4단계에서 활용할 수 있다)
- 이번 회기의 주요 목표는 무엇인가?

5. 치료적 초점과 목표

EFCT의 치료적 목표는 부부 각자의 심리내적인 측면과 부부간 상호관계적인 측면, 두 가지 면에 걸쳐 있다. 즉, 심리내적인 측면에서 부부 각자의 정서에 접근하여 재구성하고, 이를 바탕으로 상호관계적 측면에서 부부간 상호작용 순환(패턴)을 재구조화하는 것이 치료 목표이다. 부부의 정서적 경험에 초점을 두고, 표면적 정서 이면에 내재된 정서를 경험하도록 하고, 이를 부부가 공유하도록 도와서 이전과는 다른 상호작용 패턴으로 재구성하는 것이라 할 수 있다. 부부의 변화는 단지 내재된 정서를 경험하도록 돕는 데에서 나오는 것이 아니라 그 정서 경험으로부터 생성되는 새로운 형태의 상호작용 양상으로부터 나온다고 보는 것이다.

EFCT가 심리내적인 차원의 경험주의적 이론과 상호관계적 차원의 체계론적 관점이 통합된 이론임을 생각하면, 치료 목표 또한 이와 일맥상통함을 알 수 있다. 치료 목표와 관련하여, 치료자는 주로 세 가지 주요 과제에 초점을 둔다. 첫째, 부부와 치료적 동맹을 형성하고 유지한다. 둘째, 부부 각자의 정서에 접근하여 이를 재구성한다. 셋째, 정서적 경험을 재구성함으로써 이전에 반복해 왔던 부부간 상호작용 순환을 재구조화한다. 이어서 설명할 9단계의 치료과정은 이 세 가지 핵심 과제를 각 단계에 걸쳐 구체적으로 실행하는 방법을 제시한다.

6. 치료 과정과 구조

EFCT의 치료과정은 총 9단계로 구성된다. 각 단계는 서로 연결되어 있어, 한 단계가 다음 단계로 자연스럽게 이어지고 발전하는 형태로 진행된다(Johnson, 2004; Johnson et al., 2005; Johnson et al., 2022). 각 단계별로 '어떤 치료적 과정이 일어나는지?' '무엇을 목표로 하는지?', 그리고 '치료자가 무엇을 해야 하는지?'에 관해 알아보기로 한다.

1) 제1과정: 평가 및 상호작용 순환의 규명

- 1단계: 치료적 동맹을 형성하고, 부부의 핵심적인 갈등 문제를 파악한다.
- 2단계: 이러한 갈등이 나타나는 부부간 부정적 상호작용 순환을 규명한다.

1, 2단계는 부부와 치료적 동맹을 형성하고 부부를 평가하는 과정이다. 이 평가 과정에서 치료자는 부부가 호소하는 핵심적인 문제와 함께 앞에서 기술한 부부의 관계 역사, 초기 애착 관계, 문제의 시작과 관련된 생활주기상의 전환점이나 변화, 치료를 통해 얻고자 하는 바 등을 파악한다. 이와 함께 치료자는 부부 갈등이 반복되어 나타나는 부정적인 상호작용 순환(패턴)에 초점을 맞추어 이를 규명해 나간다. 부부간의 부정적 상호작용 순환은 각자가 고착화된 역할(또는 포지션)을 반복적으로 수행하면서 지속된다. 전형적인 예로, 한쪽은 배우자에게 과도한 요구를 하거나 비난, 잔소리를 퍼붓는 '추적자'(또는 '비난자') 역할을 하고, 다른 쪽은 이러한 태도에 위축되어 거리를 두고 회피하려는 '도망자'(또는 '위축자') 역할을 한다.

부정적 상호작용 순환을 규명하기 위해 치료자는 '서로가 상대방에게 어떻게 반응하는가? 누가 어떤 역할을 담당하고 있는가? 어떻게 부정적인 패턴이 반복되고 있는가?'에 초점을 두고 탐색한다. 치료자는 부부 갈등 상황에서 어떤 일이 일어나는지 질문하거나[예: "부부갈등 상황에서 두 분 사이에 어떤 일이 일어나는지 얘기해 보시겠어요?" "그렇게 행동/말씀하셨을 때, (남편 혹은 아내분은) 어떻게 반응하셨어요?" "그 다음에 어떤 일이 일어났죠?"] 과거에 부부에게 일어났던 사건들을 중심으로, 언제부터 어떻게 부정적인 상호작용 패턴이 시작되었는지 탐색할 수 있다. 또는 상담 회기 중에 부부가 어떻게 상호작용 하는지 관찰함으로써 부정적 상호작용 순환을 규명할 수 있다. 예를 들어, 부부 중 한 명이 치료자의 질문에 답변할 때 다른 배우자가 어떻게 반응하는지, 한쪽이 자신의 고통에 대해 얘기할 때 다른 배우자가 어떻게 반응하는지, 그 배우자의 반응에 대해 또 어떻게 반응하는지 등에 대해 상담 회기 중 관찰한다. 1, 2단계에서 치료자는 주로 반영(reflection), 타당화(validation), 재구성(reframing)을 통해 이 단계에서의 주요 과제인 치료적 동맹, 핵심적인 문제의 규명, 과거 역사 탐색, 부정적 상호작용의 순환을 규명해 나간다.

2) 제2과정: 상호작용 순환의 완화

- 3단계: 상호작용 순환에서 각자가 취하는 역할의 기저에 있는, 숨겨진 애착-
  지향적 정서에 접근한다.
- 4단계: 부부 문제를 상호작용 순환과 이에 수반하는 숨겨진 정서, 그리고 애
  착 욕구의 관점에서 재구성한다.

먼저 3단계에서는 부부간 반복되는 부정적인 상호작용 순환 속에 숨겨진 정서, 즉 일차적 정서 혹은 애착-지향적 정서에 접근한다. 그리고, 4단계에서는 1, 2 단계에서 파악한 부부 문제를 부정적인 상호작용 순환, 일차적 정서, 그리고 애착 욕구의 측면에서 재구성한다. 다시 말해, 3, 4단계에서는 부부가 서로에게 접근하고 싶고, 관심과 사랑을 받고 싶은 숨겨진 애착-지향적 정서가 있음을 이해하기 시작하고, 이전에 '상대방이 문제'라고 정의해 왔던 문제를 새로운 관점에서, 즉 반복되는 '부정적인 상호작용 순환'이 문제라는 관점으로 새롭게 이해할 수 있도록 촉진한다. 그리고 그간 각자 배우자로부터 발견하지 못했던 숨겨진 정서와 애착 욕구를 새롭게 확인함으로써 새로운 상호작용 순환을 형성하기 위한 토대가 마련되도록 한다. 이를 통해 부부간 부정적인 상호작용 순환의 완화(deescalation)가 이루어지게 된다.

이 과정을 위해 치료자는 2단계에서도 해당되었던 부정적 상호작용 순환을 지속적으로 규명해 나감과 동시에, 상호작용 순환 속에서 각자가 담당하고 있는 역할의 기저에 숨겨진 정서에 접근하도록 시도한다. 예를 들어, '비난자'와 '위축자' 역할을 바탕으로 반복적인 상호작용 순환을 나타내는 부부의 경우, 위축자 역할에 숨겨진 애착-지향적 정서들의 예로 거절당한 느낌, 부적절감, 실패에 대한 두려움, 압도되는 감정(위축감), 두려움, 무가치감, 평가받고 비난받는 느낌, 수치심, 공허감 등이 있다. 비난자 역할에 숨겨진 정서들로는 외로움, 무가치감, 무존재감 (존재감 상실), 고립감, 중요하지 않다는 느낌, 버려진 느낌, 절망감, 관계가 단절

된 느낌 등이 있다. 치료자는 이러한 정서에 접근하기 위해 RISSSC, 반영, 타당화, 강조, 공감적 추측과 같은 정서적 접근을 위한 기법들을 활용한다(자세한 내용은 '8. 치료적 개입' 참조).

그리고 부부가 호소한 문제를 재구성한다. 즉, 현재의 문제는 단순히 상대방의 잘못으로 인한 '누군가의 문제'가 아니라 '부정적 상호작용의 순환'하에서 계속 반복되고 있는 것으로, 그 순환의 이면에는 각자 잘 드러나지 않게 꼭꼭 숨겨진, '부드럽고 말랑말랑한' 정서(예를 들어, 위축자의 경우 두려움, 평가받는 느낌 등, 비난자의 경우 외로움, 무가치감 등)가 내포된 것으로 재구성하는 것이다. 이러한 부드럽고 말랑말랑한 정서는 그 누군가와 연결되고 싶은, 유대감을 형성하고 싶은 기본적인 욕구인 '애착 욕구'에 기반을 둔다. 그 애착 욕구가 충족되지 않을 때, 외로움이나 무가치감, 두려움이나 평가받는 느낌 등이 야기되는 것이다. 따라서 치료자는 부정적 상호작용 순환 속에서 반복하고 있는 부부의 문제를 애착 욕구의 관점에서 다음과 같이 재구성할 수 있다. 비난자와 위축자가 부정적인 상호작용 순환 속에서 적개심, 답답함, 짜증 등의 부정적인 정서를 반복하고 있는 것은, 부부 각자가 '상대방과 유대감을 형성하고 단절감을 해소하려는, 즉 안정 애착형성을 위한 고군분투'로 새롭게 재구성할 수 있는 것이다.

3) 제3과정: 정서의 확대와 강조

- 5단계: 내재된 욕구와 정서를 명확히 드러내고, 상호작용에 통합하도록 촉진한다.
- 6단계: 배우자의 경험과 새로운 상호작용 반응을 수용하도록 촉진한다.

5단계는 모든 단계 중에서 가장 심리내적인 작업이 이루어지는 단계로, 여기서는 표면적인 정서 이면에 내재된 일차적 정서와 애착 욕구를 명확히 드러내고 표현하게 된다. 그리고 6단계에서는 상대방에게서 발견된 새로운 정서적 경험과 애착 욕구를 거부감없이 있는 그대로 받아들이고, 그간 배우자를 정의하고 반응해왔던 방식을 확대해 나간다. 이러한 5, 6단계를 통해 다음의 7단계에 실질적인 변화가 일어날 수 있게 된다.

이를 위해 치료자는 제2과정에서 드러나기 시작한, 내재된 일차적 정서와 애착 욕구를 부부가 피상적인 수준이 아니라 더 깊은 수준에서 자각하고 나눌 수 있도록 촉진한다. 이때 치료자는 '강조(heightening)'나 '공감적 추측(empathic conjecture)'의 기법을 사용할 수 있다. 특히, 위축자의 경우 자신의 애착 욕구와 함께 두려움, 무력감, 절망, 수치심, 무가치감 등의 일차적 정서를 명확하고 상세하게 자각하고 표현할 수 있도록 돕는다. 예를 들어, 위축자 역할의 남편에게 치료자는 일차적 정서를 강조하면서 "금방 '항상 나만 잘못했고 못한다는 말만 듣게 된다'고 하셨는데, 인정받지 못하고 비난받는 느낌 때문에 정말 많이 힘드셨겠네요."라고 하거나 남편의 정서를 공감적으로 추측하면서 "아내과의 관계가 나빠지면서 우울해지고 자신감이 줄어든다고 하셨는데, 그만큼 아내가 남편분에게 중요한 사람이라는 것으로 여겨지네요. 중요한 사람과의 관계가 힘들어지면 누구나 우울해지기 마련이지요."라고 할 수 있다.

위의 예에서 위축자가 치료자의 도움으로 자신의 일차적 정서와 애착 욕구를 명확히 표현했을 때, 이는 비난자 입장에서 그간 경험하지 못한 배우자의 새로운 모습과 마주하는 상황이기 때문에 당황 혹은 의심스러워 하거나 혼란스러워 한다. 따라서 치료자가 위축자의 표현을 비난자가 거부감없이 수용하도록 돕는 것이 중요한 과제가 된다. 이를 위해 치료자는 비난자의 비수용적인 태도를 있는 그대로 타당화해 주고, 공감해 준다. 예를 들어, 치료자는 비난자 아내의 비수용적인 반응을 부정적 상호작용 순환과 연결시키며 "이전에 남편이 반복적으로 반응해 오던 방식과는 너무 달라서 지금 아내분께서 믿기가 힘들고 혼란스러우신 것 같습니다. 이전에는 남편이 회피하기만 했는데, 오늘은 남편이 아내는 사실 자신의 삶에 중요한 사람이고 더 친밀해지고 싶다고 하니까 당연히 그 말을 믿기 힘드실 것 같습니다." 치료자의 타당화와 공감을 통해서 자신의 비수용적인 태도를 비난자 스스로가 인정하고 자각하면, 상대방의 경험을 수용하기가 더 쉬워진다.

4) 제4과정: 재개입과 완화를 통한 변화

• 7단계: 재개입과 완화를 통해 각자의 애착 욕구를 적극적으로 표현하고, 서
로 정서적으로 교류하도록 촉진하여 새로운 상호작용 순환을 재구성한다.

7단계는 실질적인 변화가 일어나는 단계로, 이 변화는 '재개입과 완화'를 통해
일어난다. 위축자는 이전과는 달리 강한 정서와 욕구를 직접적으로 표현하면서
활발하게 관계에 참여하는 모습, 즉 재개입(re-engagement)의 태도를 보이고, 비
난자는 비난을 멈추고 완화(softening)된 모습을 보이게 된다. 위축자는 이전과는
다르게 자신의 애착 욕구를 나누고, 배우자와 안정적인 관계를 형성하고 싶은 욕
구를 표현하며, 이런 욕구를 충족시켜달라는 요구를 전달한다. 반면, 비난자는 그
간 꼭꼭 숨겨온 자신의 약점을 드러내고, 배우자에게 위안받고 싶은 욕구를 표현
하면서 이전과는 달리 '정서적'으로 접근하고 반응하는 태도를 보인다. 이렇게 부
부가 이전과는 다른 태도를 보이고 정서적으로 서로에게 접근하고 반응하게 되면
서 새로운 상호작용 순환이 형성된다.

이를 위해 치료자는 애착-지향적 정서와 욕구, 소망이 더 명확하게 표현되도
록 하고, 이것이 치료자를 통해서가 아니라 배우자에게 직접 전달되도록 촉진한
다. 예를 들어, 남편은 아내에게 "당신이 날 무시하거나 비난하는 말을 하면 너무
힘들어. 더 이상 내가 작아지는 기분을 느끼고 싶지 않아. 당신과 함께하고 싶어.
내가 힘들 때 당신의 위로가 필요해"와 같이 애착-지향적 정서와 욕구를 표현함
으로써 7단계에서 기대하는 변화를 일으키기 위한 조건이 형성된다. 7단계 과정
이 완료될 때, 부부는 서로에게 비밀을 털어놓거나 정서적 위안을 구하기도 하고,
서로에게 마음을 열고 반응하는 모습을 보이게 된다. 이 과정에서 치료자는 공감
적 추측이나 강조뿐만 아니라 상호작용 재구성을 위해 재연(enactment) 기법을 활

용한다.

5) 제5과정: 통합과 공고화

- 8단계: 과거 문제에 대한 새로운 해결책을 촉진한다.
- 9단계: 애착-지향적인 새로운 행동과 역할, 상호작용 순환을 공고화한다.

8, 9단계는 부부가 그간 배운 것을 통합하고 공고화하는 과정이다. 8단계에서는 둘 간의 관계 문제로 인해 과거에 풀지 못했던 문제(예: 재정적인 문제, 자녀교육 문제 등)에 대한 새로운 해결책을 도출해 내도록 촉진한다. 부부는 치료 과정을 거치면서 서로 간에 신뢰가 회복되고, 동반자적인 관계에서 적극적으로 문제를 함께 풀어나가고자 대화해 나간다. 특히, 이전에 '문제'로 바라보았던 것의 의미가 변한다. 예를 들어, 문제로 보았던 남편의 늦은 귀가에 대해 아내는 과거에 '나를 일부러 회피하려고 늦게 오는 거고, 가정보다는 회사가 먼저인 사람이야'라고 해석했던 것이, 현재는 '요즘 회사 일이 중대하고 바빠서 힘들겠지. 집에 오고 싶어도 오지 못하는 상황일 수 있어'와 같이 의미가 달라지게 된다.

마지막 9단계에서는 부부간 새로운 상호작용 순환을 공고히 한다. 이전보다 더 안정적이고 건강한 상호작용 패턴, 그리고 이에 따른 애착 지향적인 새로운 행동과 역할이 일상생활에서 지속될 수 있도록 돕는다. 예를 들어, 치료 과정에서 부부가 이룬 성과를 함께 돌아보고, 그들이 겪은 어려움과 극복 과정을 하나의 의미 있는 이야기로 만들 수 있게 한다. 8, 9단계에서 치료자는 주로 반영, 타당화, 재구성, 그리고 상호작용 재구조화 기법을 활용한다.

7. 치료자 역할

EFCT의 치료적 과제 중 하나는 부부와 치료적 동맹을 형성하고 유지하는 것이다(Johnson, 2004; Johnson et al., 2005). 치료적 동맹은 부부 변화의 핵심 요소이며, 치료적 동맹이 강력할수록 치료의 결과가 더 효과적일 가능성이 높다고 본다. 애착 이론의 관점에서 치료적 동맹은 안전한 기반과 같은 역할을 한다. 이 안전한 기반을 통해 부부는 자신들의 정서적 경험을 탐색하고 재구성할 수 있게 되며, 평소에는 위협적으로 느껴질 수 있는 부부간 상호작용에도 용기를 내어 참여해 볼 수 있게 된다. 이는 마치 아이가 안전한 애착 관계를 바탕으로 낯선 환경을 탐험하는 것과 비슷한 원리라고 볼 수 있다.

EFCT에서 치료적 동맹의 형성은 인본주의 및 경험주의적 태도 및 기법들을 기반으로 한다. 치료자는 전문가의 가면 뒤에 숨거나 방어적이지 않고 진실하면서도 지금–여기에 현존해야 한다. 또한 부부 양쪽 모두에 대해 수용적이면서도 공감적으로 조율할 수 있어야 한다. 치료자는 치료 과정에서 부부와의 동맹 상황을 항상 모니터링해야 하며, 치료적 동맹의 균열이 발생할 경우 이를 다루고 회복해서 치료 과정이 지속될 수 있도록 해야 한다. EFCT 치료자가 기본적으로 갖추어야 할 세 가지 태도는 다음과 같다: (1) 부부의 정서적 경험을 판단하지 않고, 있는 그대로 받아들이는 수용적 태도, (2) 전문가의 역할 뒤에 숨기보다는 부부에게 인간적으로 솔직하게 반응하고자 하는 진솔한 태도, (3) 부부 각자의 주관적 세계로 들어가 정서적 경험의 수준과 특성에 효과적으로 조율하는 공감적 조율(empathic attunement)의 태도. 치료자가 이러한 태도를 바탕으로 치료를 진행할 때, 부부는 각자 자신의 감정이 이해받고 수용받고 있음을 느끼게 되고 고통스러운 감정을 방어하려는 태도가 줄어들면서, 치료자와 함께 자신의 정서적 경험을 더 깊이 탐색하고자 하는 의지가 생기게 된다.

8. 치료적 개입

정서중심적 부부치료자는 정서적 접근과 재구성, 상호작용 순환을 재구조화하기 위해 다음과 같은 기법을 적용한다(Johnson, 2004; Johnson et al., 2005; Johnson et al., 2022; Wiebe & Johnson, 2016).

1) 정서적 접근과 재구성을 위한 기법

(1) RISSSC

RISSSC는 치료자가 정서적 접근과 재구성을 위해 치료 과정에서 기본적으로 갖추어야 할 태도이자 기법으로, 각 알파벳은 각 태도 및 기법의 약자를 의미한다.

- R (repeat): 내담자가 자신의 정서적 경험에 깊이 개입할 수 있도록 치료자가 의도적으로 내담자의 정서적 경험과 관련한 중요한 단어와 문장을 여러번 반복한다. 치료자는 다음과 같이 내담자가 겪은 상처와 고통의 정서적 경험을 반복할 수 있다.
  (예) 치료자: 이전에 겪으신 상처를 여기서 다시 경험하시는 건 아주 고통스러운 일입니다. 그 상처와 고통이 당연히 너무 커서 잘 다루는 건 아주 힘든 일이죠.
- I (image): 이미지는 정서적 경험과 연결되어 있기 때문에 어떤 정서적 경험은 이미지를 사용해서 더 생생하게 표현해낼 수 있다. 특히 표현이 어려운 막연한 정서를 생생히 포착해서 표현하도록 돕는데 이미지나 형상을 적용하는 것이 유용하다. 목적은 내담자가 자신의 정서적 경험에 더 깊이 개입할 수 있도록 돕는 것이다.
  (예) 치료자: (아내에게) 마치 철로 된 문 밖에서 남편이 나오길 고대하면서 계

속 문을 두드려보는 것 같은 심정이겠네요. 그렇게 해도 결국 돌아오는 건 침묵밖에 없는….

- S (simple): 가급적 단순하고 간결한 표현으로 내담자에게 반응하라는 것이다. 내담자의 정서적 경험에 대해 치료자가 반영이나 공감적 반응을 할 때 너무 길어지고 장황해지면 핵심적인 정서를 놓치게 되기 때문에 가급적 단순, 간결하게 표현할 필요가 있다.

- S (slow): 내담자가 자신의 정서를 더 깊은 수준으로 경험할 수 있도록 치료자의 표현과 진행 속도를 천천히 할 필요가 있다. 치료자가 내담자의 정서적 경험에 공감적으로 조율하고자 한다면, 라디오 주파수를 맞추듯 내담자의 정서적 주파수에 맞춰가야 하기 때문에 속도가 다소 느려질 수밖에 없다. EFCT가 단기 모형이라고 해서 급하게 서두를 것이 아니라 내담자가 자신의 정서를 더 깊이 자각할 수 있도록 진행속도를 천천히 한다.

- S (soft): 내담자에게 안정감을 주고 깊은 감정을 드러내도록 돕기 위해 치료자는 부드러운 목소리로 표현한다. 치료자의 목소리가 빠르고 거칠고 퉁명스럽다면, 내담자도 자신의 감정을 드러내고 싶지 않을 것이다.

- C (client's words): 치료자는 내담자가 상담 과정에서 언급한 말과 문구를 잘 경청해서 기억해두고, 정서적 경험에 개입할 때 이러한 말과 문구를 선택하여 사용한다. 이는 내담자가 스스로 자신의 정서를 깊이 경험할 수 있도록 돕기 위해서는 치료자가 내담자의 내적 준거틀(frame of reference)에 바탕을 두고 소통을 해야 하고, 이 준거틀은 내담자가 표현한 언어와 문구를 통해 드러나기 때문이다. 예를 들어, 상담 과정에서 내담자가 '절벽에서 떨어지는' 이미지를 사용해서 자신의 절망스러운 심정을 표현했다면, 치료자는 이 표현을 기억해두고 이후 정서적 경험에 개입하고자 할 때 이 표현을 사용하여 내담자의 준거틀에 다가가 공감해 줄 수 있다.

(2) 반영

내담자의 정서적 경험을 있는 그대로 거울처럼 비춰주는 기법으로 '당신의 감정 상태가 이러하군요'라는 메시지를 전달한다. 치료자가 적절하게 반영하면, 내담자는 이해받고 인정받는 느낌을 가지게 되고 이를 바탕으로 치료적 동맹을 형성할 수 있다. 내담자 스스로 자신의 정서적 반응을 더 명확하게 구체화하는 데 도움을 줄 수도 있다. 반영은 특히 EFCT 초기단계에서 많이 사용하며, 일차적 및 이차적 정서 경험 모두 반영의 대상이 된다. 내담자의 언어적 표현과 비언어적 표현 간의 불일치가 반영의 대상이 되기도 한다. 예를 들어, 배우자의 행동을 '난 신경 안 쓴다'고 말은 하면서도 눈에는 눈물이 고여 있을 때 이를 반영해 줄 수 있다.

(3) 타당화

내담자의 정서적 경험을 있는 그대로 받아들이고 인정해 주는 기법으로 '그런 느낌을 충분히 가질 수 있죠, 그럴 수 있지요'라는 메시지를 전달한다. 타당화는 치료적 동맹을 촉진하고 정서적 경험을 더 깊게 탐색할 수 있도록 돕는다. 타당화 기법이 중요한 건, 내담자 스스로 자신이 느끼는 정서적 경험이 이상한 게 아니라 그럴 만한 타당한 감정이라고 여길 수 있도록 도와서 자기 감정을 수용할 수 있도록 돕기 때문이다. 예를 들어, 남편이 직장에서 집으로 돌아올 때면 너무 긴장되서 남편의 구둣소리가 아파트 복도에서 들려오기만 해도 벌써부터 긴장된다는 아내에게 치료자는 "남편이 그 정도로 어렵고 까다로운 분이라면 정말 그렇게 긴장되실 수 있겠습니다"라고 타당화할 수 있다.

(4) 강조

내담자의 정서적 경험을 반복(RISSSC 중 Repeat)이나 은유, 이미지 등 다양한 방법을 통해 강조함으로써 그 정서적 경험을 더 구체화하고 정서의 수준을 강렬하게 만든다. 치료자가 사용하는 은유나 이미지로는 절벽, 낭떠러지, 문, 빛과 어둠, 춤, 사막, 벽 등이 있다. 예를 들어, 치료자는 남편에게 "아내에게 얘기를 할 때, 마치 벽에 대고 얘기하고 있는 느낌이실 것 같습니다. 서로 통한다는 느낌을 전혀 받지 못하시겠어요"라고 이미지를 활용하여 정서적 경험을 강조할 수 있다. 효과적인 은유나 이미지를 내담자의 언어적 표현 속에서도 찾을 수 있다.

(5) 공감적 추측

내담자의 정서적 경험에 공감적으로 반응하되 내담자가 경험한 수준보다 한 단계 더 나아가서 공감적으로 추론하는 기법이다. 내담자가 자신의 경험을 얘기하면, 치료자는 그 경험 이면에 내재되어 있을 법한 정서를 추론하여 공감적으로 반응한다. 이 기법은 내담자가 자신의 정서적 경험을 더 명료화할 수 있도록 돕고, 표현된 수준보다 한 단계 더 깊은 정서적 경험을 할 수 있도록 촉진한다. 공감적 추측은 내담자의 일차적 정서에 접근하는 데에 중요한 역할을 한다. 예를 들어, 치료자는 아내에게 "남편이 자신에게 관심을 보이지 않아서 화가 난다고 말씀하셨는데, 지금 눈에 눈물이 고여있으신 걸 보면 남편 때문에 화도 나지만 한편, 상처도 받으신 게 아닌가 싶습니다. 그런 것 같나요?"라며 공감적으로 추측할 수 있다.

2) 부부 상호작용 순환을 재구조화하기 위한 기법

(1) 상호작용 추적과 반영

부부간에 반복되는 상호작용의 패턴을 관찰 및 추적해서 부부에게 이를 그대로 반영해 주는 기법이다. 일종의 반영 기법으로, 반영의 대상은 정서적 경험이 아니라 부부간 상호작용 패턴이다. 부부가 서로 상대방에게 반복적으로 어떻게 반응하며 상호작용 패턴을 함께 어떻게 만들어 내고 있는가를 부부에게 거울처럼 비춰준다. 예를 들어, 치료자는 "지금 두 분을 살펴보면, 아내분께서는 남편의 문제점을 지적하면서 자꾸 다가가려고 하는 반면에, 남편분께서는 자꾸 뒤로 물러서면서 '내가 할 수 있는 건 아무것도 없어'라고 하는 듯한 태도를 볼 수가 있네요"와 같이 둘 간의 상호작용 패턴을 반영해 줄 수 있다.

이 기법은 부부로 하여금 자신들의 부정적인 상호작용 패턴을, 내부자가 아닌 외부자의 관점에서 볼 수 있도록 돕는다. '상대방이 문제'라는 기존의 관점과는 다른 새로운 관점 즉, '상호작용 패턴의 문제일 수 있겠구나' '우리가 이 패턴을 함께 창조하고 있구나' '이 패턴을 다르게 수정하면, 이 고통에서 벗어날 수도 있겠구나' 하는 관점이 생겨나도록 도울 수 있다. 치료자는 부부에게 일어난 최근의 사건을 중심으로 서로가 그때 어떻게 반응했는지를 탐색하거나 상담 회기 내에서 일어나는 부부간 상호작용을 면밀히 관찰하고 이를 부부에게 반영해 줄 수 있다. 예를 들어, 치료자는 "금방 두 분의 모습을 살펴봤는데, 아까 아내분께서 '남편 때문에 도저히 기를 펼수가 없다. 압도된다'고 하셨을 때, 남편분은 그때 아래를 쳐다보고 계셨습니다. 아내의 얘기를 들을 때 어떤 느낌이셨죠?"와 같이 둘 간의 상호작용 패턴을 관찰 및 탐색하고, 이를 부부에게 반영해 줄 수 있다.

(2) 상호작용의 재구성

부부가 서로에게 반복적으로 반응해 온 방식, 즉 부정적인 상호작용 패턴을 이전과는 다른 관점에서 재구성해서 바라보도록 돕는 기법이다. 상대방을 문제이자 적(enemy)으로 보는 관점은 둘 간의 부정적인 패턴에서 벗어나지 못하도록 하기 때문에 문제에 대한 기존의 관점을, 상호작용 패턴을 중심으로 다른 관점에서 새롭게 바라보도록 돕는다. 예를 들어, 상대방의 행동이 문제라거나 상대방을 적으로 보는 관점보다는 둘 간에 반복되는 '부정적인 상호작용 패턴 자체가 문제'이자 '부부 관계를 악화시키는 적'으로 보고 부부가 함께 이 패턴에 대적하도록 재구성할 수 있다.

(3) 재연의 활용

가족원 간의 상호작용을 관찰하거나 기존과는 다른 형태로 상호작용을 시도해 보도록 촉진하는 재연(enactment) 기법을 활용한 것으로, EFT에서는 이 재연을 통해 부부간의 상호작용 패턴을 재구조화하도록 시도한다. 치료자는 상담 과정 중 부부 각자가 새롭게 경험한 정서나 욕구를 배우자에게 직접적으로 표현해 보도록 요청하는 방식으로 재연을 활용한다. EFT에서 재연은 세 단계로 구성된다.

① 재연 요청하기

첫 단계에서는 치료자가 부부 중 한 명에게 자신의 정서적 경험을 배우자에게 직접 표현하고 나누어보도록 요청한다. 예를 들어, 치료자는 남편에게 "방금 부인이 화를 내면 아무 말도 하기 싫어진다고 하셨는데, 그 말을 지금 부인에게 직접 표현해 보시겠어요?"와 같이 재연을 요청할 수 있다.

② 재연 상황에 지속적으로 집중하기

두 번째 단계에서는 치료자가 재연을 요청했을 때 배우자가 재연하는 걸 그만두려고 하거나 무시 혹은 회피하면서 방어적인 태도를 보일 경우에 부부가 지속적으로 그 재연 상황에 집중하도록 돕는 기법으로, 이는 새로운 정서적 경험이 부부간에 성공적으로 잘 나누어질 수 있도록 한다. 예를 들어, 재연을 요청받은 남편이 재연하기를 회피할 경우에 치료자는 "누구나 이렇게 서로 마주 보고 말을 하는 건 어려운 일입니다. 다시 한번 부인에게 아까 하신 말씀을 그대로 전해 주시겠어요?"와 같이 재연 상황에 지속적으로 집중하도록 촉진할 수 있다.

③ 재연에 따른 반응을 처리하기

재연을 통해 새로운 정서적 경험이 표현되고, 배우자가 그 표현을 들었을 때 그동안 전혀 듣거나 보지 못했던, 예상하지 못했던 바라 매우 당혹스럽고 혼란스러운 반응을 보일 수 있다. 재연의 세 번째 단계에서는 그 배우자가 겪는 반응을 처리하는 단계로 치료자는 배우자의 반응을 공감적으로 타당화해 줌으로써 자신의 정서적 반응을 잘 소화하고 있는 그대로 받아들일 수 있도록 돕는다. 예를 들어, 치료자는 "항상 비난만 하던 부인이 지금 힘들었다면서 눈물을 보이는 것을 보고 '다른 사람인 것 같다'고 하셨는데, 정말 그런 심정일 수 있을 것 같습니다"와 같이 타당화할 수 있다. 재연 기법의 단계별 적용을 통해 부부는 이전과는 다른 새로운 상호작용 패턴이 형성되기 시작한다.

9. 사례 적용

1) 기본 정보

N씨(남편, 60세)와 K씨(아내, 58세)는 결혼한 지 32년 된 부부이다. 두 사람은 대학교 4학년 때 만나 연애 후 결혼했다. 현재 직장인인 아들(29세)과 대학원생인 딸(27세), 두 명의 자녀를 두고 있다. N씨는 공기업에서 오랫동안 근무하다 최근 정년퇴직을 했으며, K씨는 결혼 전 중학교에서 기간제 교사로 근무하다가 결혼 후 전업주부로 가정을 돌보았다. N씨는 퇴직 후 우울증을 겪고 있으며, K씨는 2년 전 유방암 치료를 받았고 현재는 완치 판정을 받았지만 재발에 대한 불안감이 있다.

2) 호소 문제

아내 K씨는 상담 초기에 "더 이상 이렇게 살 수 없다"며 깊은 불만을 토로했다. 남편이 자신의 감정을 무시하고, 의견을 존중하지 않는다고 느끼고 있다. 특히 K씨는 과거에 있었던 사건을 반복해서 언급했는데, 남편 N씨가 아내의 반대에도 불구하고 승진을 위해 몇 년간의 해외 파견을 선택하면서 K씨에게 집안일과 자녀 양육을 전적으로 맡기고 K씨의 피로와 스트레스에 무관심했던 일이었다. K씨는 이 시기에 극심한 스트레스와 우울감을 겪었고, 결국 건강이 악화되었다고 말했다. K씨는 장기간의 스트레스가 면역 체계를 약화시켜 결과적으로 유방암 발병에 영향을 미쳤다고 강하게 믿고 있으며, 남편이 자신의 고통을 들어주지 않은 것이 이러한 심각한 건강 문제로 이어졌다고 주장한다.

남편 N씨는 아내의 불만을 이해하지 못하겠다는 태도를 보였다. 가족을 위해 열심히 일했고, 경제적으로 안정된 생활을 제공했다고 생각한다. 또한 아내의 암 투병 기간 동안 최선을 다해 돌봤다고 주장한다. N씨는 K씨가 자신의 노력을 인정하지 않고 과거의 일을 계속 들추어내는 것에 대해 불만을 표했다.

부부 사이의 소통은 거의 단절된 상태이며, K씨는 N씨가 자신의 감정을 이해하지 못하고 무시한다며 공격적으로 비난하고, N씨는 이러한 비난에 지쳐 점점 더 위축되고 무감각해지고 있다. 두 사람 모두 현재의 관계에 큰 좌절감을 느끼고 있으며, 변화의 필요성을 인식하고 있다. N씨의 퇴직 이후 집에 함께 있는 시간이 늘어나면서 부부간 마찰이 잦아지고 있다. 이러한 변화를 겪으며 N씨와 K씨 모두 현재를 부부 관계의 중요한 전환점으로 느끼고 있다.

3) 평가 및 사례개념화

N씨의 해외 파견과 K씨의 암 투병 경험은 부부 관계에 중요한 애착 외상으로 작용했다. 해외 파견 동안 K씨는 버림받은 느낌과 고립감을 경험했고, 암 투병 과정에서는 남편이 자신의 고통을 충분히 이해하지 못한다고 느꼈다. 이러한 경험들이 축적되면서 부부는 서로에게 정서적 안전감을 제공하는 애착 대상으로서의 역할을 수행하지 못하게 되었다. 이 부부는 전형적인 비난자-방어자 패턴을 보이는데, K씨는 비난과 공격으로 N씨의 관심과 반응을 추구하고, N씨는 방어와 철수로 대응한다. 이러한 부정적 상호작용 순환은 시간이 지남에 따라 더욱 고착화되었다.

K씨와 N씨의 행동 뒤에는 각각 다른 내재된 정서, 즉 일차적 정서가 존재한다. K씨의 경우 버림받음에 대한 두려움, 무시당함에 대한 분노, 인정받고 싶은 욕구가 강하게 자리 잡고 있다. 반면 N씨는 실패에 대한 두려움, 무력감, 그리고 K씨를 잃을 수 있다는 불안감을 느끼고 있다. 이러한 내재된 정서들은 인식되지 못한 채, 표면적으로 드러나는 이차적 정서가 현재의 부정적 상호작용을 유지하는 핵

심 요인으로 작용하고 있다. 따라서 이러한 내재된 일차적 정서와 애착 욕구를 인식하고 표현하도록 돕는 것이 치료적 개입의 주요 대상이 된다.

N씨의 퇴직과 K씨의 암 재발 가능성은 부부 관계에 새로운 도전을 제시하고 있다. 이러한 생활의 변화와 건강에 대한 불안은 기존의 애착 불안을 악화시키고 있으며, 부부간의 정서적 연결을 더욱 어렵게 만들고 있다. 그러나 동시에 이러한 위기는 부부가 서로에 대한 깊은 애착 욕구를 재확인하고 관계를 재정립할 수 있는 기회가 될 수 있다.

4) 치료적 초점과 개입

부부와 치료적 동맹을 형성하고 부부를 평가하는 초기 회기를 거쳐 치료자는 다음과 같은 부분에 초점을 두고 개입해 나갔다.

첫째, 부부의 부정적 상호작용 패턴을 명확히 하고 이를 부부와 함께 탐색했다. K씨의 비난과 N씨의 방어가 어떻게 서로를 더 멀어지게 만드는지 이해하도록 도왔다. 이 과정에서 부부를 이러한 상호작용 패턴의 희생자로 재구성하여, 이 패턴이 부부 관계에서 이전에 경험했던 편안함과 친밀감을 빼앗아갔음을 인식하게 했다.

둘째, 각 배우자의 내재된 정서와 애착 욕구를 탐색하고 표현하도록 도왔다. N씨의 경우, 아내를 잃을 수도 있다는 두려움에 관해 표현하도록 도왔다. 이 두려움은 K씨가 분노로 인해 남편과 거리를 두거나 관계를 끝내려고 하는 것, 그리고 암의 재발 가능성 등으로 인한 감정이었다. K씨의 경우, N씨에게 영향을 미치지 못하고 있다는 느낌, 그의 인정을 받지 못하는 데서 오는 절망감을 표현하도록 했다. 이로 인해 분노와 무력감 사이를 오가고 있음을 인식하게 했다.

셋째, 이러한 내재된 정서를 바탕으로 새로운 상호작용이 형성되도록 촉진했다. K씨가 비난 대신 자신의 절망감과 애착 욕구를 N씨에게 직접 표현하고, N씨가 방어 대신 아내에 대한 걱정과 두려움을 K씨에게 직접 표현하도록 도왔다. 예를 들어, K씨가 자신의 암 경험에 대해 이야기했을 때, N씨가 K씨에게 자신의 걱정과 두려움을 아내에게 직접 표현할 수 있도록 했다. 이를 통해 K씨는 남편의 행동 뒤에 숨겨진 진정한 감정을 새롭게 인식하게 되었고, 남편의 이전 행동을 다른 관점에서 볼 수 있게 되었다.

넷째, N씨의 퇴직과 K씨의 건강 문제를 부부 관계의 맥락에서 다루었다. 치료자는 부부가 이러한 변화와 불안을 개별적인 문제가 아닌 관계적 맥락에서 바라보도록 도왔다. 예를 들어, N씨의 퇴직 후 우울감을 아내와 공유하도록 하고, K씨의 건강에 대한 불안을 남편에게 표현하고 위로받을 수 있도록 했다.

마지막으로, 새롭게 형성된 정서적 유대와 상호작용 패턴을 바탕으로 과거의 애착 외상을 해결하고, 미래에 대한 불안을 함께 다룰 수 있도록 도왔다. 이를 통해 부부가 서로에게 안전한 피난처이자 안전기지가 될 수 있도록 했다.

10. 통합적 관점에서의 평가

EFCT는 애착, 공감, 상호작용 순환(패턴) 등 기존 모델들의 개념들을 부부치료 맥락에 맞게 활용하여 경험주의적 관점과 체계론적 관점을 효과적으로 통합한 모델이다. 특히 치료자가 통합적 관점에서 부부 문제에 접근할 때, EFCT는 부부의 '정서적 요인' 탐색과 관련하여 중요한 함의를 제공한다. 첫째, EFCT는 부부 사례를 이해할 때 부부 각자의 '정서적 특성(emotional tone)'을 확인해야 함을 강조한다. 이는 부부의 변화를 위해 각자에게 내재된 진술한 정서에 접근하고, 이를 상대방과 나누도록 도울 필요가 있음을 의미한다. 둘째, EFCT는 체계론적 관점을 기반으로 부부 사이에서 반복되는 상호작용 패턴과 그 안에서 표현되는 정서의 특성을 파악하는 것을 중요시한다. 즉, 부부의 정서적 특성은 이러한 상호작용 맥락 안에서 이해되어야 한다.

앞서 살펴본 IBCT와 함께, EFCT는 통합적 관점에서 부부의 정서적 특성을 이해하기 위해 다음과 같은 요인들을 평가할 것을 제안한다: 부부가 호소하는 문제와 관련한 각자의 표면적/이차적 정서(예: 분노, 답답함, 위축감 등)의 특성, 배우자의 표면적/이차적 정서에 대한 각자의 정서적 반응과 이로 인해 반복되는 부부간 상호작용 순환(패턴)의 특성, 부부 각자의 표면적/이차적 정서 이면에 내재된, 애착 욕구와 연결된 숨겨진/일차적 정서(예: 외로움, 두려움, 측은함 등)의 특성. 이러한 정서적 요인들을 부부간 상호작용의 맥락에서 확인하고 이를 부부가 공유하도록 함으로써, 새로운 상호작용 패턴의 형성을 도울 수 있다.

Chapter **6**

대상관계 부부치료

1. 이론적 배경

나는 나 너는 너

−동물원−

사랑했던 우린, 나의 너 너의 나 나의 나 너의 너

항상 그렇게 넷이서 만났지

사랑했던 우리 서로의 눈빛에 비춰진 서로의

모습 속에서 서로를 찾았지

대상관계적 관점을 떠올리게 하는 인상적인 노래 가사이다. '나의 나'와 '너의 너', 이렇게 둘이 사랑하며 만났지만, 실제로는 넷이서 만났다는 내용이다. 여기서 나와 너 이외에 등장하는 '나의 너'와 '너의 나'는 각자의 과거 경험이 투사되어 만들어 낸 이미지이다. 다시 말해, 나는 과거 경험을 통해 형성된 렌즈로 또 다른 너를 보고, 너 역시 자신의 과거 경험을 통해 또 다른 나를 보는 것이다. 이처럼 실제로는 넷이 만나는 셈이니 관계는 자연히 복잡해지고 갈등도 피할 수 없게 된다. 이는 현재의 부부 관계에서 나타나는 문제를 각자의 과거 경험이 미치는 영향과 그 산물로 이해하는 대상관계적 관점과 맥을 같이 한다.

대상관계 이론은 Freud 이론과 개념의 한계를 극복하기 위한 대안으로 등장했다. 이 이론은 정신 발달의 복잡한 여동을 관계적인 맥락에서 설명한다. 대상관계 이론의 선구자들은 어린 시절 주양육자와의 관계가 심리적 발달과 건강에 어떤 영향을 미치는지 설명한다(Kernberg, 1985; Kohut, 1971; Mahler, 1975). 초기 관계 경험을 통해 정체성, 자존감 등 자기(self)의 핵심적인 측면들이 형성 및 발달하며, 이는 갈등을 관리하는 방식이나 욕구나 감정을 표현하는 능력 등 개인의 많은 측면에 영향을 미친다고 본다. 특히 성인기의 배우자 선택과 친밀한 관계에 영향을 미친다. 대상관계 부부치료(Object Relations Couple Therapy, ORCT)는 이러한 초기 관계 경험의 영향을 기본 전제로 하여 부부 문제를 이해하고 접근하는 치료 모델이다(Siegel, 1992; Siegel, 2020; Siegel, 2022).

대상관계 이론가들 중 특히 부부를 대상으로 한 치료에 가장 많은 영향을 미친 이론가는 Otto Kernberg, Heinz Kohut, Margaret Mahler이다. 이들의 각 이론은 부부 역동의 서로 다른 측면에 초점을 두고 있지만, 공통적으로 관계적 맥락에서 개인의 정신적 발달과 성장이 어떻게 이루어지는가에 관해 설명하고 있다. 이들의 이론에서 영감을 얻은 부부치료자들은 부부 각자의 어린 시절 경험과 미해결된 과제가 현재 부부 관계에서 반복되는 것을 관찰할 수 있었다. 이 세 명의 이론가들은 관계적 차원에서 과거를 이해하고 과거의 관계 패턴 및 경험이 현재의 관계에서 반복되고 있음을 통찰하는 것이 중요하다는 점, 그리고 건강한 관계를 구축하기 위해 해석의 활용이 중요하다는 점을 공통적으로 주장했다는 점에서 대상관계 부부치료(ORCT)의 초기 발달에 기여했다고 볼 수 있다. 이들의 대상관계 이론을 간략히 알아보고 각자가 부부치료 분야에 미친 영향을 알아보기로 한다.

1) Otto Kernberg

Kernberg의 대상관계 이론은 대상 분리(splitting)의 중요성을 강조한다. 대상 분리란 초기 발달 단계의 아이가 자신의 표상 세계를 구성하는 과정에서 경험을 양극화하여 인식하는 현상을 의미한다(Kernberg, 1985). 이 과정에서 아이는 행복감과 만족감의 기억과 감정을 '전적으로 좋은' 영역에 저장하고, 불안이나 고통을 동반하는 경험을 별도의 '전적으로 나쁜' 영역에 보관한다. 이는 대상을 양분화하여 인식하게 만든다. 대상 분리의 방어 기제는 초기에는 유용한 기능을 하지만, 정상적인 발달 과정을 겪으며 더 성숙한 방어 기제로 대체된다. 이 과정에서 양극화된 측면들이 융합되면서 '충분히 좋은(good enough)' 표상이 형성되는 것이다. 따라서 아이가 성장하고 성숙해감에 따라, 점차 대상의 좋은 면과 나쁜 면을 통합하여 더 현실적이고 균형 잡힌 인식을 발달시키게 된다. 그러나 양육 과정에서 욕구가 일관되게 충족되지 않은 아이들은 과도하게 부정적인 표상을 축적하게 되고, 그 결과 빈약한 '좋은' 자원을 보호하기 위해 대상 분리를 지속하게 된다.

Kernberg(1985)는 성인이 되어서도 대상 분리의 기제를 유지하면서 성숙한 방어 기제를 달성하지 못한 개인에게 나타날 수 있는 손상된 대상관계의 두 가지 심리적 구조를 설명했다. 첫 번째는 '경계선적' 구조로, 경계선 구조를 가진 개인은 대상에 의해 박탈되거나 상처받은 경험이 많아서, 사랑받는다는 감각과 사랑하는 대상에 대한 긍정적 감정이 쉽게 무너진다. 이에 따라 이들은 표상 세계를 두 영역으로 나누어, 좋은 대상의 표상을 실망을 담고 있는 표상 영역으로부터 보호하려고 한다. 좋은 대상 표상이 부족하기 때문에, 결과적으로 내적 결핍을 보완할 수 있는 '전적으로 좋은' 대상을 끊임없이 찾는다. 자신의 결핍을 채워줄 수 있을 거라 여겨지는 사람들에 대해서는 높게 이상화하고 열정적으로 추구한다. 그러나 그 대상이 기대에 부응하지 못하면, 갑자기 거부하고 무가치한 것으로 여긴다. 부정과 투사 기제는 이러한 양극화된 태도를 유지하는 데 기여하며, 대인관계는 강렬하고 불안정한 특징을 보인다.

두 번째 심리 구조는 '자기애적(나르시시즘적)' 구조로, 이 구조에서는 자기와 대상의 평가 절하된 '나쁜' 측면들을 분리하여 별도의 영역에 보관하는 한편, 다른 영역에는 자기와 대상의 이상화되고 과대 평가된 '좋은' 측면들을 따로 모아 보관한다. 이 과대 평가된 영역은 특권 의식과 우월감을 동반하지만, 타인이 비판하거나 인정을 잘 해 주지 않으면 쉽게 자기 혐오로 이어진다. 자기애적 구조를 가진 사람들은 겉으로는 우월감과 강한 독립성을 보이지만, 실제로는 외부의 인정에 매우 민감하다. 대인관계에서는 감정의 급격한 변화, 신뢰 형성의 어려움, 나르시시즘적 분노와 타인에 대한 비난 경향 등을 나타낸다(Kernberg, 1985).

Kernberg의 영향을 받은 부부치료자들은 성인기 부부 관계의 문제나 갈등을, 대상 분리 기제의 지속과 성숙한 방어 기제 발달의 실패로 인한 결과로 본다 (Akhtar & Byrne, 1983; Siegel, 2006; Siegel, 2020). 특히 Kernberg의 이론은 손상된 대상관계에 따른 '경계선적' 구조와 '자기애적' 구조 개념을 통해 부부 관계의 역동을 새롭게 조명한다. 이를 통해 부부치료자들은 불안정한 자기 표상과 대상 표상, 대상 분리 방어기제의 지속적인 사용, 극단적 이상화와 평가절하의 교차가 어떻게 부부간 갈등과 스트레스를 유발하고 유지하는지 이해할 수 있는 틀을 가지게 되었다.

2) Heinz Kohut

Kohut(1971)은 초기 발달 단계에서 아이가 대상, 즉 주양육자를 자신의 심리적 구조의 일부로 경험하면서 자기의 연장선으로 여긴다고 보고, 이를 '자기 대상(self-object)'이라고 정의했다. 아이는 주양육자가 제공하는 관심과 인정을 통해 자기에 대한 가치감이나 안정감, 자존감 등의 기본적인 심리적 욕구를 충족시킨다. 이 과정에서 주양육자는 단순히 독립된 외부 대상이 아니라, 아이의 심리적 구조와 기능의 일부로 작용하게 되는 것이다. 즉, 아이는 자기 대상과의 안정적인 상호작용 경험을 통해 인정과 관심받고자 하는 자신의 욕구를 충족시키며, 이 과정에서 자신에 대한 긍정적인 자기상과 정체감을 형성한다. 아이는 주양육자의 반응을 통해 자신의 가치를 확인하고, 안정감을 얻으며, 소속감을 경험한다. 반면, 주양육자의 부재나 부적절한 반응 등으로 인해 자기 대상과 불안정한 경험을 반복적으로 하게 되면, 아이는 심리적으로 불안해지고 부정적인 자기상을 형성할 수 있다. Kohut(1971)은 성인의 많은 심리적 문제들이 어린 시절에 주양육자로부터 인정, 관심, 위로, 지지 등을 충분히 받지 못하고, 자기 대상과의 불안정한 상호작용을 경험했기 때문이라고 주장했다. 이는 초기의 자기 대상 경험이 성인기의 심리적 건강과 밀접하게 연관된다는 것을 의미한다.

Kohut의 영향을 받은 부부치료자들은 부부가 서로 간에 정서적 안정감을 제공하고, 서로의 가치를 인정하며, 소속감을 경험하는 방식에 주목했다. 즉, 부부 관계에서 각자가 상대방에게 안정적인 자기 대상의 역할을 수행하며, 이를 통해 서로의 심리적 욕구를 충족시키는 과정에 초점을 맞추었다(Siegel, 2020; Siegel, 2022). 어린 시절에 주양육자로부터 심리적 욕구를 충족시키지 못한 사람들은 결혼 후 배우자로부터 정서적 안정, 가치감, 소속감을 지속적으로 추구한다. 부부 갈등은 각자 자신이 원하는 위안과 인정을 상대방으로부터 얻지 못한 결과로도 볼 수 있다.

따라서 Kohut의 이론에 기반한 부부치료자들은 부부가 서로에게 안정적인 자기 대상의 역할을 수행하며 각자의 심리적 욕구를 충족시키는 방향으로 상호작용할 수 있도록 치료를 진행한다. 이를 통해 관계의 상처를 해결하고 서로의 친밀감을 향상시킬 수 있다고 본다. 이들은 부부 갈등과 문제를 병리적 관점에서 접근하기보다는 적절한 자기 대상 반응으로부터 나오는 인정과 공감의 치유력에 초점을 두고 접근한다. 이는 부부 관계에서 각자가 상대방의 심리적 욕구를 충족시키는 안정적인 자기 대상 역할을 수행하는 것이 중요하다는 Kohut의 이론을 반영한 것이다.

3) Margaret Mahler

Mahler(1975)는 개인의 관계적 발달 과정을 영유아기의 분리개별화 단계를 통해 설명했다. 영아는 자신과 대상을 하나의 전체로 경험하는 초기의 공생(symbiosis) 단계를 지나 조금씩 분리된 존재로 인식하기 시작하면서 대상에 대한 의존성과 독립성 간의 균형을 맞추며 점차 개별화해 나간다. 분리개별화의 각 단계에서 대상의 반응은 영아가 각 발달과제를 성공적으로 수행하는 것을 돕거나 방해할 수 있다. 각 단계를 성공적으로 수행한 영아는 대상 항상성(object constancy)을 달성하여 스스로를 달래고 안정시킬 수 있는 능력, 적절한 수준에서 타인을 신뢰하는 능력, 그리고 세상을 살아가는 데 필요한 다양한 자아 기능을 효과적으로 활용하는 능력을 갖추게 된다. 또한 이를 통해 자신과 타인을 완벽하지는 않지만 '충분히 좋은' 존재로 받아들일 수 있게 된다. Mahler의 영향을 받은 부부치료자들은 공생적 관계에 머물러 있는 부부들의 의존적인 관계 패턴에 주목했다. 특히 이들이 자기와 타인의 경계를 혼동하는 양상과, 이러한 패턴이 진정한 친밀감 형성에 어떻게 장애가 되는지에 관심을 가졌다(Siegel, 1992; Siegel, 2022).

주요 대상관계 이론가들이 부부치료 분야에 미친 기여를 종합해 보면, 부부 각자의 어린 시절에 형성된 신념, 정서, 기대, 방어기제가 성인의 친밀한 관계에서 어떻게 재현되는지를 개념화했다는 점이다. 대상관계 부부치료자들은 이러한 패턴을 인식하고 새로운 관계 방식을 촉진함으로써, 부부들이 과거의 상처를 치유하고, 비현실적인 관계에 대한 기대를 줄이면서 자신의 욕구를 더 효과적으로 충족할 수 있는 방법을 찾도록 도울 수 있다고 본다.

2. 기본 관점

건강한 부부에 관한 관점은 대상관계 이론의 다양한 하위 그룹들 간에 서로 다를 수는 있지만, 모든 대상관계 이론은 공통적으로 각 개인의 심리적 성숙도가 부부 관계의 성공에 큰 영향을 미친다는 관점은 공유한다. 각 개인이 친밀한 부부 관계를 통해 어린 시절에 갈망했던 인정과 돌봄을 추구하는 것은, 병리적 현상이라기보다 모든 연령대의 사람들이 건강하게 성장하고 발전하는 데 필요한 자연스러운 특성이다. 건강한 부부 생활을 영위하는 개인은 일상의 과제들을 성공적으로 해결해 나갈 수 있는 기본적인 안정감과 자존감을 지니고 있다. 이들은 큰 부족감 없이 충분히 좋은 어린 시절을 경험한 사람들로, 주양육자 및 중요한 타인들과의 만족스러운 관계를 통해 안정적인 내적 구조 및 대상 표상을 내면화한 특성을 가지고 있다.

따라서 이들은 때로는 혼자 있는 것에 만족할 수 있고, 필요할 때는 파트너와 친밀하고 편안한 관계를 가질 수 있는데, 이는 개인의 심리적 성숙도를 보여 준다. 이들이 유지하는 건강한 부부 관계는 안정감을 느끼면서도 각자 잠재력을 최대한 발휘할 수 있도록 하는 특성을 가진다. 건강한 부부는 자녀를 양육하고 안정적인 가정을 유지하는 데 적극적으로 협력할 수 있는 능력을 가진다. 부부간에 주고받는 애정과 긍정적인 정서는 양쪽 모두에게 만족스러운 성적 관계에도 반영된다(Siegel, 1992; Siegel, 2020).

반면, 부부 관계에서 배우자에게 지나치게 매달리고 의존하려는 사람이나 배우자를 지배하고 통제하려는 사람이나 모두 실제로는 자신들의 어린 시절 해결되지 못한 분리 불안을 다루고자 하는 시도로 볼 수 있다. 대상관계적 관점에서 이들의 기저에는 동일한 근본적인 문제를 안고 있는 것이다. 대상관계 부부치료적 관점에서 부부의 변화는 현재의 관계 갈등을 통해 드러나는 과거의 영향력을 이해하고, 문제에 기여하는 내적 역동을 통찰함으로써 발생한다. 치료 과정에서 부부는 각자 미해결된 과거의 경험에 따른 현재의 감정들을 이해하게 되면서 이전과는 다른 새로운 방식으로 자신을 이해하는 관점을 발전시킨다. 자신에 대한 새로운 이해와 관점은 부부간 발생하는 정서적 격화나 관계 상에서 촉발되는 정서적 반응을 관리할 수 있게 하고, 배우자와의 관계 패턴을 새롭게 인식하게 하여 부부 관계의 개선에 기여한다. 또한 ORCT에서 투사적 동일시를 통찰하는 과정은 정서적 영역에 대한 인식을 높여, 부부 관계에서 특정 감정이 반복적으로 일어나는 원인을 이해할 수 있게 한다(Sharpe, 1997; Siegel, 2016).

3. 주요 개념

1) 표상 세계

표상 세계(representational world)는 주양육자, 즉 대상과의 관계 경험이 어떻게 정신 구조 안에 내재되는지 설명하는 개념이다. 어린 시절, 대상과의 관계 경험들에 얽힌 감정들은 개인의 표상 세계에 내재되어 자기와 타인의 다양한 측면에 영향을 미친다. 그 시절 관계에 관한 기억은 흐려졌더라도 표상 세계에 보존된 그때의 감정들은 지속적으로 영향력을 발휘해서 일상 생활의 감정과 반응, 관계에서의 기대와 욕구를 형성하며, 특히 부부와 같이 가까운 관계에서 다시 재현된다.

2) 대상 분리

대상 분리(splitting)는 만 3세 이전 정신 발달의 초기 단계에 자신에게 중요한 대상을 '전적으로 좋은' 것과 '전적으로 나쁜' 것으로 양분화하여 인식하는 현상을 의미하며, 대상에 대해 통합적이고 안정된 표상을 형성하기 전의 상태를 반영한다. 이는 발달 초기의 정상적인 방어기제로 기능하고, 점차 성장하면서 통합적인 대상 표상과 함께 다양한 방어기제를 습득해 나간다. 그러나 통합적이고 안정된 대상 표상을 충분히 형성하지 못할 경우 이러한 대상 분리의 구조와 기제가 그대로 유지된다.

대상 분리의 구조를 내재한 개인은 상황이나 사람의 전적으로 좋은 면 혹은 전적으로 나쁜 면만을 분리하여 지각하는 경향이 있으며, 이는 부부 관계에서도 그대로 적용된다. 한 순간 완벽해 보인 배우자가 다음 순간에 바로 끔찍한 사람으로 여겨질 수 있는 것이다. 부부 중 한쪽이나 양쪽 모두 대상 분리의 기제를 통해 반응할 경우, 관계의 안정감은 급격하게 변화하고 부부는 적절한 문제해결 능력을 발휘할 수 없게 된다. 피할 수 없는 문제에 직면할 때, 이러한 부부는 이전에 경험했던 유사 상황에 관한 기억이 떠오르면서 곧바로 극단적인 비관주의로 치달을 수 있다(Akhtar & Byrne, 1983; Siegel, 2006). 이 과정은 다음의 정서적 범람에 의해 악화된다.

3) 정서적 범람

정서적 범람(flooding)은 개인이 압도적인 정서에 휩싸이는 현상을 의미하며, 이는 통합적이고도 충분히 좋은 대상 및 자기 표상 형성이 원활하지 않을 때 발생하는 것으로 본다. 개인이 정서적 범람을 경험할 때, 과거의 유사한 상황들이 기억 속에 저장된 정서와 함께 동반하여 촉발된다. 결과적으로 개인은 자신의 감정을 조절하지 못하는 정서 조절 능력의 상실로 이어진다(Siegel, 2022).

4) 투사와 투사적 동일시

투사(projection)란 자신 내부의 감정, 욕구, 특성 등을 외부 대상에 투영하여 지각하는 심리적 기제를 의미한다. 부부 관계에서는 자신이 스스로 받아들이기 힘든 욕구나 특성을 외부 대상인 상대방에 투영하여 배우자 안에서 그 특성을 발견하고, 그에 대해 부정적인 방식으로 반응할 수 있다. 스스로 수용하기에 힘든 욕구나 특성은 어린 시절의 관계 경험으로부터 감정과 함께 발전하여 내재화된다. 예를 들어, 부모의 기대를 충족시키지 못해 반복적으로 수치심을 야기하는 양육 태도에 의해 길러진 아동은 권위를 가진 사람의 평가에 예민하게 반응할 뿐만 아니라 부모로부터 거부된 자신의 특성을 스스로 받아들이기 힘들어하며 자신 안에서 통합시키지 못한 채 성장하게 된다. 이러한 특성은 부부라는 친밀한 관계 속에서 배우자에게 투영되어 마치 자신과는 아무런 상관이 없는 특성인 것처럼 외부 대상을 통해 발견하고 이에 대해 특정 역할을 통해 반응한다. 어렸을 때처럼 상대방을 실망시킬까봐 걱정하고 노심초사하는 역할을 할 수도 있지만, 배우자를 비판하고 거부하는 권위있는 인물의 역할을 취할 수도 있다.

투사적 동일시(projective identification)는 내면의 해결되지 않은 갈등이나 주제를 상대방에게 투사하고, 상대방으로 하여금 그 투사된 역할을 실제로 수행하도록 유도하는 재연 과정을 의미한다. 예를 들어, 자기 내면에 자리하고 있는 부적절감이나 무가치감을 배우자에게 투사하여 배우자로 하여금 자신이 적절하지 못하고 무가치한 사람처럼 행동하도록 유도하는 것이다. 이는 마치 과거에 축적된 미해결 과제나 주제가 현재 시점에 다시 재연되고 연출되도록 배우자에게 대본을 제공하는 것과 같다. 이를 통해 개인은 자신의 미해결 과제를 배우자와의 상호작용 속에서 투영하고 재연하게 된다(Siegel, 1992; Siegel, 2016).

5) 역전이

역전이(countertransference), 즉 부부에 대한 치료자의 개인적인 반응은 치료 과정에서 매우 가치있는 자료로 간주된다. 치료자가 부부에 대해 느끼는 개인적인 정서 반응은 단순히 개인적인 느낌이 아니라, 부부의 역동성을 이해하고 분석하는 데 중요한 역할을 하는 것이다. 이러한 면에서 ORCT는 부부 관계의 역동성을 파악하기 위해 치료자가 역전이와 관련하여 자신에 대한 알아차림(self-awareness)을 사용할 것을 강조한다. 역전이는 기본적으로 치료자 개인의 삶에서 해결되지 않은 갈등이 드러나는 과정이지만, 치료자의 미해결 과제보다 내담자와 관련한 반응이 유발되는 과정일 수 있다. 따라서 ORCT 치료자는 부부와의 상호작용에서 느끼는 개인적인 감정이나 반응을 잘 알아차리고, 이를 부부 역동 파악을 위한 하나의 도구로 활용할 필요가 있다(Sharpe, 1997; Siegel, 2016; Siegel, 2020).

예를 들어, 치료자가 상담 과정에서 조사받거나 심문받는 듯한 압박감이나 위축감이 든다면 먼저 자신의 개인적인 미해결 과제의 일부가 아닌지 살펴볼 필요가 있겠지만, 이러한 반응은 부부 내에서 반복적으로 재연되는 주제로부터 야기될 수 있다. 그 주제는 부부 중 한쪽은 관계의 주도권을 쥔 채 우위를 차지하고, 다른 쪽은 끊임없이 불안해하는 양상을 나타낼 수 있고, 이는 치료자에게도 영향을 미쳐 자신이 마치 심문받는 듯한 느낌을 받거나 방어적으로 반응하게 될 수 있는 것이다. 이를 통해 치료자는 부부간 힘의 불균형과 그로 인한 통제감–불안감의 반복되는 주제를 파악할 수 있게 된다. 따라서 역전이는 부부 관계의 역동성에 관해 치료자가 파악하도록 알려주는 정서적인 커뮤니케이션의 한 형태라 볼 수 있다(Sharpe, 1997; Siegel, 2022). 부부 역동에 대한 이해를 바탕으로 치료자는 구체적인 목표와 개입 전략을 세운다.

4. 평가와 사례개념화

ORCT 치료자는 부부 각자의 초기 경험을 반영하는 관계적 주제들뿐만 아니라 체계론적 역동과 가족생활주기 역시 중요하게 평가한다(Siegel, 1992; Siegel, 2022). 부부가 직면한 현재의 가족생활주기 단계와 해당 단계에 따르는 도전 및 스트레스 요인을 부부가 어떻게 다루고 있는가에 주목하면서, 체계론적 관점에서 직장이나 확대 가족 등 다른 체계들과 부부 체계 간의 경계가 어떠한가에 관해서도 평가 사항에 포함한다. 이는 더 넓은 맥락에서 부부의 일상 기능에 영향을 미치는 요인들에 관한 정보를 제공한다.

첫 면담에서 치료자는 부부 각자에게 왜 이 시점에 부부치료를 받고자 하는지에 관해 질문할 필요가 있다. 부부의 답변 내용과 함께 치료자는 면담 과정에서 드러나는 관계적 역동에 주의를 기울여야 한다. 예를 들어, 부부는 질문에 응답하는 과정에서 서로를 비난하는 경향을 보이거나 비현실적인 기대를 나타낼 수 있다. 부부 각자의 비언어적인 반응과 태도, 상담실 안에서의 정서적인 분위기에도 주목해야 한다. 부부가 이야기하는 내용은 중요한 정보를 담고 있지만 치료실에서 관찰될 수 있는 것들, 예를 들어, 서로에 대해 얼마나 민감하게 반응하는지, 서로를 보호하거나 무시하려는 태도를 보이는지, 거부나 경멸의 표현이 난무하는지 등도 중요한 정보를 담고 있기 때문이다.

치료자는 부부 각자와 개별 회기를 가질지 결정하기 위해 이와 관련한 정보를 얻을 필요가 있다. 예를 들어, 부부간 폭력 문제가 있다면 합동 회기에서는 이에 관한 정보가 드러나지 않을 수 있고 피해자의 안전도 고려해야 하기 때문에 개별 회기를 고려할 수 있다. 또한 부부 중 한 명이 관계에 지나치게 무관심하고 정서적으로 거리가 있어 보이면 부부 관계는 해체 직전에 있을 가능성이 높기에 치료자는 개별 회기를 통해 이와 관련한 정보를 얻을 수 있다. 부부의 현재 상황과 관계의 성격, 부부 각자의 문제해결 동기가 파악되어야 의미 있는 치료가 가능하기 때문에 이에 관한 충분한 정보를 얻기 위한 목적으로 개별 회기의 여부가 결정되어야 한다.

대상관계적 접근에서는 원가족의 역사를 중요하게 보기 때문에 보통 첫 회기에 부부 각자의 원가족에 관한 정보를 얻는다. 여기에는 부모가 살아계신지와 건강 상태가 어떤지, 원가족원들이 어디에서 거주하는지, 부모 및 형제자매와의 과거 및 현재 관계의 질이 어떤지 등의 정보가 포함된다. 부부 각자의 원가족에 관한 정보를 얻는 중에 각 가족의 문화적이나 종교적인 면, 또는 다른 여러 면에서 부부 간 차이가 드러날 수 있다. 이때 치료자는 이러한 차이가 부부 관계에서 어떤 방식으로 드러나는지, 그리고 부부가 이러한 서로 간의 차이와 시댁 및 처가와의 차이를 어떻게 다루어왔는지 질문할 수 있다.

또한 치료자는 부부가 결혼 전 서로를 얼마나 오랫동안 알고 지냈고, 서로에게 끌렸던 특성은 무엇인지에 관해서도 질문할 수 있다. 이 외에 결혼 후 이사, 직업, 건강, 임신 및 자녀 양육과 관련한 사건 등 부부가 결혼 생활을 통해 함께 공유했던 주요 사건에 관한 질문과 외도, 별거, 이전 부부치료 경험에 관한 질문들을 통해서도 중요한 정보를 얻을 수 있다. 부부에 대한 초기 평가를 통해 치료자는 이들의 갈등 영역뿐만 아니라 강점 및 지원 체계도 파악할 수 있어야 한다. ORCT에서 초기 평가는 부부에 대한 전체적인 스케치를 그려보는 과정이라 할 수 있다. 초기 평가를 마무리할 때, 치료자가 부부 각자에게 "제가 질문하지 않은 것 중에 제가 알면 도움이 될 만한 것이 있을까요?"라고 물어보는 것 또한 예상치 못한 중요한 정보를 얻을 수 있다(Sharpe, 1997; Siegel, 1992; Siegel, 2022).

5. 치료적 초점과 목표

ORCT의 핵심적인 치료 목표는 부부가 현재의 관계 갈등에서 드러나는 과거 경험의 영향을 이해하고, 문제를 유지시키는 내적 역동을 통찰하도록 돕는 것이다. 이를 위해 치료자는 부부 각자의 원가족 경험에서 비롯된 미해결된 정서적 이슈들이 현재 부부 관계에 어떻게 영향을 미치는지에 초점을 맞춘다. 특히 투사적 동일시와 같은 내적 역동에 대한 통찰을 증진시킴으로써 부부 관계에서 특정한 감정이 반복적으로 촉발되는 원인을 이해할 수 있도록 돕는다. 이러한 과정에서 부부는 자신의 내적 경험에 대한 새로운 이해와 자기 관찰 능력을 발전시키게 되며, 이를 통해 관계에서 촉발되는 강렬한 정서적 반응을 더 잘 다룰 수 있게 된다. 궁극적으로 부부는 자신들의 반복적인 관계 패턴을 새롭게 인식하고 이를 변화시킬 수 있게 된다.

6. 치료 과정과 구조

초기 평가 이후의 회기에서 치료자는 부부가 호소하는 주요 문제와 그 문제의 발생 배경에 초점을 맞춘다. 부부의 호소 문제를 다루는 과정은 부부 갈등을 야기한 핵심 주제들을 파악하기 위한 것이며, 이를 위해 치료자는 치료 과정에서 나타나는 대상 분리, 투사적 동일시, 역전이와 같은 역동에 주의를 기울여야 한다

(Sharpe, 1997; Siegel, 2006; Siegel, 2016; Siegel, 2020). 대상 분리와 투사적 동일시
는 부부 각 개인뿐만 아니라 부부 체계에 영향을 미치는 역동으로, 이러한 역동이
관계 갈등에 어떻게 작용하고 있는지 인식하게 함으로써 부부로 하여금 자신들의
관계 문제를 새로운 방식으로 볼 수 있도록 한다. 따라서 치료 초기 단계에서는
부부가 서로를 비난하는 태도에서 벗어나 자신들의 정서 및 행동적 반응들의 복
잡한 양상과 역동을 조금씩 더 이해해가는 관점으로 전환하도록 돕는다.

특히 강한 정서적 반응을 유발하는 문제들은 치료 과정에서 가장 중요한 주제
와 역동에 접근할 수 있는 통로가 되며, 치료의 방향에도 영향을 미친다. 예를 들
어, 대상 분리의 경향이 있는 부부는 양극화된 관점에 기반하여 전적으로 나쁜 상
황에 처해 있는 것으로 인식할 때 절망감과 무력감을 표현하곤 한다. 그러나 관계
의 돌파구가 마련되면 모든 것이 전적으로 좋은 상황인 듯한 환상이 자극되어 절
망감을 다시 불러일으킬 수 있는 문제를 논의하는 것을 피하기 위해 치료를 중단
하기로 결정할 수도 있다. 이러한 이유 때문에 치료 과정에서 대상 분리가 감지
되면 즉시 이를 명확히 설명할 필요가 있다. 양극화된 분리 상태의 생각과 감정을
인식할 수 있는 부부들은 충동적인 반응과 결정에 따르기보다는 현 문제에 영향
을 미치는 역동을 파악하는 데 중요한 정보를 탐색해 나갈 수 있다.

상담실에 방문하는 부부들 중 어떤 부부들은 한쪽은 관계 개선을 위해 노력할
동기가 있거나 치료를 통한 개선 가능성에 희망을 품고 있는 반면, 다른 쪽은 관
계 개선의 동기가 부족하거나 전문적 개입에 대해 회의적인 태도를 보이는 경우
가 있다. 이 경우, 치료자는 부부치료가 관계 개선에 도움이 되기 위해서는 치료
과정에 전념하여 참여하고자 하는 의지가 필요하고, 그 과정에서 불편할 수도 있
는 민감한 영역이 건드려질 수 있는 위험을 감수할 필요가 있음을 부부에게 주지
시킨다. 이와 함께 치료자는 4~5회기 이후가 되면 부부의 관계 문제에서 다뤄야
할 핵심 사항들과 치료 과정에 대해 더 명확히 파악할 수 있을 것이라고 설명하며,
그 시점에서 부부가 충분한 정보를 바탕으로 결정을 내릴 수 있도록 안내한다. 부
부 중 한 명이 관계를 끝내고자 하더라도 치료자는 각자 개별적으로 만나서 몇 달

간만 관계 개선을 위한 노력을 해 보도록 제안한다. 그 이후 관계를 끝내기로 결정하더라도 그 실패의 이유가 더 명확해질 것이고, 결국 실제로 헤어져도 양쪽 모두에게 덜 고통스러울 수 있다고 설명할 수 있다.

7. 치료자 역할

ORCT 치료자의 중요한 역할은 부부로 하여금 자신들의 현재 문제에 기여하는 역동을 통찰하도록 돕는 것이다. 대상관계 부부치료에서 통찰은, 과거의 경험이 현재 제시된 문제와 정서적으로 연결되어 있음을 깊이 이해할 때 발생한다. 이는 과거 사건에 부여해 온 의미를 파악하고, 받아들일 수 없었던 미해결된 정서적 반응들을 이해하도록 돕는 과정이 포함되기 때문에 치료자는 묘사된 사건 자체에 초점을 두기보다는 각자가 부여하는 의미와 정서적 측면에 더 초점을 두어야 한다. 이러한 맥락에서 치료자는 대상 분리 및 투사적 동일시에 주목하면서 이 현상들이 부부간 상호작용에 미치는 영향을 부부와 함께 탐색해 나간다. 이 과정을 통해 치료자는 과거가 현재와 어떻게 섞여 부부가 원하는 관계와 더 멀어지게 되는지 탐색해 나갈 수 있다.

치료 과정에서 치료자는 부부 각자의, 부모 간 관계나 부모와의 관계에서 현재 부부 문제와 유사한 주제가 있었는지에 관해 질문을 던짐으로써 역사적 맥락에서 문제를 바라볼 수 있는 기회를 제공한다. 부부로 하여금 현재 문제의 주제와 정서적 경험을 과거의 원가족 관계에 대한 기억과 연결지을 수 있도록 돕는 것이다. 과거와 현재를 연결시키고자 하는 치료자의 관점과 시도에 부부는 위안을 받거나 오히려 불안해할 수도 있지만, ORCT 치료자는 현재 관찰가능한 부부 문제의 역동을 각 개인의 과거 맥락에서 개념화하고 의미를 탐색해 나가는 역할을 수행한다.

ORCT 치료자는 부부의 문제를 어느 한쪽의 잘못으로 보지 않는다. 대신 부부가 함께 각자의 과거 경험을 살펴보면서 현재의 문제를 이해하도록 돕는다. 이 과정에서 두 사람의 어려움이 비슷한 근원에서 비롯되었다는 것을 알게 되면, 부부는 서로를 비난하는 대신 이해하고 공감하는 관계로 변화할 수 있다. 과거가 현재에 미치는 영향력을 인식하는 치료자는 부부로 하여금 과거에 경험했던 대상과 현재의 대상을 구분하게 함으로써 과거의 연장선상이 아닌 새로운 미래를 그려나갈 수 있는 힘을 찾도록 도울 수 있다.

이와 같은 작업을 위해 ORCT 치료자에게 중요한 역할 중 하나는 먼저 안전한 치료 환경을 만들고 유지하는 것이다. 치료 과정에서 부부는 서로를 자극하고 공격적인 방식으로 반응하면서 정서적으로 격화될 수 있다. 치료자는 이러한 정서적 격화가 진행되는 조짐을 알아차리고, 적절하게 이 상황을 통제할 수 있도록 개입하는 심판의 역할을 할 필요가 있다. 이를 위해 치료자는 부부가 서로가 아닌 자신에게 얘기하도록 요청하고 적대적이고 도발적인 표현은 서로 사용하지 않도록 하며, 복수심 어린 분노나 반격보다는 각자의 고통을 표현하도록 도울 수 있다 (Siegel, 2020; Siegel, 2022).

8. 치료적 개입

1) 과거 배경 탐색하기

ORCT에서는 부부 각자의 과거 배경과 함께 관계적 주제가 무엇인지에 관해 탐색한다. 치료자는 치료를 시작하면서 우선 부부 각자의 원가족 배경과 결혼 초기의 생활에 대한 전반적인 정보를 파악한다. 각자 원가족 관계에서 가족 구성원들 간의 관계의 질이 어떤지, 이들 부모의 결혼생활이나 관계의 성격이 어떤지에 관심을 두고 탐색한다. ORCT에서는 과거의 역사적 사실 자체보다 반복되는 관계적 주제를 파악하는 것이 더 중요하기 때문에, 부부와의 상호작용에서 특정한 문제 영역이 부각될 때마다 원가족 정보로 돌아가서 재탐색한다. 치료 과정 중 부부 서로에 대한 정서적 반응은 각자의 과거 원가족 경험의 영향을 받는 것으로 볼 수 있다. 원가족 관계로부터 부부 각자가 내재한 자기표상 및 대상표상은 현재 배우자와의 관계에서 상대방에 대한 왜곡된 해석과 반응을 초래할 수 있는 것이다.

2) 역전이 활용하기

ORCT의 중요한 부분 중 하나는 치료자 자신을 활용하는 것이다. 치료자는 매 회기 자기 내면에 초점을 두고, 중요한 정보가 될 수 있는 내면의 미묘한 변화에 주의를 기울여야 한다. 역전이가 일어날 때 이를 처리하기 위해 치료자는 먼저 자신의 정서적 반응을 잘 자각하고, 회기 중에 촉발된 자신의 느낌과 충동을 잘 식별할 수 있어야 한다. 또한 치료자가 자각한 내면의 느낌이나 충동이 부부와 관련한 이슈가 아니라 자신의 개인적 문제가 자극된 것은 아닌지 선별하는 것이 중요하다. 이러한 선별에 따라 치료자는 자신의 내적 경험을 부부와 함께 탐색해 나갈지, 혹은 불편한 정서 상태를 견디면서 유사한 주제가 부부의 상호작용에 다시 나타날 때까지 기다릴지를 선택할 수 있다(Sharpe, 1997; Siegel, 2016; Siegel, 2022).

예를 들어, 치료자가 회기 중 무시당하거나 소외된 듯한 느낌을 받는다면, 치료자는 부부 각자에게 '혹시 상대방에 의해 때론 무시되거나 중요하지 않게 여겨지는 듯한 느낌을 받는지' 질문할 수 있다. 또는 치료자는 자신의 내면에서 감지한 감정을 토대로, 부부의 상호작용에서 나타나는 이런 패턴에 주의를 기울이다가 그것이 분명히 드러나는 순간에 부부의 관계 역동을 살펴볼 수 있다. 역전이 처리 과정에서 치료자는 자신도 회기 중 부부와 유사한 내적 경험을 했다고 얘기하고, 이것이 부부 관계의 역동과 관련이 있음을 공유할 수 있다. 부부가 공유한 내용을 받아들이지 않더라도, 치료자는 부부에게 자기 성찰에 바탕을 둔 개방적 태도를 시범보였다는 의미가 있다. 부부 관계에 대해 새로운 방식으로 성찰하고 생각하는 능력은 대상관계적 접근의 중요한 측면으로, 이는 치료자 자신의 내적 경험과 반응을 잘 자각하고 활용하는 능력에 기반을 둔다.

3) 과거의 영향력 인식시키기

과거 원가족 관계에서 유래하는 미해결 과제는 현재 부부 관계에서 서로에 대한 기대와 반응을 만들어 낸다. 치료자는 치료 과정에서 부부의 현재 문제가 과거의 미해결된 과제와 어떻게 연결되어 반복적인 패턴을 만드는지 객관적으로 관찰할 수 있게 된다. 이러한 패턴은 두 사람이 서로 간의 사건들에 각자 어떤 의미를 부여하는지, 그리고 이들이 어떻게 상호작용하는지를 통해 드러난다. 과거의 감정이 담긴 기억들이 현재 관계의 상황 및 사건과 겹쳐질 때, 현재 사건에 대한 해석이 왜곡되어 효과적인 의사소통을 힘들게 만든다. 따라서 치료자의 역할은 부부 관계에 숨겨진 패턴과 정서적 반응을 명확하게 파악하고, 그 안에 담긴 감정적 문제들을 풀어가면서 부부가 이를 통찰할 수 있도록 돕는 것이다. 대상관계적 관점에서는 현재의 사건이 불러일으킨 감정이 과거의 경험과 연결될 때 비로소 진정한 통찰이 가능한데, 이는 우리가 현재 상황의 의미를 과거의 비슷한 경험과 감정을 토대로 해석하기 때문이다.

ORCT 치료자는 부부 각자가 부여하는 경험의 의미와 상호작용 패턴을 탐색해 나간다. 부부가 현재 보이는 상호작용 패턴을 각자의 과거 경험과 연결지어 설명하는 것이, 이들이 자신들의 관계 패턴을 이해하는 데 효과적이다. 이런 면에서 치료자는 부부 각자가 현재 느끼는 감정과 과거에 경험했던 감정 사이의 연관성을 찾으려 노력한다. 과거에 경험했던 감정은 부부간에 경험했던 사건들로부터 기인하기도 하지만, 가장 강렬한 정서적 반응을 만들어 내는 주제는 어린 시절에 기원한다. 따라서 ORCT에서는 부부 각자가 부여하는 의미의 과거 맥락을 탐색함으로써 진정한 통찰이 일어날 수 있다고 본다. 현재 상황에서 나타나는 많은 강렬한 정서 반응들은 과거의 관계 경험에 의해 영향받는 것으로 보는 것이다. 어린 시절 양육자로부터 미해결 과제를 안게 된 아이들은 자신들의 욕구가 적절히 충족되지 못할 뿐만 아니라 요구를 표현해도 바로 거부되리라는 것을 배우게 되면서 더 심한 좌절을 겪지 않기 위해 방어 기제를 발전시킨다. 방어 기제의 일환으로 어린 시절의 부정적인 감정들은 억압되지만, 억압된 감정은 기억 속에 남아 현재의 상황과 관계에서 표면화된다. 부부가 각자 자신이 부인하고 억압했던 주제와 유사한 방식으로 대우받는 경험을 할 때, 불가피하게 강렬한 정서적 반응을 동반하게 된다.

부부가 원가족과의 관계에서 겪었던 경험들이 현재 서로를 대하는 방식에 미치는 영향을 이해하게 되면, 서로를 더 지지하게 되고 반복되는 갈등을 새롭게 해결하려 노력하게 된다. 치료 회기에서 부부는 각자 강한 정서적 반응을 유발하는 구체적인 사건들을 확인하고, 과거의 사건들이 현재의 정서적 반응에 어떻게 영향을 미치고 있는지 이해하도록 도움받는다. 그런 다음, 치료자는 부부가 과거의 경험 때문에 현재 관계의 상황을 잘못 해석하거나 왜곡된 의미를 부여하는 것에 대해 새롭게 생각해 보도록 돕는다.

4) 대상 분리 직면하기

치료자는 부부가 서로를 '전적으로 나쁜' 또는 '전적으로 좋은' 사람으로 양극화하여 보는 경향이 있을 때 이를 파악하고 다룬다. 이러한 대상 분리적 인식은 과거 경험에 의해 비롯된 것으로, 현재의 부부 갈등을 심화시킬 수 있다. 따라서 치료자는 부부의 대상 분리 경향을 직면시키면서, 부부가 과거의 경험이 현재 배우자를 보는 시각을 왜곡시키고 있음을 통찰하고, 상대방을 보다 균형 잡힌 시각으로 바라볼 수 있도록 돕는다(Akhtar & Byrne, 1983; Siegel, 2006).

9. 사례 적용

1) 기본 정보

남편 L씨(42세)와 아내 J씨(39세)는 결혼한 지 11년 된 부부로, 8세 아들과 5세 딸을 두고 있다. J씨는 첫째 아이가 태어나기 전까지 마케팅 회사에서 일했으며, 현재는 전업주부로 지역 복지관에서 자원봉사 활동을 하고 있다. L씨는 금융권에서 일하며 잦은 야근과 출장이 있다. 두 사람은 바쁜 일상 속에서 서로 간의 거리가 생기기 시작했다.

L씨는 세 명의 형제 중 둘째로, 부모님 모두 직장생활을 하였고 형제들끼리 자주 시간을 보내야 했다. L씨는 형제들 사이의 경쟁이 심했으며, 서로를 비꼬고 놀리는 것이 일상적인 대화 방식이었다고 설명했다. 부모님은 현재도 함께 살고 계시지만, L씨는 어머니가 가족들과 잘 어울리지 못한다고 느꼈다고 한다. 친척들과는 명절 때를 제외하고는 거의 교류가 없었다.

J씨는 두 자매 중 동생으로, 부모님이 자신을 과보호했다고 설명했다. 가사도우미가 모든 가사 일을 맡아 하였고, J씨는 대학에 갈 때까지 집안일을 할 줄 몰랐다. J씨는 아버지와 더 가까웠고, 언니는 어머니와 더 친했다고 했다. J씨는 자신이 L씨보다 더 사교적이라고 했으며, L씨가 매년 같은 레스토랑이나 리조트만 찾는 것에 만족하는 반면, 자신은 그런 생활이 답답하고 지루했다고 털어놓았다.

두 사람은 친구의 소개로 만났는데, 둘 다 일을 열심히 하고 성취를 중요하게 여긴다는 점이 잘 맞았다. 하지만 둘째가 태어나고 J씨가 전업주부가 된 후부터 상황이 나빠지기 시작했다. L씨는 홀로 가족의 생계를 책임져야 한다는 부담감에 더 많은 고객을 확보하고 거래를 성사시키려고 자신을 몰아붙이게 되었다.

2) 호소 문제

J씨는 동네 이웃들과 자주 교류하며, 아이들을 학교에 보낸 후 이웃들과 함께 헬스장에서 운동을 하거나 카페에서 시간을 보낸다. 어느 날, L씨가 낮에 전화를 했을 때, J씨는 운동 중이라며 전화를 받을 수 없다고 했으나, L씨는 아내 J씨가 이웃 남성과 근처 카페에서 커피를 마셨던 일을 자신에게 숨겼다는 것을 알게 되었다. 그 남성은 부부가 거주하는 지역에서 일하며, 당시 그의 아내는 친정에 가 있는 상황이었다. L씨는 J씨에게 그날 어디에 있었는지 물었을 때 J씨가 여러 차례 사실을 숨기고 거짓말을 했다는 것에 배신감을 느꼈다.

남편 L씨는 아내 J씨가 자신에게 거짓말을 하고 있으며, 외도를 하고 있을 가능성을 의심하고 있다. 그는 아내가 이웃 남성과 커피를 마시고 있었다는 사실을 알게 된 후로 아내를 신뢰할 수 없게 되었다고 털어놓았다. 아내의 거짓말이 그동안 쌓여 있던 불만과 결합되어 강한 배신감을 느끼고 있다고 말했다. L씨는 자신이 가족을 위해 노력했음에도 불구하고, 아내가 자신을 속였다는 사실에 크게 상처받았다고 이야기한다.

J씨는 남편이 자신을 신뢰하지 않는 것에 대해 불만을 호소하며, 그 남성과의 관계는 단순한 이웃 관계일 뿐이라고 주장했다. 평소 남편과의 감정적 소통이 부족하며, 자주 외로움을 느꼈다고 말한다. 또한 남편과의 성적 관계가 거의 없고, 감정적으로도 서로 멀어졌다고 호소했다.

3) 평가 및 사례개념화

L씨와 J씨의 갈등은 표면적으로는 외도에 대한 의심과 신뢰의 문제로 나타나지만, 그 이면에는 각자의 원가족 경험에서 비롯된 어려움이 존재한다. 이를 위해, 부부 각자의 원가족 경험과 배경에 대한 대략적인 윤곽을 파악하는 것이 중요하다. 이때, 치료자는 과거의 역사적 사실보다는 각자의 원가족 구성원들 간 관계의

질, 그리고 각 부모의 결혼 관계의 성격에 초점을 맞춘다. 치료를 진행하면서 특정 문제가 드러날 때마다, 부부 각자의 원가족 경험을 함께 돌아보며 탐색해 나간다.

남편 L씨는 경쟁적인 형제들 속에서 감정적 소통 없이 독립적으로 자라왔으며, 그 결과로 강한 독립성을 발달시켰다. 이는 그가 경제적 부담을 혼자 짊어지면서도 아내에게 자신의 부담을 공유하지 않으려는 성향으로 이어졌으며, 결과적으로 부부간의 소통을 저해했다. 반면, 아내 J씨는 부모의 과보호 속에서 자라 감정적 소통에 익숙하지만, 남편과의 관계에서 이러한 소통이 부족하다는 점에서 외로움을 느낀다. 남편과의 친밀감이 사라졌다고 느끼며, 그로 인해 감정적으로 소외감을 경험한다. 이 소외감은 이웃 남성과의 교류에서 부분적으로 보충되고 있지만, 이는 남편의 불신을 더욱 강화시켰다.

L씨와 J씨가 서로에게 보이는 감정적 반응은 각자의 원가족 경험에서 비롯된 기억의 영향을 받고 있으며, 이것이 현재 일어나는 일들의 의미를 해석하는 데 영향을 미친다. J씨가 커피를 마신 사건과 그로 인한 거짓말은 남편과의 정서적 거리감을 반영하고, L씨의 강한 독립적 성향은 아내와의 감정적 교류를 차단하여, 부부간의 소통 부재를 악화시키는 요인으로 작용한다.

4) 치료적 초점과 개입

대상관계 부부치료는 부부 각자가 어린 시절 원가족과의 관계에서 형성된 패턴이 현재 부부 관계에 어떤 영향을 미치는지를 다루는 것이 핵심이다. 이는 각자가 보이는 감정적 반응이 과거 경험에서 비롯된 패턴과 연결되어 있으며, 이것이 현재의 부부 관계를 왜곡시킬 수 있다는 것을 통찰하게 하는 과정이다.

(1) 역전이 활용하기

치료자는 회기 중 자신이 느끼는 감정을 인식하고 이를 활용해 부부의 상호작용에서 중요한 주제를 밝혀낸다. 만약 치료자가 회기에서 소외감을 느낀다면, 이는 J씨가 L씨에게 느끼는 소외감과 관련될 수 있다. 이러한 감정이 드러날 때 치료자는 이를 통해 부부가 서로의 감정적 경험을 이해하도록 돕는다. 이를 위해 치료자는 먼저 자신의 내면에서 일어나는 감정과 충동을 주의 깊게 관찰하고, 이 감정이 부부와 관련된 이슈인지, 아니면 자신의 개인적 경험에서 비롯된 것인지 신중히 판단해야 한다.

L씨와 J씨의 대화를 듣는 동안 치료자는 무력감이나 좌절감을 느낄 수도 있다. 만약 이 감정이 개인적 경험이 아니라 부부의 상호작용에서 비롯된 것이라고 판단되면, 치료자는 이를 탐색의 기회로 삼는다. 적절한 시점에 치료자는 자신의 정서적 경험을 부부와 공유할 수 있다. "지금 저는 두 분의 대화를 듣는 동안 약간의 무력감(혹은 좌절감)을 느꼈습니다. 혹시 두 분 중 누구라도 이와 비슷한 감정을 경험하고 계신가요?"라고 물어볼 수 있다. 이를 통해, 경제적 부담을 느끼면서도 이를 표현하지 못하는 L씨의 무력감, 또는 남편과 더 친밀해질 수 없는 J씨의 좌절감과 관련한 주제를 파악할 수 있다. L씨는 자신의 부담감을 아내에게 표현할 수 없고, J씨는 이를 알아차리지 못하면서 더욱 좌절감과 외로움을 경험하는 상호작용 주제를 발견할 수 있는 것이다. 이러한 과정을 통해 부부는 자신들의 감정과 행동 패턴을 더 깊이 이해하고, 서로의 경험을 이해할 수 있게 된다. 또한 치료자의 개방적 태도를 통해 부부는 자신들의 감정을 더 솔직하게 표현하고 탐색하는 방법을 배울 수 있다.

(2) 과거의 영향력 인식시키기

과거 원가족과의 관계에서 해결되지 않은 문제들이 현재 부부 관계에서 반복적인 상호작용 패턴으로 나타나게 된다. 치료자는 이 패턴을 관찰하면서 부부가 어떻게 서로에 대한 기대와 반응을 만들어 왔는지 명확히 한다. 이를 통해 부부는 현재 사건에 대한 인식이 과거의 경험에 의해 왜곡될 수 있음을 통찰하게 된다. 치료자는 L씨와 J씨의 부부 갈등을 다루면서, 각자의 원가족 관계 경험이 현재 두 사람의 상호작용에 어떤 영향을 미치는지 이해하도록 돕는다. L씨가 감정적으로 거리감을 두고 독립성을 강조하는 이유가 경쟁적이고도 냉담한 특성을 가진 원가족 관계에서 비롯되었음을, 그리고 J씨가 감정적으로 무시당한다고 느끼는 것이 부모의 과보호와 관련이 있음을 인식시키는 것이다. 치료자는 부부가 과거 원가족에서 겪은 경험들이 현재 관계에서 어떻게 반복되는지, 서로가 어떤 기대를 가지고 있고 그로 인한 감정들이 어떻게 부딪치는지 살펴보면서 두 사람 사이에서 반복되는 주제와 패턴을 파악하고 이를 부부와 함께 나눈다.

결과적으로, 과거 원가족 경험의 영향력을 인식시킴으로써 치료자는 L씨와 J씨 부부가 서로의 차이를 더 깊이 이해하고 수용할 수 있도록 돕는다. 이는 현재의 갈등 상황을 개인적인 공격이 아닌, 서로 다른 원가족 배경과 경험의 결과로 볼 수 있게 해 준다. 치료자는 부부가 각자의 반응 패턴이 과거 원가족 경험에서 비롯되었음을 인식하도록 안내하며, 이를 통해 부부는 서로의 차이를 새로운 시각으로 바라보고 관계의 일부로 받아들일 수 있게 된다.

(3) 대상 분리 직면하기

치료자는 이 부부가 서로를 양극화하여 인식하는 경향이 있을 때 이를 직면하여 다룬다. 상대방을 양극화하여 대상 분리적으로 인식하는 경향은 과거 경험에 의해 형성되며, 이는 현재의 갈등을 심화시킬 수 있기 때문에 치료자는 이러한 경향을 부부가 인식할 수 있도록 돕는다. 예를 들어, L씨가 J씨를 비난할 때, 그 안에 담긴 양극화된 감정과 상황 인식을 탐색하고 직면하여 과거의 미해결 과제가 현재 상황에 과잉 반응을 일으키고 있음을 인식하도록 돕는다. 이때 치료자는 L씨가 J씨를 '완전히 나쁜' 또는 '전혀 이해할 수 없는' 사람으로 보고 있는지, 반대로 이전에는 '완벽하게 좋은' 사람으로 여겼는지 등을 살펴볼 수 있다. 이를 통해 L씨가 자신의 대상 분리적 인식을 깨닫고, J씨에 대해 보다 현실적이고 통합된 시각을 가질 수 있도록 돕는다. 결과적으로, 부부가 배우자를 과거의 미해결 과제에 의해서가 아니라 더 균형 잡힌 시각으로 바라볼 수 있도록 도울 수 있다.

10. 통합적 관점에서의 평가

과거에서 찾은 문제의 원인이 반드시 문제 해결과 연결되지는 않는다는 필자의 관점에도 불구하고, 다음과 같은 이유로 ORCT를 부부치료 모델 중 하나로 포함시켰다. 첫째, 부부의 문제를 과거 경험의 영향이라는 측면에서 바라봄으로써 부부 문제에 접근하는 통합적 스펙트럼의 범위를 확장시킬 수 있다. 둘째, ORCT가 사용하는 '주제'와 '패턴'이라는 개념이 체계론적 관점을 반영하고 있어 다른 체계론 기반 모델들과의 통합적 적용을 모색할 수 있다. 셋째, 현재 갈등의 원인을 과거에서 찾으려는 부부의 자연스러운 경향을 치료 과정에서 유용하게 활용할 수 있다. ORCT는 특히, 과거 원가족 경험이 현재에 미치는 영향을 탐색하고 이해하도록 도움으로써, 부부가 서로의 차이를 더 깊이 이해하고 수용할 수 있는 맥락을 만든다. 현재의 부부 갈등을 서로 다른 원가족 배경에서 비롯된 결과로 바라보게 함으로써, 내담자의 준거체계에 맞는 치료를 진행할 수 있다는 장점이 있다. 이러한 인식의 변화는 궁극적으로 부부간 상호작용 패턴의 변화로 이어질 수 있다. 이 장을 시작할 때 살펴본 동물원의 노래는 후반부에서 이렇게 끝을 맺는다: '이렇게 생각해 나는 나 너는 너였다고 / 나는 나 너는 너 나는 나 너는 너'. 이처럼 대상관계 부부치료는 각자가 과거 경험에서 비롯된 투사를 넘어서서, 서로를 '너는 너, 나는 나'로 있는 그대로 보고 받아들일 수 있도록 돕는 것을 목표로 한다.

-- Chapter **7** --

다세대 가족체계 부부치료

1. 이론적 배경

　다세대 가족체계(Intergenerational Family Systems) 이론은 미국의 정신과 의사인 Murray Bowen에 의해 개발되었으며, "Bowen 가족체계 이론" 또는 간단히 "Bowen 이론"으로 불린다. 이 이론은 1950년대 메릴랜드주의 국립정신건강연구소에서 Bowen이 수행한 가족 연구로부터 발전되었으며, 임상적 초점을 개인에서 가족 단위로 두고 가족을 다세대 정서 체계로 보는 관점에 기반을 둔다. Bowen은 연구 과정에서 조현병 환자와 그 가족의 역기능적인 역동에 관심을 가졌는데, 환자와 어머니가 정서적으로 과도하게 의존하는 병리적 애착 관계인 모자공생 현상을 발견하게 되면서 가족 체계 내의 불안과 애착 개념에 기초한 이론을 발전시킨다. 1976년 워싱턴 D.C.에 Georgetown Family Center(현재의 Bowen Center for the Study of the Family)가 설립된 이후 미국 전역의 13개 센터에서 Bowen 이론의 연구, 교육 및 훈련, 코칭 및 상담 서비스, 세미나와 자문 등을 제공하고 있다.

　Bowen 이론을 부부치료에 적용한 치료자들은 'Bowen 가족체계 부부 코칭(Baker, 2015; Titelman, 2010)' '다세대 요인 중심 부부치료(Fishbane, 2022)' 등 다양한 명칭으로 자신들의 접근법을 발전시켰다. 이 중 James Framo(1992)는 Bowen의 관점을 부부치료에 적용한 초기 선구자로, 부부치료 과정에서 원가족의 영향과 다세대 전수 과정을 중요하게 여기고 부부 문제를 더 넓은 다세대 가족체계의 맥락에서 다루고자 했다. Framo는 대상관계 이론으로 부부 갈등의 원인을 설명하면서, Bowen의 체계론적 관점에 개인의 심리내적 역동을 더해 이론을 발전시켰다. 또한 집단 형태의 부부치료와 원가족 회기를 도입하여 Bowen 이론의 활용 범위를 확장했다. 이러한 접근은 부부 문제를 개인의 심리내적 차원을 넘어 부부체계 및 가족체계 맥락에서 통합적으로 이해하고 다룰 수 있는 틀을 제공한다. Framo의 접근은 다세대 가족체계의 맥락을 중요하게 다루고, 가족원들 간의 상호작용 패턴에 주목한다는 점에서 Bowen 이론과 마찬가지로 체계론적 성격을 띠고 있다.

이와 같은 특성을 고려하여, 이 장에서는 Bowen과 Framo의 접근법을 '다세대 가족체계 부부치료(Intergenerational Family systems Couple Therapy, IFCT)'라는 명칭 아래 함께 다루고자 한다. 두 이론을 함께 다루는 것은 원가족 경험과 다세대 가족체계를 중요하게 다루는 부부치료 모델에 대한 더욱 포괄적이고 다차원적인 이해를 가능하게 한다. '다세대 가족체계 부부치료'란 명칭은 두 접근법이 공통적으로 '개입의 수준' 면에서 가족체계 수준에 초점을 둔 특징을 반영한다('12장. 부부치료의 통합적 관점' 참고). 이 다세대 가족체계 부부치료(IFCT) 모델은 기본적으로 Bowen의 관점을 기반으로 하지만, Bowen 이론을 부부치료 맥락에 독창적으로 접목한 James Framo의 관점을 포함하기에 'Bowen' 대신 '다세대'라는 용어를 사용한다.

2. 기본 관점

Bowen의 관점에서 가족은 하나의 체계(family as a system)이자 정서적 단위이다(Bowen, 1978). 정서적 단위로서의 가족에서는 정서적 에너지가 흐르고 서로 교류되며, 정서를 중심으로 하는 상호작용 과정이 지속된다. Bowen 관점의 가장 큰 특징은 이러한 가족의 정서적 과정이 세대를 거쳐 전수된다는 것이다. 이전 세대에서 제대로 해결되지 않은 정서적 문제는 다음 세대로 전수되어 문제가 지속되며, 모든 가족원이 문제를 발전시키고 유지하는 데 각각의 역할을 한다고 본다. 이는 순환적 인과관계에 바탕을 둔 체계론적 관점을 반영한다. 이러한 Bowen의 다세대 가족체계 관점을 부부치료에 적용할 때, 치료자는 현재 부부의 문제를 각 배우자의 원가족 경험과 세대 간 전수된 관계 패턴의 맥락에서 이해하고 접근한다.

Bowen 이론을 부부치료 맥락에 적용한 James Framo(1992)에 따르면, 건강한 부부 관계는 다음과 같은 특징을 가진다. 부부 치료를 통해 개선되는 관계는 다음과 같은 특징과 방향으로 변화한다고도 할 수 있다.

- 부부 각자는 개별적으로 분화되어 있고, 서로에 대한 의존 여부는 자발적 선택에 기반한다.
- 부부는 원가족에서 비롯된 결혼 및 배우자에 대한 비현실적 기대가 어디서 왔는지 이해하고 수용하는 태도를 가진다.
- 부부는 배우자에 대해 공감적인 이해를 발전시켜 나간다.
- 부부는 서로의 차이점에도 불구하고 각자의 현실적인 욕구를 충족시킬 수 있다.
- 부부는 서로 명확하고 개방적으로 의사소통할 수 있다.
- 부부는 서로 좋아하고 성관계를 즐긴다.
- 부부는 서로 간의 문제를 다루는 법을 배워나간다.
- 부부는 삶을 즐길 수 있고, 일과 자녀로부터 즐거움을 얻는다.
- 부부는 상황적 스트레스와 위기를 다루기 위한 유연성을 발전시킨다.
- 부부는 낭만적 사랑의 환상에서 벗어나 성숙하고 이상화되지 않은 사랑의 변화와 굴곡을 현실적으로 평가하고 받아들일 수 있다.

Framo(1992)는 또한 역기능적인 부부 관계를 그 특성과 정도에 따라 분류하여 목록화했다. 목록의 아래로 갈수록 더욱 역기능적이고 치료가 어려운 부부 관계의 특성을 나타낸다.

- 기본적으로 건강하며 의사소통 오해가 주된 문제인 부부로, 대체로 자력으로 해결 가능하거나 단 몇 번의 치료 회기만으로도 충분하다.
- 서로 사랑하지만 화합하지 못하는 부부로, 부모 역할 적응이나 시댁/처가 관계에서 어려움을 겪는다.
- 서로 아끼지만 활기가 없는 형제–자매 같은 부부로, 관계가 편안하지만 지루하다.
- 서로에 대한 강한 애착과 동시에 강한 반발심, 즉 현저하게 양가적 감정을 느끼는 갈등적 상태의 부부로, 주도권 다툼과 다양한 문제로 갈등한다.
- 한 배우자가 우울증 등 증상을 보이는 부부로, 합동 회기를 통해 증상을 관계적 맥락에서 재해석하고 다룰 필요가 있다. 부부 문제를 다루게 되면 증상이 불필요해질 수 있다.
- 심리적 미성숙으로 원가족과 과도하게 밀착된 부부로, 부모로부터의 독립이 불완전하다.
- 과도한 치료 경험으로 변화가 어려운 부부로, 치료에 익숙하여 오히려 개선이 힘들다.
- 재혼으로 인한 복잡한 문제를 가진 부부로, 전 배우자 관련 문제, 계부모 역할 등의 어려움이 있다.
- 만성적인 관계 문제로 선택의 여지가 제한된 노년 부부로, 변화의 가능성이 낮다.
- 모든 문제를 부인하고 자녀를 문제로 제시하는 겉보기에 화목한 부부로, 모든 부부가 인정하는 일상적인 어려움조차 인정하지 않는다.
- 이혼 직전 마지막 수단으로 치료를 받는 극단적 상태의 부부로, 한 명은 이혼을 원하고 다른 한 명은 유지하려 한다.
- 함께 살 수도, 떨어질 수도 없는 만성적으로 불행한 부부로, 과거에 이혼했어

야 하지만 이별을 정신적 죽음으로 여겨 이혼하지 못한다.

　Bowen 이론에 기초한 IFCT에서는 부부가 불안과 정서적 반응성의 수준을 줄이고, 자기분화(differentiation of self) 수준을 높일 수 있게 되면 결과적으로 관계를 개선할 수 있다고 본다. 이러한 자기 분화의 수준을 장기적으로 높이는 것은 부부 각자가 자신의 가족을 하나의 체계로 이해하고 받아들이는 태도에 달려 있다. 더 넓은 가족 체계 안에서 각자 자신이 맡은 역할을 들여다보고, 자신과 가족 체계 전체에 도움이 되는 방식으로 행동을 수정할 수 있는 능력이 자신에게 있음을 인식해야 한다. 따라서 부부의 변화에 기여하는 요인이자 치료자가 부부에게 전달해야 할 중요한 개념은 '체계론적 관점'이다. 이 관점에 기반하여 여러 세대에 걸쳐 전수되는 가족의 정서적 과정을 이해할 수 있도록 돕는다. 체계론적 관점은 치료자의 설명이나 화이트보드를 사용한 그리기, 추천 도서 등을 통해 전달할 수 있다(Baker, 2015; Fishbane, 2022).

　Framo(1992)는 Bowen 이론과 함께 Fairbairn(1954)의 대상관계 이론, Dicks(1967)의 부부 상호작용 이론을 통합하여 부부 갈등의 발생 과정과 변화의 기제를 다음과 같이 설명하고 있다. 인간의 근본적인 동기는 만족스러운 대상관계를 추구하는 것이며, 이 과정에서 좌절적인 초기 관계 경험이 내면화된다. 이렇게 내면화된 경험들은 심리적 표상(내사)으로 자리 잡아 다양한 형태로 대상 분리(splitting)를 겪으면서 개인의 성격 구조 형성에 영향을 미친다. 개인의 발달 과정에서 실제 외부 인물들의 이미지는 과거에 형성된 부정적인 내적 표상에 더해지거나 융합되면서, 개인의 대인관계 패턴에 영향을 미친다. 원가족 관계에서 형성된 내적 갈등을 해결하려는 시도로, 성인이 된 후 친밀한 관계에서 무의식적으로 상대방을 자신의 내면에 존재하는 역할 모델에 맞추려고 한다. 즉, 이 과정에서 개인은 자신도 모르게 상대방에게 특정한 역할이나 행동을 기대하거나 요구하게 되는 것이다.

　개인은 자신의 배우자나 자녀를 주로 자신의 욕구를 충족시키는 대상으로 인식하거나, 자신이 부정하고 분리한 억압된 특성을 대신 지닌 존재로 본다. 배우자 선택은 주로 자신의 초기 대상관계에서 잃어버리거나 분리했던 측면을 재발견하려는 무의식적 시도로 이루어지며, 이후 배우자와의 관계에서 투사적 동일시를 통해 이러한 측면을 재경험하게 된다. 부부 갈등의 주요 원인은 배우자들이 자신이 인정하기 꺼려 하는 특성이나 감정을 상대방에게 투사하고, 그 투사된 특성을 상대방의 문제로 여겨 비난하거나 변화시키려 노력하는 데 있다(Framo, 1992). 예를 들어, 남편은 자신의 초기 대상관계에서 억압된 감정 표현의 자유를 재발견하려는 무의식적 시도로, 감정 표현이 풍부한 아내를 배우자로 선택할 수 있다. 남편은 자신의 억압된 특성인 감정 표현의 욕구를 아내에게 투사하고, 아내의 감정을 무시하는 행동을 통해 무의식적으로 아내가 더 강하게 감정을 표현하도록 유도한다. 결과적으로 남편은 자신이 유발한 아내의 '과도한' 감정 표현을 문제로 여기고 비난하면서도, 동시에 아내를 통해 자신의 억압된 감정 표현의 욕구를 대리 경험하게 된다.

이와 같은 부부 갈등의 원인에 관한 설명을 기반으로, Framo의 부부치료 접근에서는 원가족과 함께 치료 회기를 가짐으로써 현재의 부부 문제를 그 근본적인 출발점으로 되돌아가 직접적으로 탐색할 수 있는 기회를 제공한다. 원가족과 현재 부부 및 가족 간의 유사한 관계 패턴을 비교함으로써 세대를 거쳐 반복되는 문제의 근원을 파악하고, 현재의 문제를 더 깊이 이해하게 한다. 또한 실제 원가족과의 대면을 통해 내면화된 그들의 이미지가 현실에 맞춰 조정되며, 과거의 전이 대상이었던 인물들을 현실적으로 인식하게 한다. 이 작업을 통해 개인은 배우자와 자녀를 그들 자체로 독립된 인격체로 대하며 더 적절하게 행동할 수 있게 된다.

3. 주요 개념

다세대 정서 체계로서의 가족을 이해하기 위해서는 자기분화나 정서적 삼각관계와 같은 주요 개념들을 이해할 필요가 있다. 서로 연결되어 있는 이 개념들은 부부와의 작업에서 이론적 기반을 형성하고, 부부 코칭 및 치료 과정과도 직접적으로 연관되어 있다.

1) 자기분화

자기분화(differentiation of self)는 개인이 가족과 같은 친밀한 관계 맥락에서 자기를 분화하여 정의할 수 있는 능력을 의미한다. 심리내적인 차원에서 자기분화는 개인의 지적 기능이 정서적 기능과 얼마나 분화되어 있는가를 의미하기도 한다. Bowen(1978)은 개별적 개체로 자기분화하고자 하는 경향성을 모든 생명체에 내재된 성장 동력이자 본능적 힘이라고 설명하였다. 자기분화 수준은 개인의 성숙도 수준으로도 볼 수 있으며, 이 수준은 0에서 100까지의 연속선상에서 특정 범위로 평가할 수 있다.

연속선상에서 낮은 범위에 해당할수록 융합성(togetherness)의 힘이 지배하여 자율성이 부족하고 다른 사람들의 견해에 자기를 맞추려는 경향이 있다. 개별성이 부족하여 마치 어린 아이가 엄마의 우는 모습을 보고 따라우는 것과 같이 다른 사람들의 정서적 반응에 융합되는 경향이 있다. 가족체계 내에서 모든 가족구성원들의 자기분화 수준이 극도로 낮아서 온 가족이 마치 한 덩어리가 된 듯 정서적으로 함께 고착되어 있는 상태를 미분화 가족 자아군(undifferentiated family ego mass)이라 한다. 반면, 자기분화 연속선상에서 높은 범위에 해당할수록 개별성(individuality)의 힘이 더 지배하며 자신이 정의한 가치와 원칙에 기반하여 생각하고 사려 깊게 결정을 내리는 경향이 있다. 지적 기능과 정서적 기능 사이에 균형을 유지하면서 덜 충동적이고 자제력을 가진다.

개별성과 융합성, 이 두 가지 힘은 불안에 의해 주도적으로 영향받는데, 친밀한 관계에서 불안이 강해질수록 융합성은 강화되고 개별성은 약화된다. 자기분화 수준이 낮은 개인들은 친밀한 관계에서 급성 및 만성적 불안을 경험하고, 이 불안을 기저로 한 정서 과정은 심리적, 신체적, 사회적으로 극도로 취약하게 만들어 각종 증상으로 드러나거나 자신에게 중요한 사람들에게 충동적으로 반응하게 한다(Baker, 2015; Bowen, 1978). 이러한 힘에 대한 이해는 특히 부부치료 작업과 관련성이 있으며, 자기분화 개념은 Bowen의 다른 개념들을 이해하기 위한 기본적인 틀을 제공한다.

2) 정서적 삼각관계

자기분화 연속선상에서 낮은 범위에 있는, 기본적으로 높은 수준의 불안을 가진 사람들은 친밀한 2인 관계를 유지하는 데 큰 어려움을 겪는다. 정서적 삼각관계(emotional triangle)는 자기분화 수준이 낮은 부부가 자신들의 2인 관계에서 경험하는 정서적 불안과 긴장을 해소하고자 제3자를 관계 속에 끌어들여 3인 간 관계, 즉 삼각관계를 형성하는 역동을 의미한다. 각 개인의 자기분화 수준이 낮을수록 삼각관계를 만들려는 노력은 더 강해진다. 부부간 갈등이나 스트레스의 증가 등으로 인해 관계가 불안정해질 때, 2인으로 구성된 체계의 한 사람 또는 두 사람 모두는 2인 체계를 정서적으로 재균형화하기 위해 제3자와의 동맹을 추구하는 경향이 있다. 이는 보통 두 명의 결속된 내부자와 한 명의 외부자로 이루어진 2 대 1의 정서적 삼각관계가 된다.

만약 하나의 삼각관계가 체계 내의 불안을 충분히 담아내지 못한다면 더 복잡한 중첩된 양상으로 정서적 삼각관계가 발생하며, 원래의 관계를 정서적으로 안정화시키기 위해 더 많은 개인이나 집단이 관여하게 된다. 자기분화 수준이 낮고 불안 수준이 높은 부부는 자동적으로 자녀나 친구, 친척, 혹은 치료자와 같은 제3자를 통해 부부 관계를 정서적으로 안정화하고 체계를 재조정하고자 한다. 따라서 치료자는 삼각관계의 일부로 끌어들여지지 않도록 주의해야 하며, 치료 과정 전반에 걸쳐 중립적이면서도 탈삼각관계화된 위치를 유지하도록 노력해야 한다.

3) 핵가족 정서 과정

　핵가족 정서 과정(nuclear family emotional process)은 Bowen이 핵가족에서 관찰한 행동 패턴 및 정서적 기능을 설명한다. 이는 자기분화 개념과도 관련되어 핵가족 내 패턴과 기능이 역기능적일수록 자기분화의 연속선상 낮은 범위에 해당한다. Bowen(1978)에 따르면, 대부분의 성인들은 부모와의 애착 문제를 완전히 해결하지 못하는데 이러한 미해결된 문제들이 많을수록 자기분화를 더 어렵게 해서 낮은 분화 수준에 머무르게 된다. 개인은 무의식적으로 자신과 비슷한 분화 수준을 가진 상대를 배우자로 선택하는 경향이 있어서 결과적으로 부부는 유사한 수준의 분화 수준을 나타낸다. 이는 두 사람 모두 정서적으로 비슷한 방식으로 기능하고, 비슷한 수준의 친밀감이나 거리감을 허용하기 때문에 서로 만나 관계를 맺고 편안한 사이로 발전하게 되는 것이다.

　유사한 분화 수준을 가진 부부는 핵가족의 정서적 분위기를 결정하는데, 이들의 분화 수준이 더 낮을수록 불안과 갈등에 기반한 정서적 분위기가 형성된다. 이러한 정서적 분위기 속에 정서적 삼각관계나 가족투사 과정이 발생하며, 이들의 영향을 받는 자녀 역시 부모의 분화 수준과 크게 다르지 않은 수준에 머무르게 된다. 이 자녀가 성장하여 배우자를 선택하고 부부가 되어 관계를 유지해갈 때, 원가족에서 해결되지 못한 정서적 과제와 낮은 분화 수준으로 인해 배우자와의 갈등이나 심리사회적 증상이 초래된다. 또한 부부가 서로 감정적 거리를 두거나, 한쪽이 지나치게 많은 역할을 맡고 다른 쪽은 상대적으로 적은 역할을 맡는 과잉-과소기능과 같은 부적응적 행동 패턴이 나타날 수 있다.

4) 가족투사 과정

　가족투사 과정(family projection process)은 분화 수준이 낮고 불안정한 부모가 부부 및 가족 체계를 일시적으로 안정시키기 위해 무의식적으로 자녀들 중 가장 취약한 자녀를 투사 대상으로 선택하는 과정을 의미한다. 이는 앞에서 소개한 정서적 삼각관계의 개념을 심리내적인 차원에서 재해석한 것으로도 볼 수 있다. 낮은 분화 수준을 가진 부모는 자신의 불안과 미해결 과제, 관계적 갈등을 직면하여 해결하기보다는 마치 자녀가 큰 문제를 가진 것처럼, 혹은 자녀의 문제만 해결되면 모든 문제가 해결될 것처럼 투사해서 바라보게 된다는 것이다. 가족투사 과정에서 투사하는 부모는 자녀가 투사의 대상으로 받아들이는 정도만큼 자신들의 불안이 감소됨을 경험한다.

부모의 분화 수준이 낮을수록 투사하는 경향은 더 심해지고, 전면적으로 투사해서 바라볼수록 자녀는 삼각관계 안으로 더 강하게 끌어당겨진다. 가족 차원에서는 가족의 융합이 클수록 투사 과정에 많이 의존하게 되고, 자녀의 정서적 손상도 더 커지게 되어 여러 증상들이나 역기능적 행동으로 표출하게 된다. 투사의 대상이 된, 또는 삼각관계의 희생양이 된 자녀는 부모와 유사한 수준의 자기분화 수준을 유지한 채 부모와 밀착 관계를 가진다. 결과적으로 부모는 가족투사 과정을 통해 자신의 낮은 자기분화 수준을 자녀에게 전달하고, 미분화된 자녀 역시 자신의 취약한 자녀에게 가족투사 과정을 반복함으로써 유사한 정서적 과정이 다세대를 걸쳐 진행된다. 다음 세대를 희생시키면서까지 이전 세대의 낮은 분화 수준에서 발생한 불안을 경감시키려 한다는 면에서 가족투사 과정은 세대 간 역기능적 패턴을 보여 준다.

5) 정서적 단절

정서적 단절(emotional cutoff)은 사람들이 현재의 삶을 살아가기 위해 과거로부터 자신을 분리하는 방식을 의미한다(Bowen, 1978). 정서적 단절은 세대 간 얽혀 있는 정서적 융합으로 인한 불편함을 조절하기 위한 거리두기로, 개인이 부모와의 미해결된 정서적 과제를 표현하는 방식이다. 이러한 과정은 부모-자녀 간 융합의 정도에 따라 다양한 강도로 나타난다(Titelman, 2010).

6) 다세대 전수 과정

다세대 전수 과정(multigenerational transmission process)은 가족투사 과정을 포함한 역기능적인 정서 과정이 여러 세대에 걸쳐 반복적으로 발생함으로써 각 세대에서 불안에 취약하고 낮은 자기분화 수준을 가진 가족구성원이 양산되어 우울장애나 양극성장애, 조현병 등의 여러 증상으로 드러난다는 개념이다(Bowen, 1978). 핵가족 안에서 발생한 정서적 장애는 여러 세대에 걸쳐 이어지고 때로는 더욱 심화된다. 이러한 면에서 조현병 등의 정신적 장애는 개인의 질병이 아닌 가족 체계에서 다세대적으로 누적된 미분화의 결과로 볼 수 있다. 앞에서 소개된 여러 개념들을 수렴하는 이 다세대 전수 과정은 개인이나 부부의 자기분화 수준이 한 세대에서 다음 세대로 어떻게 전수될 수 있는지, 어떤 과정에 의해 특정한 문제가 대를 이어 반복되는지를 보여 준다.

유사한 자기분화 수준의 두 사람이 만나 자녀를 가질 때, 자신들의 분화 수준에 따라 원가족 관계에서 미해결된 정서적 과제를 자녀에게 투사한다. 이 과정에서 각 자녀는 부모로부터 다양한 정도의 투사를 받는데, 어느 정도의 투사를 받았는가에 따라 각 자녀의 분화 수준 역시 다양해진다. 투사의 집중적인 대상이 되어 불안과 미분화를 많이 투사받은 자녀는 성장하여 자기분화의 연속선상 낮은 수준에서 기능하게 되고, 자신과 유사한 분화 수준을 가진 배우자를 선택하여 부모가 그랬던 것처럼 자신들의 자녀에게 미해결 과제를 투사함으로써 역기능적 정서 과정은 다음 세대로 전수된다.

반면에, 부모로부터 불안과 미분화를 적게 투사받은 자녀들은 상대적으로 높은 자기분화 수준을 발달시키게 되고, 자신과 유사한 분화 수준의 배우자를 선택함으로써 이들의 가족은 불안 수준이 낮고, 책임감 있으며, 더 성숙한 방식으로 기능하는 특성을 가지게 된다. 이러한 특성 역시 다세대 전수 과정을 통해 다음 세대로 이어지며, 이는 가족 내 분화 수준의 점진적 향상으로 이어질 수 있다. 다세대 전수 과정을 파악하기 위해서는 확대가족에 대한 자료를 수집해야 하며, 이 과정 자체가 자기분화를 촉진하는 수단이 될 수 있다(Fishbane, 2022).

4. 평가와 사례개념화

Bowen의 이론에 기초한 부부 코칭은 보통 부부 각자에게 어떻게 상담 예약을 하게 되었는지, 어떤 문제를 다루고 싶은지 설명하도록 하는 것으로 첫 회기를 시작한다. 그 다음 치료자는 부부에게 문제를 더 넓은 가족체계의 맥락에서 바라보는 것이 가장 효과적인 이해 방법이 될 수 있다고 설명하며, 각 개인과 확대 가족의 역사를 함께 탐색한다. 이를 위해 치료자는 최소 3세대에 걸친 양측 가족의 가계도를 부부와 함께 작성한다(Baker, 2015; Fishbane, 2022).

가계도를 위해 가족원에 관해 수집되는 정보는 출생일과 사망일, 전반적인 건강 상태, 거주지, 교육 수준, 직업 이력 등의 기본적인 사항을 포함한다. 또한 결혼 및 별거/이혼 날짜, 중요한 이사, 주요 질병, 약물/알코올 사용 이력, 그리고 실직 경험 등 부부에게 영향을 미쳤을 중대한 사건들과 각 가족의 문화적 배경에 관한 정보도 포함한다. 부부가 이 모든 정보를 충분히 잘 알지 못할 경우, 치료자는 부부로 하여금 확대 가족 구성원들의 도움을 통해 정보를 얻도록 요청할 수 있다.

두 사람의 결혼과 관련하여 더 구체적인 정보가 가계도에 포함될 수 있는데, 부부가 언제 어떻게 만났는지, 서로에게 어떤 매력을 느꼈는지, 어떻게 결혼을 결심하게 되었는지와 함께 별거 경험, 유산 및 낙태에 관한 정보, 성적인 관계상의 변화 등이 이에 해당한다. 또한 자녀들의 발달적, 사회적, 학업적 기능에 관한 정보도 포함할 수 있다. 가계도를 통해 중요한 가족 구성원들 간의 관계가 친밀한지, 소원한지, 단절되었는지를 나타낼 수 있는데, 부부가 이러한 관계들상의 특성을 설명할 때 정서적 삼각관계가 분명하게 드러날 때가 많다.

전체 가계도를 완성하는 데 여러 회기가 소요될 수 있으며, 치료자는 치료 과정 전반에 걸쳐 이 가계도를 참조하여 진행한다. 완성된 가계도를 복사해서 부부에게 주면서 집으로 가져가 다른 가족 구성원들에게 보여 주고 필요에 따라 수정 및 추가하도록 요청할 수 있다. 이는 치료가 부부만이 아닌 전체 가족체계를 대상으로 하는 과정임을 부부와 공유할 수 있도록 한다.

반면에, Framo(1992)는 임상 면접만을 평가 방식으로 사용하는데, 이는 임상 면접이 질문지나 과제 등 다른 평가 방법들보다 더 우수하다고 믿기 때문이다. 그는 임상 면접이 치료자에게 부부의 반응을 즉시 관찰하고 그에 따른 추가 질문을 할 수 있는 기회를 제공한다고 본다. 질문지는 직접적인 면접에 비해 내담자가 치료자를 속이기 쉽고, 사람들이 친밀한 관계에서 실제로 어떻게 상호작용하는지 정확히 반영하지 못한다고 주장한다. 그러나 Framo는 초기 면접도 오해의 소지가 있을 수 있으므로 정확한 평가를 위해 여러 차례의 면접이 필요하다고 보며, 처음 몇 번의 회기에서는 개입을 자제하고 최대한의 정보를 수집하는 데 집중한다.

Framo는 초기 면접 과정에서 다양한 요인들이 치료에 영향을 미칠 수 있다고 본다. 첫 면접에서는 부부의 이전 치료 경험, 치료에 대한 기대, 치료자의 평판, 치료를 받기로 한 결정의 근거, 상담실의 물리적 환경, 질문의 유형과 방식, 상담 비용, 부부와 치료자 간의 연결성, 첫 면접에서 느낀 희망 또는 절망감 등이 치료적 또는 반치료적 효과를 가질 수 있다고 여긴다. 초기 면접에서는 부부를 각 개인 및 관계적 측면에서 평가하며, 구체적으로 의뢰 경로, 각 배우자의 문제에 대한 진술, 치료 동기, 나이, 직업, 결혼 기간, 자녀의 나이와 성별, 이전 치료 경험, 이전 결혼 여부, 배우자 선택의 기준, 배우자 선택에 대한 가족의 반응, 부부의 갈등 패턴, 서로에 대한 기본적인 사랑 여부, 두 사람이 좋은 관계를 가졌던 적이 있는지, 결혼에 대한 헌신 정도, 성관계의 빈도와 질, 각 원가족에 대한 간단한 역사, 부모 및 형제자매와의 현재 관계, 면접 중 부부의 상호작용 방식 등을 탐색한다.

Framo(1992)는 첫 면접에서 각 배우자에게 치료의 목표가 무엇인지, 치료를 통해 얻고자 하는 바가 무엇인지 구체적으로 묻는다. 그러나 부부가 언급하는 치료 목표와 관련해서 치료자는 다음과 같은 사항을 염두에 둘 필요가 있다. 첫째, 부부가 공개적으로 밝히는 치료 목표가 이들의 숨겨진 의도와 다를 수 있다는 점을 고려해야 한다. 예를 들어, 남편이 결혼 생활을 유지하고 싶다고 말하면서도 실제로는 치료자가 이혼을 권유하기를 바라는 경우나 아내가 남편의 관대함을 칭찬하면서도 무의식적으로 남편의 잔인함을 치료자에게 증명하려 하는 경우가 이에 해당한다. 또는 남편이 독립적인 아내를 원한다고 말하면서도 아내가 자율성을 추구할 때마다 못마땅해 하는 경우 등도 해당한다. 이러한 예시들은 부부가 말하는 것과 실제 의도나 행동 사이의 불일치를 보여 주며, 때로는 이러한 불일치가 당사자도 인식하지 못하는 무의식적인 수준에서 일어날 수 있다.

둘째, 내담 부부는 치료가 진행되면서 자신들의 문제를 더 깊이 이해하게 되므로, 처음 세웠던 치료 목표가 변화하거나 조정되는 경우가 많다. 예를 들어, 치료 초기에 부부는 '의사소통을 개선하고 싶다'는 일반적인 목표를 제시할 수 있지만 치료가 진행됨에 따라 단순히 대화 방식을 바꾸는 것을 넘어 결혼 생활에 대한 서로의 기대와 가치관 차이를 이해하고 조율하는 것이 더 중요한 목표임을 깨달을 수 있다. 셋째, 치료의 목표는 부부나 가족원들 사이에서뿐만 아니라 치료자의 목표와도 충돌할 수 있다. Framo는 치료자의 핵심 기술 중 하나로, 부부와 가족원들의 목표와 치료자 자신의 기대 사이에서 균형을 찾는 능력을 강조했다.

5. 치료적 초점과 목표

Bowen 이론에 기반한 부부치료 또는 코칭의 목표는 부부의 불안 수준을 줄이고 자기분화 수준을 높이는 것이다. 이 목표는 부부 각 개인이 개별적으로 경험하는 불안 및 분화 수준, 부부로서 함께 경험하는 불안 및 분화 수준 모두에 해당되며, 이를 통해 부부 및 가족 체계 상의 변화가 성취될 수 있다고 본다. 불안의 감소와 분화의 증가는 다세대에 걸쳐 이루고 있는 정서적 삼각관계로부터 벗어나도록 돕는 과정과도 직결되며, 이로 인해 부부 및 가족 체계가 변화하고, 이는 다시 더 높은 수준의 분화를 초래하는 순환성을 가지게 된다. 이를 통해 부부는 자신들의 관계 문제를 더 차분하고 사려깊게 다룰 수 있게 되고, 서로에 대한 정서적인 반응성을 줄일 수 있게 되면서 비난이나 불평, 다툼이나 거리두기를 덜 하게 된다. 부부는 각자 문제 상황에서 자신의 책임을 인정하게 되고, 함께 협력하여 더 효과적으로 문제를 해결할 수 있게 된다. 치료자는 이러한 치료 목표를 부부에게 명확히 전달할 필요가 있다(Baker, 2015; Fishbane, 2022).

Framo(1992)의 치료 목표는 치료 단계에 따라 변화하는 역동적인 특성을 보인다. 그의 부부치료 모델은 개별 부부치료, 부부 집단치료, 원가족 회기의 다양한 단계로 구성되며, 각 단계마다 목표가 달라진다. 개별 부부치료의 초기 단계에서는 부부와 치료자 간 신뢰 관계 구축이 핵심 목표이다. 신뢰감은 효과적인 치료의 기반이 되기 때문이다. 이후 부부들은 몇 차례의 진단적 면접을 거쳐 부부 집단치료에 참여하게 된다. 부부 집단치료에서는 집단의 과정과 역동을 활용하여 각 부부의 치료적 변화를 촉진하는 것이 주요 목표가 된다. 부부 집단치료에서는 집단원들 간의 피드백이 매우 효과적이며, 때로는 치료자의 말보다 서로에게 더 큰 영향을 미친다. 이러한 집단치료에서 부부들은 자신들의 문제가 다른 부부들도 겪는 보편적인 것임을 알게 되고, 서로 간의 신뢰가 쌓이면서 더욱 개방적이 되어 깊은 비밀까지 공유하게 된다. 또한 다른 부부들을 관찰하면서 본받을 점과 피해야 할 점을 배우게 되고, 치료가 진행됨에 따라 서로에 대한 이해가 깊어지며 상호 지지적인 관계를 형성하게 된다. 결과적으로, 부부들은 집단치료를 통해 결혼과 배우자에 대한 비현실적인 기대를 자각하게 되면서 이러한 기대가 어디에서 비롯됐는지 궁금해하기 시작한다. 이는 부부 문제 해결을 위해 원가족 회기를 제안할 수 있는 기회를 만들어 낸다. 원가족 회기의 주요 목표는 첫째, 원가족에서 배우자에게 투사하던 것들을 발견하여 부모와 형제자매와의 관계를 바로잡는 경험을 하는 것이고, 둘째, 궁극적으로 자기분화 수준을 높여서 부부 및 가족 관계를 개선하는 것이다.

6. 치료 과정과 구조

첫 회기에 치료자와 부부는 서로를 알아가며 편안한 분위기에서 신뢰를 쌓아갈 수 있도록 치료자는 불안하지 않은 환경을 조성할 필요가 있다. 부부는 치료 과정에 관해 많은 질문들을 할 수 있는데, 이에 치료자는 내담 부부와 자신의 역할 및 접근 방식에 관해 간략히 설명한다. 부부가 위기 상황에 처해 있다면 회기는 주간 단위로 예약하며, 그렇지 않다면 2주 간격으로도 치료가 가능하다. 초기 평가가 끝난 후에는 매 회기에서 다룰 내용을 부부가 직접 결정하도록 한다. 이때 다룰 내용은 부부 관계에서 있었던 일이나, 원가족과 관련된 경험, 또는 회기 사이에 일기에 적었던 내용 등이 될 수 있다.

부부가 함께 방문한 경우, 치료자는 부부와의 합동 회기 한 시간 중 30분 동안 한 파트너가 주로 이야기하고 치료자와 상호작용하는 동안 다른 파트너는 상대방의 이야기를 집중해서 경청 및 관찰하는 역할을 하도록 하고, 나머지 30분은 역할을 바꿔서 진행하게 하여 부부간 균형을 맞추려 노력한다. Bowen 이론에 기초한 또 다른 포맷으로, 부부 모두와의 합동 회기와 부부 각자와의 개별 회기를 각각 가질 수도 있다(Titelman, 2010). 개별 회기를 가질 때 중요한 점은 부부 양측에 개별 회기의 기회를 동등하게 제공하여 치료자가 한쪽과 강한 유대관계를 형성하지 않도록 하는 것이다. 개별 회기에서 만약 배우자와 공유하고 싶지 않은 정보가 나온다면, 치료자는 그러한 비밀을 유지하는 것의 장단점과 부부 관계에 미칠 장기적인 영향을 생각해 보도록 하고, 정직하고 신뢰로운 관계를 위해 배우자에게 적절하게 공개하도록 격려한다.

치료 과정에서 부부 각자가 가족체계의 큰 그림을 객관적인 시각에서 보고, 체계 내에서 개인적 변화를 위한 행동을 계획할 수 있다면 필연적으로 자기분화 수준은 높아질 수 있다. 낮은 분화 수준을 가진 부부들은 보통 진전이 더딘 경향이 있는 반면, 높은 분화 수준의 부부들은 비교적 체계론적 사고를 더 빨리 이해하고 진전을 보이는 경향이 있다. 때로 부부는 체계론적 관점을 이해하는 데 어려움을 겪거나 분화를 위한 장기적인 작업에 관심이 없을 수도 있다. 이러한 부부의 경우 호소했던 문제와 증상이 완화되었다면 그것만으로도 부부에게 충분할 수 있기 때문에 치료 작업을 종료할 수 있다. 또는 부부 중 한 사람은 장기적인 분화 작업에 관심이 많은 반면, 다른 사람은 분화나 치료 과정에 별 관심이 없을 수도 있다. 이러한 경우, 동기가 높은 사람이 치료를 통해 자기 분화 수준을 높이기 시작하면, 배우자도 필연적으로 긍정적인 영향을 받게 된다. 그 사람의 확장된 가족 체계 역시 긍정적인 영향을 받는다. Bowen 이론에 기반을 둔 치료자들은 전체 가족 체계를 내담자로 보고, 이 전체 체계에 가장 광범위하고 긍정적인 영향을 미칠 수 있는 구성원과 작업하기를 선호한다. 따라서 부부 중 증상을 가진 사람과 작업하기보다는 동기가 더 높아서 전체 체계에 영향을 줄 수 있는 사람과 작업하는 것을 더 선호한다(Baker, 2015; Fishbane, 2022; Titelman, 2010).

부부가 당면한 위기나 호소 문제가 덜 절박해지고, 불안 수준이 낮아지며, 부부 관계가 더 원활해질 때 치료의 종결을 부부와 논의할 수 있다. 종결 시점에 치료자는 그간의 치료 과정에서 겪은 여러 경험, 관찰한 것들, 경험한 변화, 미래에 있을 가능성에 대해 부부와 함께 검토하고 논의한다. 특히 종결 후 필연적으로 발생할 다음 어려운 시기에 어떻게 대처할 것인지에 대해서도 함께 다룬다. 치료자는 Bowen의 자기분화 연속선상에서 더 높은 수준에 도달하고 친밀한 관계에서 정서적으로 덜 반응적이 되는 것을 평생의 프로젝트로 삼고 부부 각자가 지속적으로 노력해 나가도록 격려할 수 있다.

개별 회기에 관해서 Framo(1992)는 전혀 다른 관점을 가진다. 그는 부부치료 시 반드시 두 사람을 함께 만나고, 대개 여성 공동 치료자와 함께 진행한다. 한쪽 배우자만 상담을 원하거나 합동 상담을 거부할 경우 다른 기관으로 의뢰한다. Framo는 부부를 개별적으로 상담하는 것을 선호하지 않았는데, 그 이유는 개별 상담이 부부 관계의 전체적인 맥락을 놓치기 쉽고, 두 사람 사이의 상호작용 패턴을 제대로 관찰하기 어려우며, 하나의 단위로서 부부가 가진 고유한 특성에 대한 이해를 해칠 수 있기 때문이다.

부부 집단치료는 세 쌍의 부부로 구성되며, 한 번에 한 쌍의 부부에 차례로 집중하고, 나머지 두 쌍은 관찰한 후 피드백을 주고받는 방식으로 진행된다. 한 회기는 2시간 동안 공동 치료자와 함께 진행되며, 집단 형태는 개방형으로 한 부부가 종결되면 새로운 부부가 추가되는 식으로 운영된다. 부부 집단은 가능한 한 유사한 연령대나 생활 주기의 부부들을 함께 묶어서 공동 관심사나 어려움을 집단내에서 공유할 수 있도록 한다. 부부들은 집단에 들어가기 전에 몇 차례의 부부회기를 가지며, 이때 치료자는 부부에게 집단 치료를 통해 자신들의 목표가 더 빨리 달성될 수 있다고 참여를 권유한다.

부부 집단치료 회기에서 부부 문제를 직접 다루는 동안, 치료자는 때때로 부부의 원가족에 관해 질문한다. 원가족은 부부 문제와는 무관하다고 여기는 경우가 많아서 이에 관해 직접 묻지 않으면 보통 잘 이야기하지 않기 때문이다. 원가족에 관한 질문과 함께 치료자는 집단 구성원들에게 원가족 참여의 중요성을 지속적으로 상기시킨다. 구성원들의 반응은 다양하여, 적극적으로 수용하는 이들부터 완강히 거부하는 이들까지 있다. 원가족 회기를 경험한 집단 구성원들이 긍정적인 경험을 나누게 되면, 다른 구성원들의 태도도 변화하게 되고, 이는 결국 많은 구성원들이 가족 관계를 개선하고자 하는 의지를 갖게 만든다.

점차적으로 대부분의 부부들은 원가족 회기가 자신이나 결혼 생활에 이익이 될수 있음을 느끼게 되면서, 얼마 전까지만 해도 부부 문제에만 집중했던 부부가, 이제는 자신들의 부모나 형제와의 오래된 갈등과 거리감도 해결할 수 있다는 희망을 발견하게 된다. 원가족과 더 나은 관계를 구축하는 것이 자체적으로 목표가되기도 한다. 각 부부의 원가족 회기에는 배우자를 참석시키지 않는데, 그 이유는 배우자와 만나기 전, 개인이 성장하며 겪었던 가족에서 일어난 일에 회기의 초점이 맞춰져 있기 때문이다. 만약 배우자가 참석한다면, 가족은 민감한 문제를 논의하기가 꺼려지거나 내담자의 결혼 문제로 초점이 바뀌어 원가족 관계를 위주로다루는 것이 어려워질 수 있다.

원가족 회기에서도 남녀로 구성된 공동 치료팀에 의해 진행된다. 이는 원가족과의 초기 라포가 더 쉽게 이루어지도록 하며, 한쪽 성에 치우침 없이 균형 있는 개입을 가능하게 한다. 회기는 녹음되어, 참석하지 못한 가족 구성원이나 배우자를 포함한 모든 가족 구성원이 나중에 녹음 내용을 듣도록 권장한다. 이러한 원가족 회기는 대부분 한 번의 회기(4시간 동안 두 번의 세션으로 구분)로 끝나지만, 일부 가족은 여러 번의 회기를 진행하기도 한다. 원가족 회기를 통해 부부 각자는 원가족과의 오랜 문제를 직면하여 해결하고, 전이에 의한 배우자 왜곡이 감소하면서 부부 관계는 개선되기 시작한다.

7. 치료자 역할

Bowen의 관점에서 모든 인간의 행동은 자기분화의 연속선상에서 일어나는 것이기 때문에 Bowen은 정신적 장애나 질병의 치료를 암시하는 의학 용어를 사용하는 것을 의도적으로 피했다. 내담자들과의 작업에서 '치료자'로 역할을 정의하는 의학적 모형에서 벗어나 '코치'라는 용어를 사용함으로써 부부들이 가져오는 관계 문제를 정상화한다. 코치는 교사나 트레이너와 같이 개인, 부부, 가족이 다양한 영역에서 기능을 향상시킬 수 있도록 격려하고 컨설팅을 제공하는 역할을 한다(Baker, 2015; Titelman, 2010).

Bowen의 관점에 기반을 둔 코치로서 목표는 부부 관계 맥락에서 자기분화 수준을 높이면서 불안을 감소시키는 것이다. 코칭 과정에서 코치는 부부가 서로 연결된 상태를 유지하면서도 각자 독립적인 자기를 유지할 수 있는 능력에 초점을 맞춘다. 이를 위해 코치는 다세대 가족체계와 관련한 개념들을 부부에게 구두로 설명하거나 관련 도서를 읽어볼 것을 제안할 수 있다. 화이트보드를 이용하여 삼각관계, 투사, 정서적 단절과 같은 다세대 가족 맥락에서 발생하는 관계 패턴을 도식화하여 설명할 수도 있다. 또한 코치는 부부와 함께 이 다세대 가족체계 이론을 자신들의 상황에 어떻게 적용할 수 있을지, 부부가 자신들의 행동을 어떻게 변화시킬 수 있을지, 그리고 이러한 변화가 부부나 가족 관계에서 어떤 반응을 불러일으킬지에 관해 논의할 수 있다. 부부들이 다세대 가족체계 이론에 대해 더 깊이 이해하게 되면, 코치는 불안에 대한 반응으로 나타나는 정서적 삼각관계나 정서적 단절을 줄여나가도록 지도한다.

코치는 코칭 과정 동안 부부가 서로에게 이야기하기보다는 코치에게 직접 이야기하도록 하고, 부부 각자가 상대방보다는 자기 자신에게 더 집중하도록 돕는다. 코칭 과정은 부부 각자가 관계에서 감정에 휘둘리지 않고 자신을 조절하는 방법에 관해 생각하고, 코치와 대화할 기회를 가지는 과정이기 때문에 한 사람이 생각하고 말하는 동안 다른 사람은 관찰하고 듣도록 한다. 이 과정을 통해 부부는 서로를 변화시키려는 노력을 하는 대신에 점차 자신의 변화에만 집중할 수 있도록 도울 수 있다.

코칭 과정에서 코치 역할에 수반되어야 하는 것은 코치 스스로 자신의 불안을 관리하고, 부부의 삼각관계에 끌려가지 않으면서 중립성을 유지하는 것이다. 이는 부부가 목표를 달성할 수 있도록 효과적으로 돕기 위한 필수적인 역량이라 할 수 있다. 부부가 서로 자신들의 문제를 상대방에게 전가하면서 비난할 때, 코치는 관심을 양쪽에 균형 있게 표현하면서 부부 각자의 관점에 휘말리지 않도록 주의해야 한다. 코치가 한쪽을 더 선호하는 반응을 하면, 부부가 코칭 과정을 중단할 가능성은 더 높아진다.

Framo(1992)는 Bowen의 접근 방식과 유사하게 치료 회기에서 적극적인 역할을 한다. 특히 원가족의 중요성을 강조하며 이들의 치료 참여를 적극 권장한다. 초기 평가 회기 이후에는 질문, 공감, 도전, 지시, 직면, 지지 등 다양한 기법을 유연하게 사용한다. Framo는 부부의 상호작용 패턴을 파악하고, 숨겨진 심리내적 및 관계적 갈등을 공개적인 상호작용으로 표현하도록 하기 위해 공동 치료자와 역할을 바꿔가며 개입한다(예: 대화자-관찰자, 지지자-도전자). 집단치료 내 부부들이 오직 치료자와만 대화하려 할 때는 서로 대화하도록 요구하고, 반대로 부부들끼리만 대화하려 할 때는 치료자와 대화하도록 한다. Framo는 치료자의 적절한 자기 개방도 중요하다고 본다. 치료자는 자기 삶의 고통, 상실, 부모 역할이나 결혼 생활의 어려움뿐만 아니라 삶의 기쁨과 즐거움도 부부들과 적절히 공유해야 할 필요가 있다.

8. 치료적 개입

Baker(2015)는 Bowen의 관점을 부부치료에 적용할 때 치료자가 흔히 범할 수 있는 네 가지 주요 오류를 지적했다: (1) 중립성과 객관성을 잃고 한쪽 배우자의 편을 드는 것, (2) 부부에게만 초점을 맞추고, 다세대 및 확대 가족과의 상호연결성을 포함한 더 넓은 관계적 맥락을 고려하지 않는 것, (3) 부부의 문제를 '고치려' 하거나 해결책을 제시하려고 지나치게 적극적으로 개입하는 것, (4) 부부의 불안과 반응적 행동에 직면했을 때 치료자가 자신의 감정과 행동을 잘 조절하지 못하는 것이다. 이러한 오류들은 치료의 효과를 저해할 수 있다. 따라서 치료자는 이를 피하기 위해 체계론적 관점을 일관되게 유지하고, 자신의 분화 수준을 높이기 위해 지속적으로 노력해야 한다. 치료자가 이와 같은 태도상의 오류를 범하지 않을 때, 다음에 소개하는 IFCT의 기법들도 효과적일 수 있다.

1) Bowen식 질문 기법

Bowen의 관점에 기초한 IFCT에서 사용되는 모든 질문들은 부부가 자신들의 문제에 대해 사려 깊고 책임감 있게 접근하도록 돕기 위해 고안되었다. 이를 통해 궁극적으로는 부부의 자기분화 수준을 높이는 것을 목표로 한다. 또한 치료자는 가족 체계에 관한 질문들을 통해 부부가 호소하는 문제를 더 넓은 관계적 맥락에서 바라볼 수 있도록 유도한다. 따라서 치료자는 부부의 문제뿐만 아니라 더 넓은 가족체계 맥락에 대한 더 많은 정보를 모으는 데 관심을 가진다. 이를 위해 치료자는 질문 시 '누가' '무엇을' '어디서' '언제' '어떻게'와 같은 객관적인 단어를 사용하며, 주관적이거나 해석적인 답변을 유도할 수 있는 '왜'라는 질문은 피한다. 이러한 접근은 이성적 태도와 사실에 기반한 정보를 얻고, 가족체계의 전체적인 맥락에서 부부의 문제를 파악하는 데 도움을 준다(Baker, 2015; Bowen, 1978; Fishbane, 2022). IFCT 과정에서 일반적으로 활용되는 질문들은 다음과 같다. 치료자는 치료 상황에 따라 적절한 질문을 선택하여 활용할 수 있다.

- "말씀하신 이런 갈등 상황(부부의 호소 문제)이 이전에도 두 분 관계에서 있었나요? 있었다면, 언제 어떻게 일어났나요? 현재의 갈등 상황이 두 분의 관계에서 어떤 패턴으로 반복되고 있나요?"

- "두 분 간의 이러한 패턴이 각자의 원가족에서는 어떻게 나타났었나요? 특히 부모님이나 확대 가족 구성원들(예: 조부모님, 형제자매, 삼촌, 이모 등) 관계에서 유사한 패턴을 본 적이 있나요?"

- "현재의 갈등 상황에서 다른 가족 구성원들(예: 자녀, 부모, 형제자매)이 어떤 역할을 하고 있나요? 이들과의 관계가 부부간의 갈등에 어떤 영향을 미치고 있을까요?"

- "가장 최근의 갈등 상황에서 두 분은 어떻게 반응하거나 대처하셨나요? 이런 반응이 각자의 원가족에서 익힌 방식과 어떻게 연관되어 있을까요? 그런 상황에서 부모님이나 확대 가족 구성원들은 어떻게 행동하거나 개입했나요? 이 분들의 행동이 두 분 관계에 어떤 영향을 미쳤나요?"

- "두 분의 부모님 세대는 이런 갈등 상황을 어떻게 다루셨나요? 두 분의 대처 방식 중 어떤 부분이 부모님 세대에서 보았던 방식과 어떻게 비슷하거나 다른가요? 그것이 현재 두 분의 대처 방식에 어떤 영향을 미쳤다고 생각하시나요?"

- "두 분의 (부모님 세대나 그 이전 세대를 포함해서) 가족에서 대대로 내려오는 갈등 대처 방식 중 현재 상황에 도움이 되는 것은 무엇인가요? 반면에, 어떤

방식이 문제를 지속시키거나 악화시키는 것 같나요? 도움이 되지 않는 특정 행동을 계속 반복하게 만드는 요인은 무엇일까요?"
- "이런 갈등 상황에서 각자가 느끼는 불안감의 정도는 어떠한가요? 이 불안을 다루기 위해 어떤 방식을 사용하시나요? 이 방식이 원가족에서 전해지는 방식과 어떤 연관성이 있을까요?"
- "현재의 갈등 상황에서 각자가 더 성숙하고 독립적으로 대응하려면 어떤 변화가 필요할까요? 이러한 변화가 두 분의 관계와 더 넓은 가족 체계에 어떤 영향을 미칠 것 같나요?"

2) 가족 변화-복귀 메시지 대응

Bowen의 관점에 따르면, 가족체계에서 구성원들은 대체로 한 구성원의 변화에 준비가 되어 있지 않다. 불편하더라도 기존의 관계 방식과 패턴을 유지하려는 경향이 있다. 변화하거나 분화하려는 구성원에게 가족은 강한 압박을 가하며, 때로는 새로운 행동을 지속할 경우 부정적인 결과가 있을 것이라고 위협하기도 한다. Bowen은 이러한 현상을 '가족 변화-복귀 메시지(family change-back message)'라고 명명했다(Baker, 2015; Bowen, 1978). 변화하려는 구성원은 가족체계로부터 변화하지 말고 다시 원래대로 복귀하라는 메시지를 전달받는다는 의미이다. 따라서 부부 중 한 명이 자신의 분화 수준을 높이기 위해 관계에서 어떤 변화를 시도할 때, 부부 및 가족 체계로부터의 변화-복귀 메시지에 대응할 준비가 필요하다. 이를 위해 치료자는 다음과 같은 Bowen의 3단계 접근법을 제안할 수 있다.

- 변화를 만들어 내는 가장 효과적인 방법을 모색하도록 격려한다.
- 이러한 변화에 대한 부부 및 가족 체계의 반응을 예상해 보도록 한다.
- 예상되는 반응에 대해 어떻게 대응할지 계획한다. 이는 변화를 지속시킬 수 있는 대응 방안이어야 한다.

이 체계론적 변화 전략은 세 단계를 모두 포함해야 한다. 만약 내담자가 자신의 변화에 대한 부부나 가족체계의 반응을 예측하고 대응 계획을 세우지 않으면, 변화를 유지하기가 어려워지고 원래 상태로 돌아갈 가능성이 높아진다(Baker, 2015). 다음은 가족 변화-복귀 메시지 대응을 위한 3단계 접근법을 적용한 예시이다. 아내는 부모와의 삼각관계에서 자신의 위치를 변화시키려 노력했다. 이 관계에서 아내는 주로 어머니와 동맹을 맺어 아버지를 비판하는 역할을 해 왔다. 아내의 목표는 이러한 패턴에서 벗어나 더 독립적으로 행동하는 것이었다. 이는 부모와의 관계뿐만 아니라 남편과의 관계에서도 감정적인 반응을 줄이고 더 침착하게 대응하는 데 도움이 될 것으로 기대되었다. 치료자는 이 과정에서 Bowen의 3단계 접근법을 다음과 같이 적용할 수 있다.

- 치료자는 아내가 기존 패턴에서 벗어나 변화를 만들어 내는 가장 효과적인 방법을 모색하도록 격려했다. 이를 위해 아내에게 현재의 대응 방식을 상세히 설명하도록 요청하고, 이러한 대응 패턴에서 벗어나기 위해 할 수 있는 구체적인 행동들을 함께 탐색했다. 예를 들어, 어머니가 아버지를 비판할 때 동의하지 않고 중립적인 반응을 보이는 것 등이다.
- 치료자는 아내에게 이러한 변화에 대한 어머니의 반응을 예상해 보도록 요청했다. 아내는 어머니가 더 강하게 비판하거나, 자신을 비난하거나, 혹은 아내의 변화된 태도에 불만을 표현할 수 있다고 예상했다.
- 치료자는 예상되는 반응에 대해 아내가 어떻게 대응할지 계획하도록 도왔다. 아내는 어머니가 어떤 반응을 보이더라도 자신의 새로운 입장을 지켜나가기로 했다. 예를 들어, 어머니가 더 심하게 비난하거나 자신에게 동조하라고 요구하더라도, "이것은 두 분의 문제라고 생각해요. 제가 관여하는 것은 적절하지 않을 것 같아요" 또는 "두 분이 서로의 차이를 어떻게 다룰지 스스로 해결하셔야 할 것 같아요"라고 말하고, 그런 다음 부드럽게 화제를 다른 주제로 바꾸기로 계획했다.

아내는 이 계획에 따라 어머니의 불평에 동조하지 않고, 부모의 문제에 개입하지 않는 태도를 유지할 수 있다. 부모로부터의 탈삼각화 과정에서 아내는 자신의 감정을 더 잘 조절하고 객관적인 시각과 태도를 유지하는 법을 배울 수 있으며, 이와 같은 차분하고 사려 깊은 접근법을 남편과의 문제에도 적용하도록 도울 수 있다. 이를 통해 아내는 남편의 문제 행동에 대해 즉각적이고 감정적으로 반응하기보다는 더 침착하고 합리적으로 대응할 수 있게 된다. 아내의 감정적이고도 비판적인 반응이 줄어들게 되면, 남편도 자신의 행동에 더 집중하게 되면서 점차 자신의 행동을 변화시키고 자신의 역할에 대해 더 많은 책임감을 갖게 된다. 결과적으로 아내의 변화는 남편의 긍정적인 변화를 이끌어 냄으로써 부부는 이전보다 더 안정적이고 편안한 관계를 유지할 수 있게 된다.

3) 가계도 작업

치료자는 부부와 함께 다세대 가족체계의 패턴을 시각적으로 구성한다. 화이트보드를 활용하여 삼각관계, 핵가족 정서 과정, 정서적 단절 등의 가족 체계 개념들을 그림으로 표현하고, 이를 부부가 제시한 문제와 연결 지어 설명한다. 이 과정에서 치료자의 질문들은 부부가 자신들의 문제를 더 깊이 있게 탐색하도록 돕는다. 부부가 자신들의 문제를 더 넓은 가족 맥락에서 바라보고, 이전 세대에서 유사한 문제의 패턴을 발견하게 되면, 이는 변화를 위한 중요한 통찰의 계기가 된다.

4) Fromo식 개입

Framo(1992)의 접근법에서는 부부치료, 부부 집단치료, 원가족 회기의 각기 다른 특성에 따라 적용하는 기법과 전략이 다음과 같이 다르다.

(1) Framo 부부치료

부부치료 회기에서 Framo는 부부를 각각의 개인으로서, 그리고 고유한 상호작용 패턴과 역동성을 가진 하나의 관계 체계로 수용하고 지지하는 것을 중요시한다. 이를 통해 부부가 서로의 입장을 존중하고, 부부가 서로의 생각과 감정을 명확하고 솔직하게 표현하는 의사소통 방식을 습득하도록 돕는다. 부부 각자가 서로에게 들은 내용을 반복해서 말하는 '피드백 기법'과 서로에게 이익이 되는 방식으로 협상하는 '상호 호혜적 협상(quid pro quo negotiations)'을 통해 부부가 서로의 요구를 균형 있게 조정할 수 있도록 돕는다. 예를 들어, 한쪽이 더 많은 개인 시간을 원하고 다른 쪽이 더 많은 가사 도움을 원한다면, 둘 다 서로의 요구를 일부 들어주는 방식으로 협상할 수 있게 도울 수 있다. 이 외에도 자기분화 작업(예: 부부 각자가 자신의 감정과 생각을 명확히 표현하면서도 상대방의 관점을 이해하도록 돕는 것), 관계의 규칙 변경(예: 의사결정 과정에서 한 사람이 주도하던 방식에서 공동으로 결정하는 방식으로 전환), 감정 유도(예: 부부간 갈등 상황을 재연하여 숨겨진 기대나 감정, 욕구를 드러내게 하는 것) 등의 기법을 사용한다.

(2) Framo 부부 집단치료

세 쌍의 부부가 참여하는 집단치료에서는 각 부부가 순차적으로 논의의 중심이 되고, 다른 두 쌍의 부부가 이를 관찰하며 피드백을 제공한다. 치료자는 부부들 서로 간의 상호작용과 피드백을 통해 자신들의 문제를 객관적인 시각에서 새롭게 이해하고, 관계의 규칙을 변경하거나 다른 부부들의 경험에서 배울 수 있는 기회를 가질 수 있도록 유도한다. 치료자는 또한 집단치료에서 부부간의 전이로 인해 상대방을 과거 원가족 경험의 재현으로 보는 왜곡된 인식에 특히 관심을 가지고, 부부의 원가족에 관한 질문과 함께 집단 구성원들에게 원가족 참여의 중요성을 지속적으로 상기시킨다.

(3) Framo 원가족 회기

원가족 회기에서는 각 부부가 배우자 없이 자신의 원가족과 회기에 참여하여 가족 관계의 문제를 다룬다. 치료자는 내담자가 직접 가족원들에게 연락하고 참여를 독려하는 책임을 지게 하며, 이 과정에서 생기는 정서적 어려움을 극복하도록 돕는다. 회기 중 치료자는 내담자의 부모나 형제자매에 대한 복잡한 감정, 특히 분노와 애정이 섞인 양가감정을 탐색한다. 원가족 관계에서 이러한 양가감정은 자연스러운 것이며, 회기 초반에는 분노가 주로 표출되더라도 결국에는 더 깊은 수준의 애정이 드러나게 된다. 원가족 구성원들은 자신들이 도움을 필요로 한다거나 치료를 받는다는 인식이 없기 때문에, 치료자는 이들을 환자처럼 대하지 않으면서도 의미 있는 주제를 다뤄야 하는 어려움에 직면한다. 이를 위해 치료자는 표면적으로는 일상적인 대화를 나누는 것처럼 보이지만, 실제로는 중요하고도 깊이 있는 관계 문제를 탐색하는 섬세한 균형을 유지할 필요가 있다.

9. 사례 적용

1) 기본 정보

K씨(남, 34세)가 아내 L씨(여, 30세)와 함께 상담을 받고 싶다며 연락해 왔다. 결혼 4년 차인 이들은 최근 부부 사이에 갈등이 잦아지면서 전문적인 도움이 필요하다고 느꼈다. 특히 K씨의 잦은 음주가 둘 사이의 주요 쟁점이었다. 부부치료는 이번이 처음이었다.

K씨와 L씨는 수도권의 한 고등학교에서 교사로 일하며 만났다. 2년간 같은 학교에서 근무하며 서로에 대한 호감이 깊어졌고, 함께 있을 때 느끼는 편안함과 설렘이 그들을 연인 사이로 이어주었다. 1년 간의 연애 끝에 결혼을 결심한 가운데, K씨가 서울의 한 고등학교 교사 공채에 합격했다. 두 사람은 이를 계기로 서울 생

활을 시작하기로 했다. 양가 부모님들의 축복 속에 결혼식을 올리고, 새로운 도시에서의 삶을 시자했다.

서울 생활 4년 동안 이들은 전세 아파트에 살며 각자의 일에 충실했다. K씨는 고등학교 교사로 일하면서 방과 후 수업과 야간 자율학습 지도도 맡았다. L씨는 중학교 미술 교사로 일하는 한편, 주말에는 개인 작품 활동을 이어갔다. 겉으로 보기에 안정된 생활이었지만, K씨의 음주 문제로 인해 부부 사이에 점점 균열이 생기고 있었다.

2) 호소 문제

L씨는 K씨의 잦은 음주가 부부 갈등의 주된 원인이며, K씨가 술을 줄이면 관계가 개선될 거라고 믿었다. 반면, K씨는 L씨가 자신의 술자리에 대해 일일이 캐묻거나 귀가할 때마다 술냄새를 확인하지만 않으면 모든 문제가 해결될 것이라 여겼다. 두 사람은 앞으로의 삶에 대한 뚜렷한 계획이 없어 불안해했다. 서울 생활에 적응하면서 느끼는 경제적 부담도 컸다. 특히 결혼 1년 반 만에 L씨가 겪은 유산은 두 사람에게 큰 상처로 남아 있었다. 부부의 일상에서는 잦은 언쟁과 K씨의 음주로 인한 소원한 관계가 눈에 띄었다. L씨가 주로 가정을 돌보고, K씨는 주말 특강 외의 시간에 자주 술에 취해 있는 모습이었다. K씨의 수입이 L씨보다 많아 주로 K씨가 가계 재정을 관리했지만, 높은 생활비와 미래에 대한 경제적 걱정을 자주 표현했다.

3) 평가 및 사례개념화

가계도를 통해 파악한 부부의 원가족 관계에서, K씨는 두 남매 중 장남이었고, 그의 부모는 모두 장남과 장녀였다. 반면, L씨는 외동딸이었으며, 그녀의 어머니는 네 자매 중 장녀였고, 아버지는 외동아들이었다. K씨와 L씨는 각자 자라온 원가족에 대해 비교적 객관적인 태도를 유지했으나 정서적으로나 재정적으로 원가족과 밀접한 관계를 유지하고 있었다. K씨는 아버지가 운영하는 학원에서 주말마다 특강을 맡아 부수입을 올리곤 했다. L씨는 2주에 한 번씩 서울 근교에 사시는 친정 부모님을 찾아뵙고 집안일을 도왔으며, 부모님은 그녀에게 정서적 지원을 아끼지 않았다.

K씨와 L씨 모두 각자의 부모와 정서적 단절 문제는 없었지만, L씨 원가족의 이전 세대에서는 일부 단절이 있었다. 부부 각자와 이들의 부모 사이에는 강한 정서적 삼각관계와 함께 미해결된 정서적 문제가 존재했다. 예를 들어, L씨가 남편의 음주 문제로 K씨와 갈등을 겪을 때마다 L씨의 어머니가 개입하여 딸을 위로할 뿐만 아니라 사위의 음주 문제에 대해 직접적으로 조언하고 개입하곤 했다.

자기분화를 구성하는 융합성과 개별성 간의 균형 측면에서, K씨와 L씨는 관계 지향적이면서도 강한 융합성의 특성을 보여 주었다. 반면, 직장 생활에서는 부부 각자가 자신의 개별성을 잘 나타냈으며, 부부간 갈등 상황에서도 자신의 입장을 비교적 명확히 표현할 수 있었다. K씨와 L씨는 중간 정도의 자기분화 수준을 나타낸다고 보여진다. 자기분화 수준이 낮은 부부는 자신의 원가족에 대한 정보가 부족하거나, 원가족과 단절된 상태에 있을 수 있다.

K씨와 L씨는 중간 수준의 자기분화를 보이는 부부들에게 흔히 드러나는 부부간 의사소통에 대해 걱정을 표명했다. 이들 사이에 의사소통은 이루어지지만, 주로 의견 충돌의 형태로 나타나는 경향이 있었다. 이는 두 가지 양상으로 드러나는데, 한편으로는 잦은 다툼을 통해 지나치게 밀착된 관계를 보이거나, 다른 한편으로는 중요한 문제들에 대해 서로 제대로 대화를 나누지 못하고 거리를 두는 모습을 보인다. 두 경우 모두 건강한 의사소통이 이루어지지 않고 있음을 반영한다.

K씨는 대학 시절부터 알고 지낸 선배 교사와 특별한 관계를 유지하고 있었다. 이 관계는 마치 부모-자식 간의 애착 관계처럼 끈끈한 특성을 보였다. K씨는 이 선배와 술을 마시며 결혼 생활의 문제를 털어놓곤 했다. L씨는 이 두 남자 사이에서 자신이 소외되어 있다고 느끼며 불편해했다. L씨는 때로 타인과의 관계에서 자

신의 정체감을 유지하기 어려워하며, 상대방의 기대에 과도하게 맞추려는 경향이 있었다. 이로 인해 L씨는 우울감을 자주 경험한다. 두 사람 모두 여전히 서로에게 육체적으로 매력을 느끼며, 갈등에도 불구하고 성적으로 문제는 없는 것으로 보인다. 결론적으로, 이 부부는 자기분화 수준이 매우 낮은 부부들만큼 심각한 증상을 보이지는 않지만, K씨의 음주 문제와 L씨의 과도한 개입, 그리고 양가 부모와의 지나치게 밀접한 관계로 인해 높은 수준의 자기분화에는 이르지 못한 것으로 보이며 치료 과정을 통해 자기분화 수준이 더 향상될 필요가 있다.

4) 치료적 초점과 개입

다세대 가족체계 부부치료자는 K씨와 L씨의 부부 관계 역동에서 나타나는 삼각관계에 초점을 맞추어 개입했다. 이는 탈삼각화를 통해 각 개인의 자기분화 수준을 높이고, 결과적으로 부부 관계의 질을 개선하는 것을 목표로 한다. 특히, K씨와 선배 교사와의 끈끈한 관계는 L씨로 하여금 소외감을 느끼게 할 뿐만 아니라 부부 관계에 긴장과 불안을 심화시키기 때문에 치료 회기가 진행되면서 치료자는 K씨와 선배 교사, L씨 간에 나타나는 정서적 삼각관계를 심도 있게 탐색하고, 탈삼각화하도록 도울 수 있다.

부부 코치로서 치료자는 K씨와 L씨 모두에게 이러한 삼각관계가 자신들에게 어떤 영향을 미치는지, 삼각관계에서 자신들이 어떤 역할과 반응을 하는지, 이들의 반응과 행동이 어떻게 지속적으로 부부 관계의 긴장과 불안에 기여하는지 생각해 보도록 격려했다. 그 결과, K씨는 힘든 상황에서 선배 교사에게 의존하는 것이 L씨와의 관계를 오히려 약화시켰음을 알게 되었다. 한편, L씨는 남편의 선배와의 관계에 대해 지나치게 K씨를 비난하는 태도를 보였는데, 이러한 반응이 K씨와 더욱 멀어지게 하고 오히려 남편과 선배와의 관계를 강화시켰다는 것을 이해하기 시작했다.

부부 각자와의 개별 작업에서 K씨는 자신의 선배에 대한 의존성을 탐구하며,

이 관계가 부부 관계에 미치는 영향력을 줄이는 방법을 모색하기 시작했다. 반면, L씨는 남편에 대한 감정적 반응을 조절하는 데 중점을 두었으며, 자신의 소외감이 원가족 경험과 관련이 있음을 인식했다. 구체적으로, L씨는 어린 시절 부모님이 자주 자신을 배제한 채 여러 문제를 논의했을 때의 경험이 현재의 소외감과 연결되어 있음을 발견했다. 시간이 지나면서 K씨와 L씨는 부부 갈등 시 발생하는 감정적 반응을 효과적으로 조절할 수 있게 되었고, 둘 간의 갈등을 일으켰던 정서적 삼각관계의 영향력도 줄일 수 있었다. 그 결과 부부간 의사소통이 개선되었으며, 서로의 차이에 대해 과도한 감정적 반응 없이 건설적으로 대화할 수 있게 되었다.

10. 통합적 관점에서의 평가

IFCT는 원가족 관계가 현재의 부부 관계에 영향을 미치고, 과거의 미해결 과제가 역기능적 부부 관계를 초래한다고 보는 점에서 ORCT와 맥을 같이 한다. 두 모델 모두 과거의 영향력을 강조하지만, IFCT는 체계론을 바탕으로 더 넓은 다세대적 관계 맥락에서 부부를 이해하도록 함으로써, 부부 문제를 바라보는 관점을 확장했다는 장점이 있다. Framo는 Bowen의 다세대적 관점과 대상관계적 관점을 통합하여 부부 집단치료와 원가족 회기라는 새로운 치료 틀을 제시했다. 그는 기존 모델들의 다양한 기법들을 각 치료 틀에 따라 어떻게 통합적으로 적용할 수 있는지 보여주며, 특히 부부 집단치료와 원가족 회기라는 치료적 구조는 통합적 관점에서 부부 문제를 다룰 때 그 활용을 고려해 볼 만한 중요한 요인이 될 수 있다.

---- Chapter 8 ----

MRI 전략적 부부치료

1. 이론적 배경

MRI 모델은 단기 전략적 부부치료(Brief Strategic Couple Therapy) 접근법 중하나의 모형이다. 기본 모형이 미국 팔로 알토(Palo Alto)의 Mental Research Institute에서 개발되었기 때문에 MRI로 이름 붙여졌으며, MRI 전략적 부부치료(MSCT)는 문제 중심의 MRI 접근을 부부 맥락에 적용 및 확장한 모형이다(Fisch, Weakland, & Segal, 1982; Rohrbaugh & Shoham, 2015; Watzlawick, Weakland, & Fisch, 1974; Weakland, Fisch, Watzlawick, & Bodin, 1974). MRI는 1959년 Don Jackson에 의해 설립되었다. 이후 Paul Watzlawick, John Weakland, Richard Fisch 등이 합류하면서 본격적인 치료이론 개발, 가족치료 훈련, 그리고 의사소통 및 정신분열증에 관한 연구가 시작되었다. MRI의 치료 이론은 Bateson Project의 연구와 의사소통 이론(communication theory), 그리고 혁신적인 단기치료 접근법으로 유명한 정신과 의사 Milton Erickson의 방식으로부터 큰 영향을 받았다.

MRI 모델은 문제를 해결하고자 하는 반복된 시도(attempted solutions)가 오히려그 문제를 지속시키거나 악화시킨다는 역설적 과정을 인식하고 이 과정을 중단하도록 돕는 특징이 있다(Fisch et al., 1982; Watzlawick et al., 1974). 문제를 지속 및악화시키는 문제해결 시도의 패턴을 중단시키는 과정에 기반하기 때문에 MRI 기반의 접근법은 상호작용적 관점 혹은 체계론적 관점을 인간 변화의 과정에 실용적으로 구현했다고 볼 수 있다.

MRI 치료는 호소 문제와 사례별 계획에 기반하여 내담자의 문제해결 시도를 방해하고자 의도적, 전략적으로 개입하기 때문에 '전략적 치료'라 불리기도 한다. 그러나 이 명칭은 Jay Haley와 Cloé Madanes가 개발한 '전략적 치료' 모형(Haley, 1987; Keim, 1999)과 혼동될 수 있다. Haley-Madanes의 모형이 MRI 접근과 연관성은 있지만, 관계적 구조와 증상의 보호적 기능을 MRI보다 더 강조한다는 면에서 서로 다른 특징을 가진다. 따라서 이 책에서는 이 두 접근법을 각각 'MRI 전략적 부부치료(MSCT)'와 'Haley 전략적 부부치료(HSCT)'란 명칭으로 서로 다른 장에서 다루기로 한다. 이 두 가지 모형은 '단기 전략적 부부치료'의 틀 안에서 통합적 관점으로 함께 이해해 볼 수 있으며, 이 장에서는 먼저 MRI 전략적 부부치료를 중심으로 다룬다.

2. 기본 관점

MRI 접근에 기반을 둔 전략적 부부치료(이하 MSCT)에서는 부부 기능의 정상 여부를 판단하지 않는다(non-normative view). 즉, 어떤 부부가 더 건강하거나 기능적이고, 또 다른 어떤 부부가 더 병리적이거나 역기능적이란 가정을 하지 않는다. 이는 맥락을 중요시하는 체계론적 관점에서, 특정한 부부 관계 패턴이 어떤 부부에게는 역기능적일 수도, 또 다른 부부에게는 적응적일 수도 있음을 의미한다. 치료자가 중요하게 초점을 두는 건, 부부의 문제해결 시도(attempted solutions)에 기반한 상호작용 패턴이 얼마나 호소 문제를 지속시키거나 악화시키는가 하는 것이다.

치료자는 부부의 호소 문제와 이와 관련한 해결 시도에 주된 관심을 두고 치료를 진행한다. 내담자가 호소한 문제가 중요하기 때문에 누구도 불만을 제기하지 않으면 사실상 문제는 없는 것으로 본다. 부부가 호소하는 문제는, 그 문제의 기원이나 원인과는 상관없이 부부간 상호작용 패턴과 이를 지속시키는 현재 행동에 의해 유지된다. 따라서 문제를 유지시키는 행동이 적절히 변화한다면 문제의 원인이나 지속 기간과는 관계없이 부부의 호소 문제는 사라질 것이라 본다. 이러한 관점은 문제가 어떻게 시작되었는지보다 문제가 어떻게 지속적으로 유지되는지에 관해 치료자가 더 관심을 두고 있음을 보여 준다. 부부 문제가 지속되는 것은 둘 간의 상호작용에 따른 것으로, 이 상호작용 과정에서 한 사람의 행동은 상대방의 반응에 의해 자극되고 결정된다. 더구나, 부부가 문제를 통제하거나 제거 및 해결하려고 지속적으로 시도하는 방식이 오히려 그 문제를 더욱 영속화하는 데 중요한 역할을 한다. 따라서 부부 문제는 한쪽이 바람직하지 않다고 여기는 상대방의 문제 행동과 그 행동을 수정하거나 제거하려는 해결시도 사이의 끊임없는 악순환으로 구성되는 것으로 볼 수 있다(Fisch et al., 1982; Nichols & Davis, 2016; Watzlawick et al., 1974).

예를 들어, 남편이 평소 무슨 생각을 하고 자신에 대해 어떻게 생각하는지, 집 밖에서는 뭘 하는지 등에 대해 잘 얘기하지 않는다고 아내가 느낀다면, 자신이 원하는 정보를 얻기 위해 당연히 남편에게 질문을 하거나 행동을 관찰하고 다양한 방법으로 남편의 행동을 확인하는 문제해결 시도를 할 것이다. 만약 남편이 이러한 아내의 행동이 지나치다고 여긴다면, 아내가 원하는 바와는 다르게 단순한 정보조차 오히려 더 공유하지 않으려고 하면서 문제해결 시도를 하고자 할 것이다. 그러나 남편의 문제해결 시도는 아내를 물러서게 하기는커녕, 오히려 아내의 걱정과 불신을 더욱 부추긴다. 아내는 사소한 정보조차 공유하지 않으려는 남편의 행동이 더욱 의심스러운 것이다. 남편이 정보를 적게 공유하면 할수록 아내는 더 집요하게 정보를 얻으려 하고, 아내가 정보를 얻기 위해 다가갈수록 남편은 정보를 더 공유하지 않으려 하는 부부의 상호작용 패턴에 의해 문제는 계속 지속되는 것이다.

부부 문제가 이렇게 문제해결 시도와 상호작용 패턴에 의해 지속되는 것으로

보기 때문에 치료자는 이러한 문제해결 시도를 확인하고 이를 의도적으로 차단함
으로써 부부간의 악순환 혹은 부정적인 상호작용 패턴을 깨는 방향으로 치료를
진행한다. 부부의 문제해결 시도가 조금이라도 중단될 수 있다면, 선순환 혹은 긍
정적인 상호작용 패턴이 시작될 수 있다. 해결시도의 감소가 문제의 감소로 이어
지고, 이는 다시 해결시도의 감소로 이어지는 상호작용 패턴이 발생하는 것이다.
따라서 MSCT 모델의 관점에서 부부의 변화를 야기하는 핵심적인 요인은 문제를
지속시키는 문제해결 시도를 중단하도록 하는 것이다.

　이러한 중단을 위해서는 먼저, 문제를 유지하거나 악화시키는 문제해결 시도를
정확하게 파악하고, 그 시도 행동을 덜 하면 어떤 상황이 될지 구체적으로 그려보
는 것이 필요하다. 그리고 치료자는 부부 중 적어도 한 사람이 기존에 해 왔던 문
제해결 시도 행동들을 줄이거나 정반대로 하도록 설득하는 개입 전략을 고안해야
한다(Fisch et al., 1982; Rohrbaugh & Shoham, 2015). 개입 전략을 고안할 때, 치료
자가 고려해야 하는 건 부부가 해 왔던 문제해결 시도들을 가급적 피하는 것이다.
기존에 변화를 기대하고 강요했던 방식과는 달리, 치료자는 변화를 서두르지 않
고 각자의 입장을 지지적으로 경청하며 천천히 나아가는 것이 문제 유지 패턴을
깨는 하나의 방법이 될 수 있다. 같은 맥락에서, 건강이나 중독 문제 등 특정한 부
부 문제를 위한 개입에서 병리적 상태의 변화를 기대하는 듯한 '치료'라는 용어를
쓰기보다 '컨설팅'이란 협력의 의미가 내포된 용어를 사용할 수도 있다. 이 용어는
'치료'란 용어보다 부부의 저항을 덜 일으킬 수 있고, 병리적이거나 역기능적인 부
부를 따로 가정하지 않는 MRI 관점을 잘 반영한다.

　MSCT에서는 부부의 문제해결 시도와 상호작용 패턴을 중단시키는 데 전적으
로 초점을 두기 때문에 이러한 중단을 위해 통찰이나 이해가 필요하다고 가정하
지 않는다. 과거 상황은 단지, 어떻게 기존의 문제해결 시도 행동들을 감소할 수
있는지와 관련하여 의미가 있다. 이 접근에서는 다른 치료 모델에서 주로 강조하
는 치료적 동맹, 특정 기술의 습득, 감정의 정화와 같은 치료적 요인들을 강조하
지 않는다.

3. 주요 개념

MSCT의 접근법과 직접적으로 관련이 있는 두 가지 주요 개념을 소개한다(Fisch et al., 1982; Nichols & Davis, 2016; Watzlawick et al., 1974).

1) 변화의 수준

MRI에서는 두 가지 수준의 변화가 있다고 본다. 일차 수준의 변화(first-order change)는 시스템 내에서 일어나는 구체적인 행동의 변화를 의미한다. 이는 시스템의 구조 자체는 그대로 유지한 채 그 안에서의 행동만을 수정하는 것으로, 일반적으로 사람들이 생각하는 논리적이고 상식적인 해결 방식이다. 예를 들어, 지하철에서 짜증내는 아이에게 뽀로로 동영상을 보여 주는 것과 같은 접근이 이에 해당한다. 그러나 MRI 관점에서 이러한 변화는 종종 문제를 일시적으로 해결하는 데 그치거나, 때로는 문제를 더 악화시킬 수 있다.

반면, 이차 수준의 변화(second-order change)는 시스템 자체의 변화, 즉 패턴이나 구조의 근본적인 변화를 의미한다. 이는 문제가 발생하는 맥락이나 구조, 패턴 자체에 영향을 주는 것으로, MRI에서 더 효과적인 변화로 간주된다. 예를 들어, '타요 버스'와 같이 지하철 자체를 아이들에게 더 친화적인 환경으로 변화시키는 것과 같은 접근이 이차 수준의 변화라고 할 수 있다. 이는 단순히 개별 상황에 대응하는 것이 아니라, 문제가 발생하는 전체적인 맥락을 재구성하는 것이다. MRI는 이러한 이차 수준의 변화를 통해 더 지속적이고 효과적인 문제해결이 가능하다고 본다.

2) 문제해결 시도

문제해결 시도(attempted solutions)는 부부가 문제를 해결하기 위해 반복적으로 시도하는 구체적인 행동들을 의미한다. 부부의 문제는 그것을 해결하려는 부적절한 시도에 의해 오히려 유지되거나 악화된다. 이러한 부적절한 문제해결 시도는 결과적으로 문제를 지속시키는 순환적 상호작용 패턴을 형성한다. 따라서 MRI 기반의 접근에서는 이러한 부적절한 문제해결 노력을 인식하고, 이를 중단시키기 위해 기존과는 전혀 다른 새로운 행동을 시도하도록 유도한다. 이러한 새로운 행동 시도는 기존의 부정적인 상호작용 패턴을 깨뜨리고, 문제가 발생하는 기존의 맥락 자체를 재구성함으로써 긍정적인 변화를 촉진하고 호소 문제의 해결로 이어지게 한다. 문제해결 시도 개념은 문제를 유지시키는 행동적 악순환을 이해하고, 효과적인 문제해결을 이끌어 내는 데 핵심적인 역할을 한다.

MRI 관점에서 문제해결 시도가 어떻게 문제를 더 유지하고 악화시키는지에 대해 다음과 같은 요인들을 통해 설명할 수 있다(Fisch et al., 1982; Watzlawick et al., 1974).

- 문제를 부인하는 해결 시도: 실제로 존재하는 문제를 해결해야 함에도 불구하고 문제가 있다는 사실을 인정하지 않는 것은 고통을 회피하려는 일종의 '부인(denial)' 형태의 문제해결 시도로 볼 수 있다. 그러나 이러한 부인은 문제에 대한 적절한 대응을 방해하여 결과적으로 문제를 더욱 지속시키고 악화시킨다.
- 문제가 아닌 것을 해결하려는 시도: 이는 실제로 문제가 아닌 상황에 대해 불필요한 개입을 하는 경우를 의미한다. 정상적인 발달 과정에서 나타나는 자연스러운 변화를 문제로 인식하고 해결하려는 시도가 여기에 해당한다. 모든 시스템에는 고유한 자연적인 흐름이 있고, 스스로 치유하는 자기 교정(self-corrective) 기능이 있는데, 이를 무시하면서 있는 그대로 놔두지 않고 과

도하게 개입하는 문제해결 시도는 오히려 새로운 문제를 발생시키거나 기존
의 상황을 악화시킬 수 있다.

• 문제에 대한 과장된 인식 강화: 과도한 문제해결 시도는 오히려 문제의 존재
감을 더 강화시킨다. 즉, 문제에 대해 지나치게 의식하게 되고, 점차 문제를
자신보다 더 강력한 존재로 인식하게 된다. 결과적으로 개인은 문제에 압도
되어 효과적인 대처 능력을 상실하게 된다. 이는 원래의 문제를 더욱 고착화
시키고 악화시키는 결과를 초래한다(Fisch et al., 1982, p.135).

• 부적절한 변화 수준의 해결 시도: 2차 수준의 변화(시스템의 구조적 변화)가
필요한 상황에서 1차 수준의 변화(증상 중심의 변화)만을 시도하는 경우, 근본
적인 해결이 이루어지지 않는다. 즉, 시스템의 전반적인 구조나 상호작용 패
턴의 변화 없이 당면한 문제만 다루려는 해결 시도로 인해 결과적으로 문제
의 재발이나 악화를 초래할 수 있다. 이러한 부적절한 수준의 변화 시도는 문
제의 지속과 심화에 기여하게 된다.

4. 평가와 사례개념화

MRI 전략적 부부치료에서 평가의 주요 목표는 첫째, 부부의 호소 문제를 해결
가능한 문제로 정의하고, 둘째, 부부 문제를 지속시키는 문제해결 시도의 패턴을
파악하는 것으로, 이 두 가지는 개입의 방향을 제시한다. 세 번째 목표는 부부 각
자가 사용하는 고유한 언어와 함께 문제와 자기 자신, 서로에 대한 관점을 파악하
는 것으로, 이는 이후에 부부가 수용할 수 있는 방식으로 개입 전략을 제안하는 과
정에서 중요하다(Rohrbaugh & Shoham, 2015; Weakland et al., 1974).

첫째 목표와 관련하여 치료자는 호소 내용을 부부 중 누가 문제로 보는지, 그리
고 왜 지금 이것이 문제인지를 파악하고, 호소 문제를 매우 구체적이고 행동적인
차원의 문제로 정의할 필요가 있다. "만약 부부가 호소하는 문제를 동영상으로 볼

수 있다면, 무엇을 볼 수 있을까?"란 질문에 대해 구체적으로 답할 수 있을 정도로 세부적인 사항을 파악한다. 그 다음 치료자는 "(부부 모두 혹은 각자에게) 어떤 행동이 전과 달라지면, 이 문제가 좋아지고 있다고 느끼실 수 있을까요?"와 같은 질문을 통해 부부가 변화의 목표로 받아들일 수 있는 것에 대해 명확하고 행동적인 이해를 얻고자 노력한다.

다음 단계에서 치료자는 호소 문제와 가장 밀접하게 연관된 행동들에 대해 구체적으로 평가하는데, 이는 둘째 목표와 관련되어 있다. 즉, (부부 모두 혹은 각자가, 또는 문제에 관여된 다른 사람들이) 문제를 다루기 위해 무엇을 하는지, 이를 예방하거나 해결하려고 어떤 노력이나 시도를 하는지, 그리고 이러한 문제해결 시도 이후에 어떤 결과가 나타나는지에 관해 질문한다. 이 단계에서 문제를 지속시키는 문제해결 시도의 패턴이 나타나며, 특히 개입의 초점이 될 구체적인 문제해결 시도의 행동들이 드러나게 된다. 그러면 치료자는 누가, 어떤 상황에서, 어떤 행동을 하면 문제를 유지시키는 문제해결 시도를 180도 뒤집을 수 있을지 구체적으로 그려볼 수 있다. 180도 뒤집기 위한 대안 행동을 처방하는 것도 중요하지만, 무엇보다 치료자는 기존에 해 왔던 문제해결 시도를 먼저 중단시켜야 한다. 문제해결 시도의 패턴을 파악하는 것은, 치료자가 치료 과정에서 어떤 태도나 제안을 피해야 하는지 파악하는 데 도움이 되기도 한다. 예를 들어, 아내가 남편에게 음주나 게임을 하지 않도록 지속적으로 강하게 요구해 왔다면, 치료자는 아내와 유사한 방식으로 남편이 변화하도록 직접적으로 요구하지 않을 것이다. 이는 남편의 문제 행동을 유지시키는 문제해결 시도를 영속화하지 않기 위한 것이다.

문제를 유지시키는 문제해결 시도들 중에서도 현재 진행형인 시도들이 중요하다. 이는 부부 중 한쪽이나 양쪽이 호소 문제에 대해 현재 계속해서 시도하고 있는 행동들을 의미한다. 그러나 치료자는 과거에 시도했다가 버린 문제해결 시도들도 평가할 필요가 있다. 과거에 어떤 시도들이 효과가 있었는지, 그리고 다시 효과가 있을 수 있을지에 관해 알 수 있기 때문이다. 앞서 제시한 부부의 예에서, 과거에 남편의 문제를 다루기 위한 아내의 시도는 현재와는 달랐을 수 있다. 지금처럼 강하게 요구하는 대신, 자신의 일과 외부 활동에 몰두하면서 오히려 거리를 두고 상황을 지켜보는 간접적인 대처 방식을 선택했을 수 있는 것이다. 이 예에서처럼 문제해결 시도 패턴은 문제에 대해 행동을 직접적으로 취하는 패턴뿐만 아니라 무대응이나 소극적인 대처를 포함하는 패턴으로도 나타날 수 있다. 특히 건강이나 중독 문제와 관련한 부부들 사이에 후자의 패턴이 자주 나타나는 경향이 있다. 이 경우에 부부 중 한쪽이 보호적인 태도로 몸이 아프거나 중독 행동을 보이는 배우자를 불편하게 하지 않으려고 노력하지만, 이러한 시도가 때로 의도치 않게 더 큰 고통을 야기할 수 있다. 모든 상황에 일률적으로 기능적 혹은 역기능적인 문제해결 시도는 없기 때문에 어떤 부부에게 효과가 있는 해결 시도가 다른 부부에게는 오히려 문제를 악화시키는 요인이 될 수 있음을 치료자가 고려해야 한다.

　세 번째 평가 목표와 관련하여 치료자는 부부 각자의 고유한 관점을 파악할 필요가 있다. 이는 이후 개입 단계에서 치료자의 제안을 부부가 받아들일 수 있는 방식으로 구성하는 과정에서 매우 중요하다. 이를 위해 치료자는 내담자가 표현하는 것에 주의 깊게 귀 기울일 필요가 있다. 부부가 어느 정도 고객형 내담자에 가까운지, 즉 치료 과정에 협조할 준비와 변화에 대한 동기 수준을 파악하는 것도 중요한데 이를 위해 치료자는 다음과 같은 질문을 할 수 있다. "누구의 제안으로 여기 오시게 되었나요?(둘 중 누가? 혹은 두 명 모두?)" "왜 지금 오게 되셨나요?" "치료가 도움이 될 거라고 보시는 분은 두 분 중 누구라고 생각하시나요?" "과거에는 어떻게 도움을 구해 보려 하셨나요? 이 문제와 관련하여 상담이나 치료를 받아 보신 적이 있나요?" 마지막 질문과 관련하여 치료자는 어떤 면에서 도움이 되거나 되지 않았는지, 도움을 준 사람이 문제를 어떻게 보았는지, 치료가 어떻게 끝났는지에 관해 질문할 수 있다.

5. 치료적 초점과 목표

MRI 전략적 부부치료의 목표는 부부가 호소하는 구체적인 문제를 효율적으로 해결하여, 그들이 일상생활을 더 잘 영위할 수 있도록 돕는 데 있다. 단기적이고 구체적인 문제해결에 초점을 두며, 증상 행동을 제거하거나 완화하는 것을 주요 목표로 삼는다. 치료 과정은 부부가 요청한 문제를 중심으로 진행되며, 그 문제를 해결하면 치료자의 역할도 종료된다. 치료자는 부부가 도움을 필요로 하지 않는 문제에 대해 개입하지 않으며, 불필요한 개입을 피하는 것이 원칙이다.

MSCT의 핵심은 부부가 문제해결을 위해 반복적으로 시도했던 문제해결 시도를 파악하고, 이러한 문제해결 시도를 중단하거나 180도 다른 방향의 전략적 개입을 설계 및 적용하는 것이다. 이러한 개입은 기존의 문제해결 시도를 변화시켜 문제를 지속시키는 방식으로 작용해 왔던 이전의 역기능적 상호작용 패턴을 더 기능적인 방식으로 전환하는 것을 목표로 하는 것이다. MRI 접근법은 부부가 이미 시도해 왔던 해결 방식이 문제를 지속시키고 있다면, 그 시도를 멈추거나 완전히 다른 접근법을 제안해 실질적인 변화를 촉진한다. 부부에게 새로운 문제해결 기술이나 의사소통 기술을 가르치는 대신, 현재의 문제를 직접적이고 효율적으로 다루는 데 집중하며, 부부의 관점과 언어를 존중해 맞춤형 개입을 설계한다. 치료자는 부부의 준비성과 변화에 대한 동기 수준을 평가해, 그들이 수용할 수 있는 방식으로 개입 전략을 적용한다.

6. 치료 과정과 구조

MRI 전략적 부부치료는 부부 갈등을 다루는 과정에서 개입의 초점을 관계 자체에 두는 경우에도 부부 각자를 개별적으로 만나는 방식을 자주 활용한다. 치료 과정은 다음의 단계들로 이루어지며, 문제를 유지하는 패턴을 중단하고 새로운 패턴을 촉진하기 위한 과정으로 설계되어 있다(Fisch et al., 1982; Nichols & Davis, 2016; Weakland et al., 1974).

(1) 치료 과정 소개: 치료자는 첫 회기에 부부에게 치료 과정에 대해 명확히 설명한다. 여기에는 치료의 목표, 예상되는 치료 횟수와 기간, 비밀보장의 범위 등이 포함된다. 치료 과정을 명확히 소개함으로써 부부는 치료의 전반적인 구조와 기대할 수 있는 결과를 이해하게 된다.

(2) 문제 정의: 부부가 제기하는 호소 문제를 객관적이고 행동적인 언어로 구체화한다. 이 단계에서는 부부가 문제 상황에서 가장 작은 긍정적인 변화를 어떻게 인식하는지를 탐색한다. 예를 들어, "상황이 개선되어 중요한 변화가 일어났다고 가정한다면, 그것을 알아차릴 수 있는 첫 번째 작은 신호는 무엇일까요?"와 같은 질문을 통해 부부가 변화의 징후를 구체적으로 상상하고 표현할 수 있도록 촉진한다.

(3) 문제해결 시도 평가: 부부가 지금까지 문제를 해결하기 위해 시도한 행동과 그 효과를 평가한다. 이 과정에서 치료자는 부부가 이미 시도했지만 효과적이지 않았던 해결책을 확인하고, 이러한 시도가 어떻게 문제를 지속시키는 패턴으로 작용했는지 평가한다. 이 단계는 문제를 심화시키는 상호작용 패턴을 이해하는 데 중점을 둔다.

(4) 치료 목표 설정: 앞에서 정의된 문제와 문제해결 시도를 바탕으로 부부와 함께 구체적이고 행동적인 치료 목표를 설정한다. 이러한 목표를 통해 변화의 방향을 명확히 제시한다.

(5) 행동적 개입의 선택과 실행: 기존의 문제해결 시도와는 전혀 다른, 180도 다른 행동적 개입을 설계하고 실행하도록 촉진한다. MRI 모델에서는 미니멀리즘 원칙을 적용하여, 작은 변화가 커다란 치료적 연쇄효과를 가져올 수 있다는 가정하에 전략을 고안한다. 치료자는 부부가 효과적으로 변화할 수

있도록 작고 실질적인 행동 개입을 제안하며, 이러한 개입이 상호작용 패턴을 어떻게 변화시킬지를 관찰한다.

(6) 종결: 치료의 마지막 단계에서는 부부가 경험한 변화를 평가하고, 이러한 변화를 지속하기 위한 재발 방지 전략을 수립한다. 또한 필요한 경우 추후 관리 계획을 마련하여 부부가 치료 이후에도 기능적인 상호작용 패턴을 유지할 수 있도록 돕는다.

7. 치료자 역할

MSCT 치료자의 핵심적 역할은 부부 중 최소한 한 명이 문제를 지속시키는 기존의 해결 시도를 덜 하도록 돕는 것이다. 이러한 역할은 부부의 정서적 문제를 해결하도록 돕거나 부부 양쪽 모두와 작업하지 않아도 수행이 가능하며, 문제에 관해 가장 걱정하는 부부체계의 구성원과 함께 치료를 진행할 수 있다. 특히 MSCT 치료자는 치료 과정에서 통제력을 유지하면서 치료적 영향력을 행사할 수 있는 가능성을 최대화하는 데 관심이 있다. 치료적 영향력을 최대화하기 위해 치료자는 내담자가 해야 할 일에 대해 확고한 입장을 취하거나 권위적인 처방을 제공하는 전문가 역할을 맡는 것을 피한다. 이는 내담자가 치료자로부터 요청받은 것을 하지 않더라도 다른 대안 전략들을 여전히 사용할 수 있도록 유연한 공간을 두고자 하는 것이다(Fisch et al., 1982).

따라서 치료자는 한 단계 낮은 겸손한 태도(one-down position)로 부부에게 접근할 필요가 있다. MRI의 공동 창립자인 John Weakland의 실제 상담 장면을 보면, 보는 사람이 조금 답답할 정도로 목소리가 작고 느릿느릿 진행하는 모습에서 이러한 겸손하고도 부드러운 태도가 잘 드러난다. 부부치료 초기, 치료자는 겸손하면서도 호기심 어린 태도를 가지고 부부의 호소 문제와 관련한 연쇄적인 행동들의 패턴을 추적해 나갈 수 있다. 예를 들어, 치료자는 "제가 이해가 좀 느린 것 같은데, 아내분이 그렇게 목소리를 높이면서 얘기하실 때, 남편분이 어떻게 반응하시는지 다시 한번 설명해 주시겠어요?"와 같이 접근할 수 있다. 또한 내담자가 이전과 똑같은 해결 시도를 덜 하도록 촉진하고자 할 때, 치료자는 "이렇게 해 보는 게 큰 차이를 만들어 낼지는 잘 모르겠지만, 이번 주에 한두 번 시도해 보실 수 있다면 적어도 우리가 이 문제를 다루는 과정에서 어떤 상황에 처해 있는지 알 수 있을 거예요"라며 부드럽게 제안할 수도 있다. 치료자가 한 단계 낮은 겸손한 태도를 취함으로써 내담자의 협력을 촉진할 수 있고, 지나치게 직접적이거나 처방적인 개입이 흔히 가져올 수 있는 역효과를 피할 수 있다.

공감적이면서 절제하는 태도 역시 기법 적용시 필요한 치료자의 태도이다. 치료자는 내담자의 감정을 이해하면서도 급하지 않고 조심스럽게 변화의 과정을 기다리며 절제하는 태도가 필요하다. 이는 변화에 대한 내담자의 불안이나 저항을 중화시키는 데 도움을 준다. 내담자의 변화가 시작되면, 치료자는 지속적으로 부드러운 절제의 태도를 유지함으로써 내담자의 변화 속도를 존중하고, 내담자가 감당하기 어려운 수준의 변화를 강요하지 않을 수 있다. 따라서 내담자가 뚜렷한 진전을 보일 때, 치료자는 내담자의 성과를 인정하고 칭찬하면서도, 동시에 성급한 자축을 경계하고 천천히 나아가는 것(go slow)이 현명한 방법일 수 있음을 제안할 수 있다. 마찬가지로, 내담자가 치료자의 제안을 따르지 않을 때에도 치료자는 부드러운 절제의 태도를 유지하면서 "제가 좀 성급하게 제안한 것 같네요"라며 자신에게 책임을 돌리고 대안적 방법을 모색할 수 있다. MRI 기반의 접근을 효과적으로 적용하기 위해서는 치료자가 내담자의 고유한 언어, 은유적 표현, 세계관에 매우 세심한 주의를 기울여야 한다. 또한 내담자와의 효과적인 소통을 위해 상당한 수준의 공감 능력이 요구된다.

8. 치료적 개입

MRI 관점에 기반을 두기 때문에 기술적으로 매우 간결한 특성이 있어서 복잡한 기법을 최소화하고 필요한 핵심 요소만을 통해 문제에 접근한다(Fisch et al., 1982; Rohrbaugh & Shoham, 2015; Weakland et al., 1974). 먼저, 부부가 기존의 문제해결 시도 행동을 덜 하거나 그와는 정반대로 하도록 설득하기 위해서 치료자는 개입 전략을 고안하고 이를 제안할 때, 부부가 사용하는 고유한 언어, 은유적 표현과 함께 이들의 세계관, 특히 이들이 자신을 바라보고 싶어하는 방식과 일치하는 용어를 사용하는 것이 중요하다.

예를 들어, 아내가 "남편이 소통을 잘 하지 않고 감정 표현이 부족하다"고 호소할 때, 치료자는 이 관점을 주의 깊게 듣고 이를 다른 시각으로 재구성(reframing)할 수 있다. 즉, '남편이 방어적인 태도를 보이는 것은 자신의 감정을 드러내는 것이 두렵고 불안하기 때문'이라는 새로운 설명을 제시할 수 있다. 이러한 재구성은 아내가 남편의 행동을 다르게 이해하고 대응할 수 있는 기회를 제공한다. 특히 아내가 자신을 배려하는 사람으로 여기고 싶어한다면, '불안하고 두려운 남편을 이해하고 돕는 방식'으로 접근하는 것이 아내의 자아상과도 잘 부합하게 된다.

또한 이 예에서 남편의 태도를 방어에서 취약성으로 재정의한 것과 같이 부부 구성원의 행동을 새롭게 재정의함으로써 문제해결 시도로 인한 상호작용 패턴을 깨는 데 간접적으로 영향줄 수 있다. 이는 문제해결 시도 패턴을 직접적으로 중단시키는 개입 전략을 제안하지 않으면서도 상황을 재정의하거나 새로운 관점을 제시하여 내담자로 하여금 기존의 행동을 계속하기 어렵게 만들 수 있다. 예를 들어, 남편의 행동을 반드시 고쳐야 할 것으로 보고 지속적으로 지적하고 잔소리하는 아내에게, 치료자는 아내의 행동은 오히려 남편으로 하여금 아내를 비난할 구실을 만들어서 결과적으로 죄책감 없이 자신의 행동을 정당화하고, 해 오던대로 계속 행동할 구실을 주는 것 같다고 아내의 행동을 재정의할 수 있다. 아내의 '문제해결을 위한 시도'로서의 기존 행동은 의도치 않게 오히려 '문제를 유지시키는 행동'으로 재정의된 것이다. MSCT의 치료적 개입은 사례의 특성에 따라 문제해결 시도 및 패턴을 차단하기 위해 고안된 맞춤형 개입과 대부분의 사례에 적용 가능한 일반적 개입, 두 가지 유형으로 구분된다.

1) 일반적 개입

일반적 개입 전략들은 광범위한 문제에 대해 적용이 가능할 뿐 아니라 치료의 모든 과정에서 변화를 촉진하는 이점이 있다. 일반적 개입 전략에는 '천천히 가기 (go slow)' '진전의 위험성에 대해 경고하기' 'U턴하기' '문제를 악화시키는 방법에 대한 지시주기'(Fisch et al., 1982) 등이 포함된다. 이들은 치료적인 제한을 설정하는 전략을 다양하게 응용한 것이다. 가장 대표적인 전략은 '천천히 가기'로, 치료자는 내담자에게 "변화가 갑자기 일어나는 것보다는 천천히, 단계적으로 조금씩 일어나면 갑작스러운 변화보다 더 견고한 변화를 만들어 낼 수 있습니다"라고, 명칭대로 내담자가 '천천히 가도록' 합당한 근거와 함께 설명하는 것이다. 이 전략은 내담자의 문제해결 노력을 부추기는 변화에 대한 강한 기대와 집착, 압박감으로부터 공간을 두게 하고 이를 완화시켜서 실질적인 변화가 시작될 수 있도록 준비시킬 수 있다. 또한 변화 속도가 기대 수준보다 낮을 때에도 실망하지 않고 치료자의 치료적 제안에 잘 협조하도록 돕고, 변화가 시작된 후에는 이를 더욱 공고화하는 데 유용하다.

2) 맞춤형 개입

맞춤형 개입은 문제해결 시도에 따른 악순환을 차단하기 위해 고안되었는데, MSCT에서는 주로 부부간 요구-철회와 같은 보완적 패턴을 중단시키는 데 주로 초점을 둔다. 부부간의 보완적 상호작용 패턴에는 여러 가지 유형이 있는데, 예를 들어 부부 중 한쪽이 어떤 문제에 대해 상대방과 논의하고자 하면 다른 쪽은 논의를 회피하거나 한쪽이 상대방의 행동을 비판하면 다른 쪽은 자신의 행동을 방어하거나 한쪽이 상대방의 변화를 요구하면 다른 쪽은 문을 닫아버리고 반응을 거부할 수 있다. 이러한 부부의 상호작용 패턴들은 문제를 유지 및 악화하는 문제해결 시도의 역설적이고 순환적인 특성을 잘 보여 준다. 즉, 더 많은 요구가 더 많은 철회로 이어지고, 더 많은 철회는 다시 더 많은 요구로 이어지는 순환적인 특성과 함께, 행동하면 할수록 상황은 더 악화되는 역설적인 특성을 보여 주는 것이다.

요구-철회 상호작용 패턴에서 요구하는 쪽이 변화를 위해 부부치료를 요청한 주고객인 경우, 개입은 그 사람이 기존의 문제해결 시도를 덜 하도록 돕는 데 초점을 둔다. 이 패턴에서 요구하는 배우자는 훈계나 설득, 논쟁 등의 해결 시도를 통해 상대방의 변화를 요구할 수 있다. 이러한 해결 시도를 줄이기 위해서는, 요구하는 쪽이 철회하는 쪽에 대해 직접적으로 영향을 미치려는 노력을 중단하도록 도와야 한다. 예를 들어, 무력감을 표현하거나 상대방보다 한 단계 낮춰 겸손하고 비주장적인 자세를 취하도록 하거나 상대방의 행동이나 현재 부부가 처한 상황에 대한 관찰 과제를 수행하도록 할 수 있다. 이러한 제안을 할 때, 치료자는 내담자가 기꺼이 받아들일 수 있는 근거를 바탕으로 제안을 구체적으로 구성할 필요가 있다. 예를 들어, 요구하는 쪽이 자신의 종교를 매우 신실하게 믿는 사람이라면, 상대방을 훈계하는 대신 조용히 상대방을 위해 기도나 수행하라는 제안을 받아들일 수 있을 것이다.

상대방의 문제 행동을 보는 관점을 변화시킴으로써 문제해결 시도의 패턴에 영향을 줄 수도 있다. 부부 중 한쪽이 상대방의 행동을 고집스러움으로 보고 이를 변화시키고자 요구하는 식의 문제해결 시도를 반복해 온 경우, 이러한 고집스러운 행동이 실제로는 상대방의 자존심에 기인한 행동인 것으로 재구성해 볼 수 있다. 보통 자존심 강한 사람들은 다른 사람들로부터 압박감을 느끼지 않으면서 스스로 일을 발견하고 수행해야 하는 특성이 있기 때문에 오히려 주위에서 압박감을 주는 것을 자제하거나 제한하는 것이 도움이 될 수 있다. 이러한 상대방 행동

의 재구성은 기존의 문제해결 시도를 중단시킬 수 있는 근거를 제공하며, 요구하
는 쪽이 이 근거에 기반한 제안을 따른다면 고집스러운 행동에 대한 그간의 해결
시도를 효과적으로 중단하게 될 것이다.

요구-철회 패턴은 한쪽이 대화를 시도하면서 상대방이 마음을 열고 표현해 주
기를 바라는 반면, 다른 쪽은 이를 회피하는 형태로 나타나기도 한다. 예를 들어,
요구하는 쪽의 아내는 남편이 직장에서 우울하고 비참한 표정으로 집으로 돌아올
때마다 제발 자신에 대한 감정을 표현해 보라고 반복적으로 재촉할 수 있다. 아
내의 요구에 대해 남편이 회피하면서 괴로운 표정으로 침묵하면, 아내는 이전보
다 더 강하게 남편의 표현을 요구하고, 반복된 아내의 요구에 남편은 화를 내기 시
작하면서 둘 간의 악순환은 더 심화될 수 있다. 아내 입장에서는 남편이 직장에서
돌아와 자신에게 감정을 털어놓다보면 우울과 비참한 감정을 극복하는 데 도움이
될 거라는 생각에 나름의 문제해결 시도를 해 왔던 것이다. 이 경우, 치료자는 역
설적 처방 혹은 증상 처방을 통해 문제로 여겨지는 행동을 의도적으로 수행하도
록 함으로써 부부의 상호작용 패턴을 변화시키도록 도울 수 있다. 예를 들어, 남
편은 다음 주에 집에 돌아와서 식탁에 앉아 비참해 보이는 척을 하고, 아내는 남편
의 이 모습을 보면 부엌에서 따뜻한 차를 준비해서 걱정스러운 표정으로 조용히
남편에게 대접하도록 하는 과제를 제안할 수 있다. 이러한 역설적 처방은 아내의
요구적인 해결 시도를 차단할 뿐만 아니라, 과제 수행 동안 진지한 표정을 유지해
야 하는 부부로 하여금 유머를 유발함으로써 관계의 무거움과 심각함 또한 중단
시킬 수 있는 이점이 있다.

부부 중 한쪽은 상대방을 지속적으로 비판하고 다른 쪽은 방어하는 패턴을 보
일 경우, 치료적 개입은 한쪽이나 양쪽 모두를 대상으로 할 수 있다. 한 가지 개입
전략은 비판하는 쪽으로 하여금 자신이 비판하던 상대방의 행동에 대해 직접적인
언급이나 비판없이 단순히 관찰만 하도록 제안하는 근거를 개발하는 것이다. 또
다른 전략은 방어하는 쪽이 방어 행동 이외의 다른 행동을 하도록 제안하는 것으
로, 예를 들어 단순히 상대방의 비판에 동의하거나 비판을 심각하게 받아들이지

않음으로써 더 유연하고 가벼운 태도를 가지도록 유도해서 부부의 문제유지 패턴을 깨는 데 영향을 줄 수 있다. "당신 말이 맞는 것 같아요. 이 문제를 내가 부모님에게서 물려받았는지, 우리 아이들에게서 물려받았는지 모르겠어요"라고 하면서 상황을 심각하게 받아들이지 않고 다소 우스꽝스럽게 만들어 보는 걸 시도해 보게 하는 것이다.

이러한 새로운 행동을 시도하도록 돕기 위해 치료자는 방어하는 쪽에 다음과 같은 근거를 제시할 수 있다. "지금까지의 방어적인 반응이 상황을 개선시키지 못했음을 보셨을 겁니다. 새로운 접근 방식을 한번 시도해 보는 것은 어떨까요? 이것을 일종의 실험이라고 생각해 보시고, 단 한 번만 다르게 반응해 보고 그 결과를 함께 얘기해 봅시다. 배우자의 비판을 심각하게 받아들이지 않고 가볍게, 유머러스하게 받아들이는 것은 여러 가지 이점이 있는데요, 그 비판에 휘둘리지 않고 상황을 주도할 수 있고, 방어하느라 소모하던 에너지를 마음이 더 가벼워지는 데 쓸 수 있게 되는 등의 이점이 있습니다. 다음 한 주간 상대방의 비판을 심각하고 무겁게 받아들이는 대신 가볍고 유머스럽게 반응할 수 있는 방법을 고안해서 시도해 보시고, 다음 회기에 이에 관해 같이 얘기해 봅시다" 이러한 식으로 개입의 근거를 제시하면서, 내담자의 반응을 관찰하고 필요에 따라 접근 방식을 조정할 수 있다.

상호작용 패턴을 차단하는 또 다른 방법은 MRI에서 '교란(jamming)'(Fisch et al., 1982)이라 부르는 개입 전략을 적용하는 것이다. 부부 중 한쪽은 상대방의 거짓말이나 불륜 등에 대해 지속적으로 비난하고, 비난받는 쪽은 이를 반복적으로 부인할 때, 이는 다시 비난하는 쪽의 의심을 더 증폭시켜서 더 많은 비난과 부인으로 이어질 수 있다. 교란 개입은 양쪽 모두가 각각 비난과 부인을 덜 하도록 촉진하는 것을 목표로 한다. 부부와의 합동 회기에서 치료자는 먼저 이 상황에서 누가 더 잘하고 잘못했는지 판단할 수는 없다고 밝힌 후, 비난받는 쪽으로 하여금 자신의 비난받는 행동과 그 반대되는 행동을 의도적으로 번갈아 연출하도록 요청한다.

　예를 들어, 배우자 이외의 사람들에게 호감과 매력을 많이 느끼는 것 같다는 비난을 지속적으로 받는 경우, 치료자는 비난받는 사람에게 의도적으로 상반된 행동을 번갈아 하도록 지시한다. 즉, 어떤 때는 시선 처리, 신체 언어, 표정, 옷차림 등에서 다른 사람들에게 호감과 매력을 많이 느끼는 듯한 행동을 하고, 또 다른 때는 전혀 그렇지 않은 행동을 하도록 한다. 이후 행동한 것(혹은 관찰한 것)을 양쪽 모두가 구체적으로 기록하게 하고, 다음 공동 회기에서 함께 나눠보도록 한다. 다음 회기를 시작하기 전까지 이 실험 결과에 대해 부부가 서로 논의하거나 기록한 것을 서로 비교하지 않도록 한다. 이 기법을 통해, 비난하는 사람은 비난받는 사람이 실제로 무엇을 하고 있는지에 관해 객관적이고도 새로운 인식을 가질 수 있도록 돕고, 기존의 고정된 인식을 바탕으로 반복해 온 상호작용 패턴을 교란 및 방해함으로써 비난자의 역할과 방어자의 역할에서 각자 벗어나도록 돕는다.

　문제 패턴은 때로 역설적 의사소통 형태의 특징을 보인다. 이는 상대방의 자발적인 행동을 원하면서도 직접적인 요구는 하지 않는 것이다. Fisch 등(1982)은 이러한 유형의 의사소통을 '자발적 순응의 추구'라 부르기도 했다. 예를 들어, 남편은 아내가 자신의 요구를 무시한다고 불평하면서도, 직접적인 요구를 표현하지 않고도 아내가 알아서 행동해 주기를 바란다. 남편은 자신이 직접적으로 요청해서 아내가 행동하게 한다면, 그것은 아내가 자발적으로 진정 원해서 한 것이 아니라고 생각하기 때문에 직접 요구하지 않는 것이다. 이러한 상황에 대한 개입 전략은 무언가를 원하는 사람이 다소 억지스럽게 느껴질지라도 직접적으로 요청하게 하는 것이다. 이때, 치료자는 그의 간접적인 소통 방식이 의도치 않게 상대방에게 오히려 해로운 영향을 미칠 수 있다고 재구성할 수 있다. 만약 그 사람이 상대방을 배려하는 모습을 보이고 싶어한다면, 이러한 욕구를 재구성에 효과적으로 활용할 수 있다. 예를 들어, 치료자는 '남편이 아내에게 요구하기를 꺼리는 태도는, 남편으로서 적극적이고 주도적인 리더십을 발휘해 주길 원하는 아내가 당신에게서 필요로 하는 것을 의도치않게 빼앗는 행위'로 재구성할 수 있다.

　문제를 유지시키는 상호보완적 관계에서 한쪽은 지배적이고 다른 쪽은 순종적인 부부 관계 패턴을 흔히 볼 수 있다. 이러한 상황에서는 순종적인 쪽에서 단호한 자기주장적인 행동을 취하도록 함으로써 전과 동일한 해결 시도를 줄이고 기존의 문제 패턴이 방해되도록 도울 수 있다. 상호보완적 패턴에 비해 흔하진 않지만, 문제를 유지시키는 대칭적 관계 패턴의 경우 비교적 더 다양한 개입이 가능하다. 이는 변화에 대한 동기나 의지를 부부 양쪽이 균형 있게 모두 가지고 있기 때문이다. 대칭적으로 논쟁이 격화되는 경우, 부부 중 한쪽이 상대방보다 한 단계 낮춘 겸손하고 협력적인 태도를 취하게 하거나 역설적인 방식으로 논쟁 자체를 처방하는 개입 전략을 적용할 수 있다. 역설적 개입의 목적은 논쟁이라는 문제 행동을 새로운 맥락에서 재구성함으로써 그 행동의 의미와 결과를 변화시키고자 하는 것이다.

이러한 대칭적 부부 관계에서 문제를 유지하는 패턴은 '대화를 통해서' 문제가 가장 잘 해결될 수 있다는 강한 신념으로부터 나올 수 있다. 어떤 부부들은 자신들의 관계 문제에 관해 단순히 대화하려고 반복적으로 시도함으로써 그 어려움을 오히려 지속시키게 된다. 관계 문제를 해결하고자 시도한 부부의 대화는 보통 감정적으로 격화된 논쟁으로 악화된다. 따라서 치료자는 이들 부부가 대화의 필요성을 느낄 때, 오히려 대화라는 기존의 문제해결 시도와 전혀 다른 것을 시도해 볼 수 있도록 개입할 수 있다.

9. 사례 적용

1) 기본 정보

P씨(32세, 여)는 대기업 마케팅 부서에 근무하는 직장인으로, 남편과의 관계 개선을 위해 상담실을 찾았다. P씨는 3년 전 결혼한 남편(35세, 중소기업 과장)과 함께 살고 있다. 남편은 상담에 직접 참여하지는 않았지만, P씨가 상담을 받는 것에

대해 인지하고 있다. P씨의 어머니는 주로 가사와 육아를 담당하며 아버지를 보조하는 역할을 했는데, P씨는 부모님의 이런 모습을 보며 자랐지만 동시에 자신의 커리어도 중요하게 여기는 현대적 가치관을 갖게 되었다. 이로 인해 P씨는 자신의 커리어를 추구하면서도 전통적인 아내의 역할에 대한 기대 사이에서 갈등할 때가 있다. 이러한 내적 갈등은 남편과의 관계에서도 영향을 미쳐, 때로는 남편의 기대에 부응하지 못한다는 불안과 죄책감을 느끼기도 한다. P씨 부부는 각자의 커리어에 집중하느라 아직 자녀가 없는 상태이다.

2) 호소 문제

P씨의 주된 고민은 남편의 간헐적인 질투와 불안 표현에 대해 적절히 대응하지 못하는 것이었다. 특히 남편이 P씨의 과거 연애 경험이나 직장 내 남성 동료들과의 관계에 대해 질문할 때, P씨는 어떻게 반응해야 할지 몰라 곤란을 겪었다. 예를 들어, 남편은 종종 P씨의 직장 회식이나 야근 후 "누구와 있었냐" "무슨 얘기를 나눴냐"와 같은 질문을 하곤 했다. P씨는 이런 상황에서 남편을 안심시키려 노력했지만, 대부분의 경우 설명을 하면 할수록 남편의 의심은 깊어지고 논쟁으로 이어졌다. 한번은 남편이 P씨의 전 남자친구와의 관계에 대해 집요하게 물어본 적이 있었는데, P씨가 "열정적이었지만 만족스럽진 않았다"고 답한 것이 이후 다른 논쟁에서 남편이 다시 언급하여 P씨를 당황하게 만들기도 했다.

이러한 상황이 반복되면서 부부간 갈등이 심화되고 있었다. 때로는 단순한 말다툼에서 시작해 큰 싸움으로 번지기도 했으며, 한번은 P씨가 집을 나가기도 했고, 다른 때는 남편이 물건을 던져 가구가 파손되는 일도 있었다. 이런 심각한 다툼 후에는 항상 서로 미안해하는 시간이 뒤따랐지만, P씨는 이 과정에서 자신이 더 많은 책임을 지려 하고 있다는 것을 깨달았다. P씨는 이 문제를 해결하지 못하면 결혼 생활이 위험해질 수 있다는 불안감을 느끼고 있었다. 동시에 자신의 커리어를 포기하거나 남편의 의심을 피하기 위해 대인 관계를 제한해야 할지에 대한 고민도 하고 있었다.

3) 평가 및 사례개념화

평가 및 사례개념화는 다음의 사항들을 중심으로 진행되었다. 첫째, 호소 문제를 해결 가능한 문제로 정의하는 과정에서, P씨의 주요 문제는 '남편의 질투와 불안 표현에 대한 부적절한 대응'으로 구체화되었다. 이를 더욱 행동적인 차원에서 문제를 정의하면, '남편이 P씨의 회식이나 야근 후 "누구와 있었냐" "무슨 얘기를 나눴냐"와 같은 질문을 할 때, P씨가 상세한 설명을 하며 안심시키려 노력하는 행동'으로 볼 수 있다. 변화의 목표는 '남편이 질투나 불안을 표현할 때 P씨가 이에 대해 논쟁하거나 과도하게 설명하지 않고도 상황을 관리할 수 있게 되는 것'으로 설정되었다.

둘째, 문제를 지속시키는 문제해결 시도의 패턴을 파악하는 과정에서, P씨의 주요 문제해결 시도는 '남편의 질문에 대해 상세한 설명을 하고 안심시키려 노력하는 것'으로 드러났다. 이러한 시도는 오히려 남편의 의심을 증가시키고 논쟁을 유발하여 갈등을 심화시키는 악순환을 만들고 있었다. 따라서 개입의 초점은 P씨가 이러한 문제해결 시도를 중단하고, 대신 새로운 대응 방식을 채택하도록 돕는 것이다.

셋째, P씨의 고유한 관점과 언어를 파악하는 과정에서, P씨는 관계 개선에 대한 강한 의지와 함께 요가를 통해 스트레스를 관리하는 능력, 자기 성찰 능력을 가지고 있었다. 이러한 P씨의 강점을 활용하여, 남편의 질투 표현 시 새로운 대응 방식을 제안할 수 있다. 비록 남편이 상담에 직접 참여하지 않지만, 체계론적 관점에서 P씨의 변화된 대응이 부부 관계 전체에 영향을 미칠 수 있다는 점을 고려해야 한다.

4) 치료적 초점과 개입

치료의 주요 초점은 P씨가 남편의 질투와 불안 표현에 대한 기존의 대응 방식을 중단하고, 새로운 대응 전략을 개발하여 적용하는 것이다. 이를 위해 먼저, P씨에게 남편의 질문에 대해 상세한 설명을 하거나 안심시키려는 노력을 중단하도록 제안했다. 이는 기존의 문제해결 시도가 오히려 문제를 악화시키고 있음을 설명하고, 새로운 대응 방식의 필요성을 강조하는 것이다. 치료자는 P씨의 강점인 요가 능력을 활용하여, 남편이 질투나 불안을 표현할 때 요가를 실시하는 새로운 대응 방식을 제안하였다. 구체적인 실행 방법은 남편이 질문을 시작하면, P씨는 "제가 잠시 좀 쉬어야 할 것 같아요. 15분만 요가로 마음을 가라앉히고 올게요"라고 말하고, 즉시 요가 자세를 취하고 호흡에 집중한다. 15분 동안 요가를 지속하고, 요가를 마친 후 남편과의 대화에서 자연스럽게 다른 주제로 전환한다.

치료자는 P씨에게 다음 치료 회기를 한 달 후로 미루는 것을 제안하였다. 이는 그 기간 동안 남편이 질투나 불안을 표현하는 상황이 발생하여 P씨가 새로운 대응 전략을 시도해 볼 수 있는 기회를 갖도록 하기 위함이다. 치료자는 P씨에게 이 새로운 접근법을 실제 상황에서 시도해 보고, 그 결과를 다음 회기에서 논의하자고 제안했다. 만약 그 전에 중요한 일이 있다면 언제든 연락할 수 있다고 안내하였다.

약 3주일이 지난 후, P씨가 늦은 회식에서 돌아온 후 남편이 P씨의 외출에 대해 의심스러운 질문을 하기 시작했다. P씨는 상담에서 제안받은 전략을 실행에 옮겼다. 남편의 질문에 대답하는 대신 요가 자세를 취하며 "15분 후에 이야기해요"라고 말했다. 남편은 처음에는 어리둥절해 했지만, P씨가 평온하게 요가를 하는 모습을 보고 잠시 후 방을 나갔다. 그 날 밤 남편은 늦게 집에 돌아왔고, P씨는 이미 잠자리에 들어 있었다. 다음 날 아침, 남편은 평소와 달리 P씨를 위해 아침 식사를 준비했다. 식사 중 남편은 자신의 최근 행동에 대해 미안하다는 뜻을 전했고, P씨의 요가에 대해 물었다. P씨가 요가가 스트레스 해소에 도움이 된다고 설명하자, 남편은 자신도 배워보고 싶다는 의사를 조심스럽게 표현했다.

이후 P씨와 남편은 함께 요가를 시작했다. 질투와 관련된 갈등 상황이 두어 번 더 발생했지만, P씨는 이전과는 다른 방식으로 대응했다. 한 번은 천장을 바라보며 눈을 감는 것으로, 또 다른 때는 장난스럽게 "요가 타임"이라고 말하는 것으로 상황을 관리했다. 이러한 새로운 상호작용 패턴은 부부 관계의 역동을 변화시켰다. P씨는 자신이 남편과의 관계에서 더 주도적인 역할을 하게 되었음을 깨달았고, 이를 통해 자신감도 되찾았다.

10. 통합적 관점에서의 평가

MSCT에서는 문제해결 시도가 오히려 부부 문제를 유지시키는 역기능적 패턴을 강화하여 그 해결을 방해할 수 있다고 본다. 이는 마치 어떤 운동을 할 때 '힘을 빼라'는 말과 유사한 맥락이라 생각한다. 불필요하게 과도한 힘은 우리 신체 체계(body system)가 가진 본연의 역량이 자연스럽게 발휘되는 것을 방해하기 때문이다. 마찬가지로 문제해결을 위한 과도한 시도는 오히려 부부나 가족체계의 자연스러운 흐름을 방해하여 역기능적 상호작용 패턴을 만들어 내고, 이는 다시 문제를 지속시키거나 악화시키는 결과를 초래한다. 따라서 통합적 관점에서 부부의 역기능적 상호작용 패턴을 중단시키기 위한 다양한 개입 전략을 고려할 때, 기존에 부부가 반복해 온 '문제해결 시도'를 파악하고 이를 중단시키거나 전혀 다른 방향의 전략적 개입을 적용하는 방안을 반드시 고려할 필요가 있다.

Chapter 9

Haley 전략적 부부치료

1. 이론적 배경

Jay Haley는 부부치료 발전에 큰 영향을 미친 가족치료 선구자 중 한 명이다. 1960년대 이후 가족치료가 급속히 부상하는 가운데, 전통적인 정신분석적 접근에 의존하던 '결혼상담(marriage counseling)'은 점차 그 입지가 좁아지고 있었다. 이러한 상황에서 Haley는 1963년 「결혼치료(Marriage Therapy)」라는 제목의 획기적인 논문을 발표했다. 이 논문에서 Haley는 당시 정신분석적 결혼상담의 기본 전제들에 근본적인 의문을 제기했다. 그는 결혼 관계의 본질과 갈등의 원인, 치료의 핵심 목표, 치료자의 역할, 그리고 효과적인 치료 기법에 대한 기존의 통념들을 전면적으로 재고해야 한다고 주장했다. 이를 통해 Haley는 부부치료에 대한 새로운 시각과 접근 방식을 제시하며 이 분야의 발전을 이끌었다. 특히, 그는 많은 치료자들이 부부의 역동을 개인의 특성이 아닌 '체계'의 산물로 보도록 하는 데 큰 영향을 미쳤다(Gurman, 2015).

1950년대 Haley는 초기 가족치료 이론 형성에 중요한 역할을 한 Bateson Project의 의사소통 연구에 참여하였다. Bateson Project 해체 이후, Haley는 1960년대 중반부터 Salvador Minuchin의 구조적 가족치료에 관심을 가지고 함께 일하게 되면서 구조적 관점을 자신의 전략적 관점에 결합한 모형을 개발하였다. 이 과정에서 Haley는 당시 혁신적인 치료 기법으로 유명했던 정신과 의사 Milton Erickson의 치료 기법들을 전략적 접근법에 통합하기도 하였다. 1974년 Jay Haley는 Cloé Madanes와 함께 워싱턴 D.C. 가족치료 연구소(Family Therapy Institute of Washington, D.C.)를 설립하고, 자신의 전략적 치료 모형을 더욱 발전시켰다(Keim, 1999). 이 장에서는 '워싱턴 학파'라 불리기도 하는 Haley와 Madanes의 전략적 치료 모형을 부부 맥락에 바탕을 두고 Haley 전략적 부부치료(HSCT)란 명칭으로 소개하고자 한다.

2. 기본 관점

Haley 전략적 부부치료(HSCT)에서는 부부 문제의 발생 원인이나 변화 기제에 관한 특정한 이론을 제시하지 않는다. 이는 시스템의 내부 작동의 원리보다 입력과 출력에 주로 초점을 두는 black box 이론과 유사하다. 전략적 치료에서는 부부가 호소하는 문제의 해결, 즉 원하는 변화(출력)를 촉진하기 위한 치료자의 전략적 개입(입력)에 주로 초점을 둔다. 따라서 Haley의 전략적 치료는 부부와의 치료 과정에서 가장 효과적이고 효율적인 개입 방법을 찾는 데 중점을 두는 실용적인 접근법이라 할 수 있다. 이 접근법에서는 문제의 근본 원인을 탐색하기보다는 현재 상황에서 변화를 만들어 내는 전략적 방법에 집중한다.

Haley는 부부 문제의 근본 원인에 관한 이론을 제시하지는 않지만, 전략적 치료자가 부부치료 과정에서 어떤 요인에 주목해야 하는지에 관해 다음과 같이 주장한다. 부부 갈등의 핵심 역동은 '힘과 통제'의 문제와 밀접하게 연관되어 있다. Haley는 "결혼 생활에서의 주요 갈등은 누가, 언제, 어떤 상황에서, 상대방에게 무엇을 하라고 할 수 있는가의 문제를 중심으로 발생한다"(Haley, 1963)고 설명한다. 즉, 부부 관계에서는 누가, 언제, 어떤 상황에서 상대방에게 지시를 내릴 수 있는 위치에 있는지, 누가 더 많은 힘과 결정권을 가지고 있는지가 중요하며, 부부 관계에서 갈등은 이러한 힘의 위계 구조가 불명확하거나, 관계의 유연성이 부족해서 상호작용 순서(sequence) 혹은 관계 패턴이 지나치게 경직될 때 발생한다. 여기서 경직된 관계 패턴은 두 가지 형태로 나타날 수 있는데, 하나는 '경직된 대칭적 관계'로 두 파트너가 항상 동등한 위치나 역할을 고수하려는 경우이고, 다른 하나는 '경직된 상보적 관계'로 두 파트너가 항상 고정된 상하관계나 보완적 역할에 머무르는 경우이다(Haley, 1987; Keim, 1999).

따라서 부부 중 한 사람의 증상을 중심으로 문제가 제기될 때, 이는 실제로 부부간 힘의 문제(위계)와 밀접하게 연관되어 있다. 즉, 증상을 가진 쪽이 자신의 증상과 어려움을 통해 부부 관계에서 힘의 균형을 이루려 한다고 볼 수 있는 것이다. 예를 들어, 평소에 위계가 낮은 쪽이 우울이나 불안 등의 증상을 통해 관심과 돌봄을 요구하거나, 결정 과정에 영향을 미치려 할 수 있다. 이런 방식으로 증상은 부부 관계에서 힘의 균형을 조정하는 수단이 될 수 있으나 이러한 시도는 직접적인 소통 대신 간접적인 방법을 사용함으로써 오히려 기존의 관계 패턴을 유지 및 강화시킨다. 위계가 높은 쪽은 '돌봄'이라는 형태로 여전히 통제권을 가지면서 관계의 상보성은 더욱 강화되는 것이다. 이렇게 보면, 부부 관계에서 나타나는 개인의 증상이나 관계 문제는 부부 체계의 상호작용 순서와 위계 구조를 보호하고 유지하는 기능을 가진 것으로 볼 수 있다. 부부 체계가 증상을 포함한 현 상태를 그대로 유지하려는 항상성의 경향을 Haley는 불가피한 것으로 간주하면서 "관계 속에서 한 사람이 새로운 행동이나 태도를 보이며 변화하려고 할 때, 다른 사람은 그 변화를 줄이거나 무효화하려는 방향으로 대응하는 경향이 있다"(Haley, 1963)고 설명하였다.

부부는 과거의 문제를 논쟁거리로 삼는 데 전문가이기 때문에 Haley는 과거에 관해 부부와 논의하는 것을 피하고 자제해야 한다고 주장했다. 부부로 하여금 서로에게 원하는 바를 명시적으로 요구하도록 치료자가 요청하는 것도 피해야 할 것으로 믿었는데, 이는 그러한 행동이 오히려 부부의 방어적 혹은 저항적인 태도를 불러일으킬 수 있기 때문이다. 따라서 Haley는 직접적인 접근보다는 간접적인 접근이 저항을 줄이고 지속적인 변화를 만들어 낼 수 있다고 보았다. 변화에 저항하는 부부 체계의 변화를 위해서 치료자는 간접적이고 전략적인 방식으로 치료를 진행해야 한다고 주장하였다. 이러한 맥락에서 HSCT 치료자는 부부 갈등에서의 힘과 통제의 문제를 직접적으로 다루는 것을 피하고, 자신의 관찰 내용을 부부와 공유하지 않는다(Haley, 1963; Haley, 1987; Keim, 1999).

Haley는 부부 관계에서 감정의 표현을 중요하게 여겼다. 이는 관계 내에서 새로운 방식으로 감정이 표현되면, 상대방도 이전과 다른 새로운 방식으로 반응하게 될 것이기 때문이었다. 그러나 Haley는 감정의 중요성을 인정했지만 이를 다루는 방식에 있어서 더 간접적이고 전략적인 접근을 선택했다. "누가 어떤 것에 대해 어떻게 느끼는지에 관해 치료자는 질문하지 말고, 단지 사실과 의견만을 수집해야 한다"(Haley, 1963)고 주장했는데, 이는 부부체계의 변화를 위해 감정의 직접적인 탐색보다는 부부간의 행동이나 사건, 그리고 특정 사건에 대한 각자의 생각을 탐색하고 상호작용 순서의 변화를 통해 간접적인 방식으로 감정의 변화를 이끌어 내고자 한 것이었다.

Haley는 부부의 호소 문제를 유지하는 행동 패턴을 깨뜨리기 위해 계획적이고 실용적이며 현재 중심적인 전략적 개입을 강조했다. 그의 목표는 증상이나 문제가 더 이상 부부체계 내에서 기존의 부적응적 기능을 수행하지 않도록 하는 것이었다. 이를 위해 Haley는 전략적 지시(directives)를 가장 중요한 치료 도구로 활용했다. 때로 직접적인 지시를 사용하기도 했지만, 특히 '증상 처방'과 같은 간접적이고 저항을 고려한 다양한 지시 기법들을 개발하고 중요하게 여겼다. 이러한 접근은 부부의 저항을 최소화하면서 효율적인 변화를 이끌어 내기 위한 것이었다(Gurman, 2015; Haley, 1963; Haley, 1987).

3. 주요 개념

1) 위계

가족체계에서 위계는 구성원 간의 영향력 차이를 의미한다. 건강한 가족은 명확한 위계를 통해 각 구성원의 위치가 구조적으로 잘 유지되며, 이러한 구조적 질서가 안정적인 가족일수록 기능적이라 할 수 있다. 반면, 위계가 불분명하거나 혼란스러울 때 가족체계는 역기능적 특성을 보이게 된다. 예를 들어, 조부모와 손자녀가 연합하여 부모의 영향력을 약화시키는 경우가 대표적인 경우이다.

부부 위계(marital hierarchy)는 부부가 서로에게 미치는 영향력과 기여도의 균형 정도를 의미한다(Haley, 1963; Keim, 1999). 구체적으로, 각 배우자가 관계에 얼마나 동등하게 기여하는지, 그리고 서로의 영향력을 적절히 수용하는지에 대한 각자의 인식을 뜻한다. Haley는 부부 위계를 넘어 더 넓은 사회적 맥락의 위계, 즉 시부모, 직장 상사, 자녀 등 다양한 체계 수준에서의 위계가 부부 관계에 미치는 영향력도 중요하게 보았다.

2) 가족생활주기

Haley에 따르면, 치료자는 가족생활주기의 각 단계에서 나타나는 특성을 정확히 파악하고 있어야 한다. 이러한 생활주기에 대한 이해는 부부와 가족이 겪는 전환기의 어려움을 병리적 현상으로 해석하는 것을 방지하며, 이를 성장을 위한 불가피한 과정으로 바라볼 수 있게 한다(Haley, 1987). Haley는 가족이 시간의 흐름에 따라 발달하는 과정에서 특정한 문제들이 필연적으로 발생한다고 보았다. 가족생활주기는 구애기, 결혼기, 자녀 출산과 양육기, 중년기 부부 관계, 자녀독립기, 그리고 은퇴 및 노년기를 포함한다.

HSCT 치료자는 부부가 한 생활주기 단계에서 다음 단계로 잘 이행하도록 돕는 것에 초점을 둔다(Haley, 1963; Keim, 1999). 예를 들어, 첫 자녀 출산 후 부부의 적응을 돕거나 가족구성원의 사망에 대처하도록 돕는 것이다. 부부는 자신들이 겪는 어려움이 같은 생활주기에 있는 다른 부부들도 경험하는 자연스러운 도전 과제임을 아는 것이 도움이 된다. 이러한 고통스러운 전환기는 성장 과정의 일부이므로 이를 반드시 병리적 현상으로 볼 필요는 없다. 이처럼 가족생활주기는 치료자가 정상적인 성장 과정에서 겪는 어려움을 병리화하지 않도록 안내해 준다.

4. 평가와 사례개념화

Haley는 진단이나 평가를 실용적인 관점에서 바라보았다. 평가 과정 자체가 변화를 이끌어 내는 방법이며, 3회기 안에 평가를 마치고 이미 변화가 시작되어야 한다고 보았다(Haley, 1987). 이는 전략적 관점에서 평가의 역할을 잘 보여 준다. 즉, 평가는 치료자가 변화를 촉진하는 최선의 방법을 찾도록 안내하는 수단이 되어야 한다. 따라서 평가는 부부 관계에서 무엇이 변화해야 하는지를 즉각적으로 나타낼 수 있는 방식으로 표현되어야 한다.

Jay Haley는 'PUSH(Protection, Units, Sequence, Hierarchy)'라는 약어를 통해 문제를 이해하는 방식을 개발했다(Keim, 1999). 이는 워싱턴 학파에서 사용하는 방법으로 사례개념화를 위한 지도와 같은 역할을 한다. PUSH는 문제의 원인을 찾는 데 중점을 두기보다는 어떤 요인들이 문제 해결에 도움이 되는지에 초점을 맞춘다. 문제의 해결은 문제의 원인과 직접적인 관련이 없을 수 있다는 점을 전제로 한다.

1) 보호(P)

문제 행동이나 증상은 체계 내에서 특정한 기능을 가지고 있다고 본다. 이 기능을 워싱턴 학파에서는 '보호(protection)'라고 부르는데, 이는 체계의 항상성을 유지하고 기존의 상호작용 패턴을 보호하려는 방식으로 이해된다. 대부분의 문제 행동은 체계의 안정성과 균형을 유지하는 기능을 하는 것으로 본다. 내담자들이 호소하는 많은 문제 행동은 표면적으로는 문제처럼 보이지만, 실제로는 체계의 균형을 유지하는 중요한 역할을 한다. 이는 문제 행동을 개인의 심리적 특성이나 내면의 문제로 보기보다는 체계의 항상성을 보호하는 기능을 가진 상호작용 패턴의 일부로 이해하는 것이다. 예를 들어, 남편이 호소하는 아내의 '잔소리'를 아내 개인의 성격이나 불안의 표현으로 보는 것이 아니라, 부부 체계의 안정성과 기존의 관계 규칙을 보호하고 유지하는 상호작용 패턴의 일부로 이해하는 것이다. 여기서 '보호'란 용어는 개인의 심리내적 의미보다는 체계 내의 상호작용적 의미로 사용된다.

문제 행동을 체계의 보호 기능으로 보는 데에는 두 가지 중요한 치료적 의미가 있다. 첫째, 문제 행동을 체계의 항상성을 유지하는 기능으로 이해하는 치료자는 부부 문제를 더 중립적이고 순환적인 관점에서 접근할 수 있다. 반면, 문제 행동을 개인의 부정적 특성이나 의도로 해석하는 치료자는 상호작용의 순환성을 놓치고, 부부 중 한 개인에게 문제의 원인을 돌리게 된다. 둘째, 이러한 관점은 치료자가 부부간 상호작용 패턴과 관계 규칙을 탐색할 수 있는 새로운 방향을 제시한다. 이를 통해 문제를 유지하는 체계의 패턴을 발견하고 개입할 수 있게 된다. '보호' 개념은 다른 모든 전략적 개념들과 마찬가지로, 어떤 절대적인 '현실'을 반영하는 것이 아니라 체계의 변화를 이끌어 내기 위한 '도구'로 여겨진다.

2) 단위(U)

Haley(1987)에 따르면, 문제 이해와 개입 전략을 위한 기본적인 분석 및 관찰의 단위(units)를 개인 차원이 아닌 관계적인 차원으로 확대해야 한다. 상호작용적 관점과 관계적 맥락에 초점을 두고 문제를 이해해야 하며, 특히 부부만이 아니라 제3자를 포함한 삼각관계를 기본 단위로 접근하는 것을 선호한다. 예를 들어, 부부와 치료를 진행할 때, 치료자는 자녀, 시부모나 처가와 같은 제3자를 치료 과정에 끌어들일 수 있을지에 관해 자동적으로 관심을 가지게 된다. 또한 치료자는 제3자가 문제해결 과정에 기여할 수 있는 부분이 있는지에 관해, 그리고 부부의 변화가 제3자에게 미치는 영향에 관해서도 민감하게 고려할 필요가 있다. 중요한 점은 치료자가 자신을 부부 체계에 새롭게 추가된 삼각관계의 한 꼭지점으로 인식해야 한다는 것이다(Haley, 1987). 치료자가 부부 관계에 긍정적 혹은 부정적인 영향을 미칠 수 있다는 점은, 부부 관계에 관여된 다른 제3자들 역시 비슷한 영향력을 행사할 수 있음을 보여 주는 좋은 예시가 된다.

3) 상호작용 순서(S)

전략적 관점에서의 평가는 문제를 이해하는 동시에 무엇을 변화시켜야 하는지, 즉 변화가 필요한 부분을 제시하는 것을 목표로 한다. 이러한 맥락에서 상호작용 순서(sequence of interaction)에 대한 평가는 상호작용적 관점에서 문제를 이해하도록 할 뿐만 아니라 변화가 필요한 부분을 제시하는 역할을 한다. 치료자는 문제와 그 해결책을 사람들 간의 상호작용 맥락에서 바라본다. 이러한 관점에서 부부의 변화는 새롭고 바람직한 상호작용 패턴을 적응적으로 받아들이는 과정으로 이해될 수 있다.

이와 같은 관점을 바탕으로 치료자는 부부가 호소하는 문제를 사건들의 상호작용적 순서의 형태로 구조화한다(Haley, 1987; Keim, 1999). 문제들을 상호작용의 순서로 바라볼 때, 치료자는 체계 내 다양한 문제들이 서로 연결되어 있음을 인식하게 된다. 이러한 관점에서 치료자는 한 영역에서의 문제적 상호작용 순서를 변화시키면, 다른 문제 영역의 상호작용 순서에도 긍정적인 변화가 일어날 수 있다고 생각하게 된다. 예를 들어, 자녀의 문제 행동에 대응하는 새로운 상호작용 순서를 구축한 부부가 이 과정에서 습득한 협력 방식을 시부모나 처가와의 갈등 상황에서의 상호작용 순서에도 적용할 수 있게 되는 것이다.

　이러한 상호작용 순서의 변화에서 일반적으로 나타나는 특징은 부부 사이의 갈등이 점차 고조되던 패턴에서 진정되는 패턴으로 바뀌는 것이다. 예를 들어, 이전에는 부부 사이의 대화가 격렬한 고성 대결로 이어졌다면, 이제는 부부 중 한쪽이 다른 쪽을 진정시키려는 구체적인 행동을 통해 상호작용 순서가 새롭게 변화될 수 있다. 이때 이러한 새로운 행동적인 시도 자체가 상호작용 순서의 중요한 변화를 만들어 낼 수 있다.

4) 위계(H)

　Haley(1987)는 치료자가 부부의 위계(hierarchy)뿐만 아니라 더 넓은 체계에서의 위계도 살펴봐야 하며, 특히 세대를 넘어선 연합 관계에 주의를 기울여야 한다고 보았다. 부부 맥락에서 세대 간 연합은 부부 중 한 사람이 자녀나 시부모와 같은 다른 세대의 가족원의 적극적인 개입을 통해 배우자에게 영향력을 행사하려 할 때 주로 발생한다. 또 다른 경우는, 부부 중 한 사람이 이전에 배우자의 책임이었던 일을 다루고자 다른 세대의 가족원과 연합을 형성할 때 발생할 수 있다. 예를 들어, 아내가 집안일을 담당하기로 했으나 이를 제대로 하지 않자, 남편이 자신의 어머니나 성인 자녀와 연합하여 집안일을 처리하거나 남편이 가정의 재정 관리를 제대로 하지 않자, 아내가 성인 자녀와 연합하여 가족의 재정을 관리하는 경우 세대 간 연합이 발생할 수 있는 것이다. 이러한 세대 간 연합은 단기적으로는 문제 해결에 도움이 될 수 있지만, 부부간 직접적인 소통과 문제 해결을 방해하기 때문에 장기적으로 부부 관계에 부정적인 영향을 미칠 수 있다. 또한 이러한 유형의 세대 간 연합과 이를 초래하는 상황들은 가족 체계 내 모든 구성원에게 상당한 스트레스를 유발한다.

5. 치료적 초점과 목표

Haley 전략적 부부치료의 목표는 부부가 호소하는 문제를 효과적으로 해결하는 동시에, 문제를 유지시키는 역기능적 상호작용 순서와 위계 구조를 재조직하는 것이다. 이를 위해 치료자는 부부에 대한 체계론적 평가와 전략적 지시를 사용한다. 앞에서 기술한 '보호, 단위, 상호작용 순서, 위계'의 측면에서 부부 문제를 체계론적 관점에서 평가하며, 이를 바탕으로 전략적 지시를 통해 개입한다. 전략적 지시를 통해 치료자는 부부 문제의 유지에 기여하는 상호작용 순서를 변화시키고, 기능적인 위계 구조를 확립하도록 돕는다. 치료의 핵심은 상호작용 순서와 위계 구조의 변화를 통해 부부의 호소 문제를 해결하는 것이다.

6. 치료 과정과 구조

Haley 전략적 부부치료의 평균 회기는 워싱턴 D.C. 가족치료 연구소를 기준으로 약 8회기이나, 치료 기간에 대해 특별한 제한을 두지는 않는다. Haley는 특히 첫 상담회기를 치료의 중요한 단계로 보고 큰 비중을 둔다. 첫 상담회기는 관계형성 단계, 문제규명 단계, 상호작용 단계, 목표설정 단계로 구성된다(Haley, 1987; Keim, 1999). 첫째, 관계형성 단계에서는 부부가 긴장을 풀고 편안함을 느낄 수 있도록 하며, 부부와의 치료적 관계 형성에 초점을 둔다. 둘째, 문제규명 단계에서는 상담실 방문 이유와 문제에 관해 질문하며, 부부 각자의 관점에서 문제를 어떻게 보는지 탐색한다. 이는 단순히 문제 파악을 넘어 부부의 상호작용 순서 및 위계와 관련한 구조적 문제를 해결하기 위한 전략적 지렛대로 활용된다. 셋째, 상호작용 단계에서는 다양한 주제에 대해 부부가 서로 이야기를 나누도록 하여 문제와 관련된 상호작용 순서를 관찰하고, 위계 구조를 파악한다. 마지막으로 목표설정 단계에서는 치료를 통해 어떤 변화를 원하는지에 관한 질문을 통해 구체적이고 행동적인 목표를 설정한다. 첫 상담의 마무리에서는 전략적 지시를 통해 부부의 역기능적 상호작용 순서와 위계 구조를 변화시키고, 호소 문제를 해결하도록 돕는다.

7. 치료자 역할

Haley의 전략적 모델은 다양한 지시적 과제들을 부과하는 특성 때문에 치료자가 주로 지시적인 태도만을 견지하는 걸로 알려있지만, 현대의 전략적 치료에서는 내담자와의 신뢰롭고 따뜻한 관계를 중요하게 여기며, 이러한 관계가 치료 효과를 높이는 데 핵심적인 역할을 한다고 강조한다(Gurman, 2015; Keim, 1999). 전략적 치료자들은 자신들을 마치 인테리어 디자이너나 개인 트레이너와 같이 고객인 내담자에 의해 고용된 것으로 보고, 치료 계약을 통해 치료자가 내담자의 요구에 따라 일하고 있음을 명확히 한다. 따라서 치료 계약서는 전략적 치료자와 내담자와의 관계에서 필수적인 부분이라 할 수 있다.

Haley의 전략적 치료의 관점에서, 치료자와 내담자 사이에 상호 보완적인 두 역할이 서로 균형을 이룰 때 치료 과정이 가장 원활하게 진행된다. 내담자는 치료자를 고용했기 때문에 일종의 상사라 할 수 있고, 치료자는 훈련과 임상 경험, 그리고 사회적으로 전문가로서의 지위를 가지고 있으므로 내담자와 위계적으로 균형을 이루고 있다. 치료 과정에서의 내담자 저항은 치료의 진전을 방해하는 내담자의 역동으로 보기보다는 처음에 계약된 내용 이외의 사항을 치료자가 다루고

있다는 내담자의 메시지로 여겨진다. 저항 및 변화에 대한 책임은 내담자 측보다
는 치료자 측에 있다고 보는 것이다(Haley, 1987). 이러한 면에서, 전략적 치료의
실패는 내담자의 저항 때문이 아니라 치료 계약과 관련한 문제의 결과로 볼 수 있
다. 내담자의 삶에서 가장 중심이 되는 불편함을 변화시키는 것, 즉 내담자가 가
장 원하는 것에 초점을 맞춘 계약일 때 치료 과정이 가장 원활하게 진행되고 성공
적인 결과를 얻을 가능성이 높다.

8. 치료적 개입: 전략적 지시

전략적 지시(directives)는 치료자가 내담자로 하여금 생각하거나 행동하도록
촉진하는 모든 형태의 개입을 의미한다. 전략적 지시는 매우 온화한 형태부터 강
력한 형태까지 다양한 수준으로 나타날 수 있다. 때로 치료자의 미소나 단순한 격
려의 메시지와 같이 매우 부드러운 형태일 수 있고, 또 다른 경우에는 직접적이
고 강한 조언의 형태로 나타날 수도 있다. 전략적 치료자는 이러한 온화한 수준
에서부터 강한 수준까지의 전략적 지시를 상황에 따라 유연하게 사용한다(Haley,
1963; Haley, 1987; Keim, 1999).

Haley의 전략적 치료자는 내담자가 호소하는 문제를 상호작용 순서와 위계의
관점에서 개념화하고 이를 내담자에게 설명한다. 내담자의 의견을 반영하여 바람
직한 상호작용 순서와 위계를 함께 구상한다. 이후 문제가 되는 현재의 상호작용
순서와 위계를 새롭게 구상한 바람직한 상호작용 순서와 위계로 전환하기 위해
전략적 지시를 사용한다. 전략적 지시가 반드시 문제로 지목된 인물이나 특정 문
제 행동에만 적용될 필요는 없다. 치료의 핵심은 상호작용 순서의 변화를 통해 호
소 문제를 해결하는 것이기 때문에 상호작용 순서와 관련된 사람들에게 기존과는
다른 새로운 행동을 하도록 요청할 수 있다. 또한 문제로 지목된 사람에게 자신의
삶에서 당면한 문제와는 직접적으로 관련없는 다른 영역을 변화시키도록 제안함

으로써, 결과적으로 호소 문제의 변화를 이끌어 낼 수도 있다.

1) 준비적 지시

준비적 지시는 호소 문제를 직접 해결하기 위한 것이 아니라, 추후에 치료자가 호소 문제를 직접 다루는 것을 용이하게 하기 위한 목적을 가진다. 재구성 (reframing)은 준비적 지시의 대표적인 예로, 내담자가 호소 문제를 다루는 것을 더 수월하게 만들어 준다. 재구성은 문제에 대한 직접적인 해결책을 제공하지는 않지만, 해결을 위한 토대를 마련하는 데 도움을 준다.

2) 직접적 지시

직접적 지시는 내담자의 호소 문제를 해결하려는 직접적인 시도를 의미한다. 예를 들어, 부부가 삶의 중요한 결정 사안을 협의하는 데 도움을 받고자 상담실을 찾은 경우, 치료자는 구조화된 대화 기법을 사용하여 이 사안을 다룰 수 있다. 이는 부부의 호소 문제를 직접 해결하려는 시도이므로, 구조화된 대화 기법을 제안하는 것은 직접적 지시에 해당한다. 반면, 치료자가 부부에게 대화 기법을 활용하여 결정 사안을 협의하기 전에 먼저 데이트를 하도록 제안한다면, 이는 준비적 지시에 해당한다. 추후에 있을 직접적인 문제해결 시도(협의)를 위한 토대를 마련하는 것이 주목적이기 때문이다.

직접적 지시를 할 때 활용할 수 있는 한 가지 예는 부부간 원만한 소통과 타협을 위한 '윈-윈 부부대화 안내지침'(Keim, 1999)이다. 삶의 중요한 결정 사안이나 각자의 요구사항에 대해 부부가 원만하게 대화하고 타협할 수 있도록 돕는 '윈-윈 부부대화 안내지침'은 다음과 같은 항목으로 구성된다: 대화와 타협 과정 중에 "아니"라고 말하지 마세요. "아니" 대신 "그 점에 대해 진지하게 고민해 볼게"라고 말하는 것이 좋습니다; 부부간의 대화는 현재와 미래에 관한 것이어야 합니다.

과거를 언급하는 것은 현재 요청하는 바와 관련한 예시로 사용할 때를 제외하고는 피하세요; 상대방에게 요구사항을 전달할 때, 그 이유를 장황하게 설명하지 마세요. 이는 대화의 초점을 흐릴 수 있습니다; 서로의 요구를 조율할 때는 자신에게 가장 좋은 것이 무엇인지만 생각하세요. 상대방에게 무엇이 좋을지 대신 판단하려 들지 마세요; 대화 과정에서 상대방의 요구가 도덕적으로 문제가 없다면, 그 요구에 대해 서로 '대가'를 지불할 준비가 되어 있어야 합니다; 둘 다 좋아하는 활동만 하지 마세요. 서로의 요구를 조율하는 과정에서 상대방이 새로운 행동을 시도하도록 제안하고, 자신도 그렇게 할 준비를 하세요; 요구사항의 시간 범위를 명확히 정하세요. 기간을 매우 구체적으로 설정하세요(처음에는 1주일 단위로 요구사항을 조율하고, 점차 기간을 늘려가는 것이 좋습니다. 또한 특히 치료 초기에는 요구사항을 매우 구체적인 행동으로 표현해야 합니다).

원만한 소통과 타협을 위한 '윈-윈 부부대화 안내지침' 연습은 단계별로 진행이 되는데, 첫 단계는 부부가 서로에게 '윈-윈 부부대화 안내지침'의 각 항목을 읽어 주고 함께 대화를 나누는 것이다. 두 번째 단계는 치료실에서 작고 재미있는 주제로 안내지침에 따라 대화와 타협을 실험해 보는 것이다(예: 15분 동안 다음 주말 데이트 계획 세우기, 가상의 방 구조도 위에 미니어처 가구 배치하기 등). 세 번째 단계는 부부의 집에서 작고 재미있는 주제로 대화와 타협을 실험해 보는 것이다. 네 번째와 다섯 번째 단계는 이 안내지침을 사용하여 좀 더 감정적으로 부담되는 주제에 대해 치료실에서(4단계), 그리고 부부의 집에서(5단계) 함께 소통해 보는 것이다.

3) 내담자 및 치료자 착안 전략적 지시

전략적 지시는 그 착안점에 따라 두 가지로 구분된다. 내담자가 스스로 생각해 낸 방법으로 문제를 다루도록 하는 '내담자 착안 전략적 지시'와 치료자가 제안하는 방법으로 문제를 다루도록 하는 '치료자 착안 전략적 지시'가 있다. 전략적 치료에서는 이 두 가지 유형의 전략적 지시를 모두 중요하게 다루며, 실제 적용에서는 치료자의 개인적 스타일에 따라 두 유형의 사용 빈도가 달라진다.

9. 사례 적용

1) 기본 정보

남편 P씨(45세)와 아내 L씨(42세)가 부부치료를 위해 예약을 했다. 부부는 15세 중학생 아들과 12세 초등학생 딸, 두 자녀를 두고 있다. P씨는 대기업 중간 관리자로 일하고 있으며, L씨는 결혼 전 유치원 교사였으나 현재는 자녀 양육과 병행하여 주 3일 방과 후 영어 교실에서 파트타임으로 일하고 있다. P씨의 부모(70대 초반)는 같은 아파트 단지에 살고 있어 자주 왕래하고 있다. 특히 시어머니(71세)는 최근 이틀에 한 번꼴로 부부의 집을 방문하여 집안일을 돕고 있다. L씨의 부모(60대 후반)는 인접한 타도시에 살고 있으며, 한 달에 한 번 정도 방문한다.

2) 호소 문제

첫 상담 회기에서 P씨는 아내의 잔소리 때문에 대화를 나누기가 힘들 때가 많다며, 이를 줄이는 것이 자신의 주된 상담 목표라고 했다. L씨는 자신이 잔소리를 한다는 걸 인정하며, 오랫동안 그만두려고 노력했지만 실패했다고 말했다. L씨는 상담을 통해 남편과의 의사소통이 개선되고, 남편이 집안일에 더 적극적으로 참여하게 되기를 바란다고 말했다. P씨는 아내와의 소통과 집안일 참여에 문제가 있다는 걸 인정했고, 노력을 해 보았으나 변화를 오래 유지하기가 어려웠다고 털어놓았다.

부부는 모두 의사소통에 어려움을 겪고 있다는 것에 동의했다. 특히, P씨의 어머니는 부부가 의견 충돌을 겪을 때마다 개입하여 중재하려 했다. 예를 들어, 자녀교육 문제나 가계 재정 관리에 대해 부부가 다툴 때 시어머니는 자신의 의견을 제시하거나, 때로 아들인 P씨의 편을 들어 L씨를 설득하려 했다. 최근 몇 년간, 시어머니는 점점 더 자주 이러한 역할을 하게 되었다. 이러한 상황에서 L씨는 시어머니가 대체로 남편 편을 들어 자신의 입장이 충분히 고려되지 않는다고 느껴 큰 스트레스를 받았고, P씨 또한 어머니와 아내 사이에서 균형을 잡아야 하는 어려움을 겪었다. 그러나 부부는 일상에서 이 패턴을 어떻게 멈춰야 할지 갈피를 잡지 못했다.

3) 평가 및 사례개념화

치료 회기에서 부부는 자신들의 어려움을 어떻게 해결할 수 있을지에 대해 건설적으로 이야기를 나누지 못했다. 부부는 각자 '누구의 잘못인가?'에 관해 계속 논의하는 수준을 벗어나지 못했으며, 치료자에게 누구의 말이 더 옳은지 판단해 달라고 요청했다. 사례개념화를 위해 개발된 PUSH를 통해 이 사례를 다음과 같이 개념화하여 이해할 수 있다.

① 보호(P)

치료자는 가족체계 내 상호작용 차원에서 시어머니의 개입 행동을 부부체계를 보호하고 항상성을 유지하려는 기능적 시도로 본다. 이러한 관점은 시어머니를 부적절하게 간섭하는 사람이 아니라 가족체계의 균형을 위해 한때 필요했던 역할을 현재까지 지속하는 구성원으로 보도록 한다. 체계 안정화를 위한 시어머니의 이러한 역할 수행은 현재의 부부체계에서는 불필요하며, 결과적으로 부부체계의 독립적 발달을 저해하는 새로운 문제를 야기한다.

② 단위(U)

문제 이해를 위한 기본적인 분석 단위는 부부와 시어머니를 포함한 삼각관계로 볼 수 있다. 따라서 치료의 초점 및 목표는 시어머니를 배제하고 남편과 아내 사이의 직접적인 의사소통을 촉진하는 것이다. 치료자는 일시적으로 부부 관계에서 시어머니를 대신하여 중재자 역할을 할 필요가 있다.

③ 상호작용 순서(S)

사례에서 제시된 문제의 상호작용 순서는 다음과 같다. 비난자 역할을 맡은 아내의 잔소리에 대해 위축자 역할을 맡은 남편의 회피 행동, 그리고 둘 간의 반복된 패턴에 대해 중재자 역할을 맡은 시어머니의 개입 행동으로 순환적으로 반복되고 있다. 따라서 치료자는 삼각관계에 기반한 현재 상호작용 순서에 변화를 만들어 내기 위해 새로운 행동적인 시도를 해 보도록 어떤 전략적 지시를 제안할 것인지 고려해야 한다. 상호작용 순서에 대한 이해를 통해 어떤 부분에서 변화가 필요한지를 알 수 있는데, 이는 시어머니의 중재자 역할없이 부부가 서로 협력하는 역할에 기반한 상호작용 순서로 변화하는 것이다.

④ 위계(H)

위계상 특성은 부부 중 한 사람이 상대방에게 무언가를 요청할 때 잘 드러난다. 치료 초기, 부부는 서로 상대방의 영향력을 수용하지 않는 상태였기 때문에 비난자 역할의 아내는 남편에게 무언가를 요청할 때마다 자신이 마치 나쁜 사람처럼 느끼고, 위축자 역할의 남편은 그 요청을 받으면 마치 억압받는 기분을 느꼈다. 위축자 남편도 무언가를 아내에게 요청할 때 상대방의 반응을 민감하게 살피고, 자신의 요구가 무시될까 노심초사했다. 또한 시어머니는 다른 세대인 아들과의 연합을 통해 며느리에게 영향력을 행사하려는 시도를 통해 세대 간 연합을 통한 위계의 혼란에 기여한다. 이러한 위계상의 불균형은 역기능적인 상호작용 순서와 맞물려 호소 문제가 계속 유지되도록 기여하므로, 특히 부부간의 상호작용에서 위계의 균형을 맞추는 것이 중요하다. 균형 있는 위계를 나타내는 부부는 서로 평등한 입장에서 자유롭고 개방적으로 영향력을 주고받을 수 있어야 한다. 이를 위해 치료자는 부부간 협상을 통한 문제 해결 전략과 체계의 위계 재확립을 위한 개입 전략을 적용히었다.

4) 치료적 초점과 개입

이 부부의 문제에 대한 기본적인 분석 단위를 부부와 시어머니를 포함한 삼각관계로 볼 때, 세 사람은 비난자, 위축자, 중재자로서의 역할을 통해 서로 경직된 상호작용 순서 또는 패턴을 반복하고 있다. 이들 간의 역기능적 상호작용 순서 속에서 위계상의 불균형은 부부 문제가 계속 유지되도록 기여하고 있다. 따라서 치료자는 삼각관계에 기반한 현재의 역기능적 상호작용 순서와 불균형한 위계에 변화를 만들어 내기 위해 더 이상 필요하지 않은 역할을 하는 시어머니를 배제하고, 남편과 아내 사이의 직접적인 협상을 통해 문제를 해결해 나도록 돕는 전략적 지시를 제안할 수 있다. 이를 통해 중재자로서의 시어머니 역할없이 부부가 서로 동등하게 협력하는 역할에 기반을 둔, 새로운 상호작용 순서와 위계로 변화하는 데 영향을 줄 수 있다.

먼저, 치료자는 부부가 전략적 지시를 잘 수용하도록 돕기 위한 준비적 지시로, 호소 문제를 부부간 원만한 소통과 타협 과정이 난항을 겪고 있는 것으로 재구성했다. 부부는 상대방으로부터 각자가 원하는 협력을 얻지 못해 좌절하고 있는 것으로 본다. 아내의 잔소리는 부부간 원만한 소통과 타협을 이루려는 불완전한 시도로 볼 수 있다. 여기에서 부부간 원만한 소통과 타협의 과정은 서로 동등하게 '주고 받는' 대화로 정의되며, 이 과정을 위해서는 한쪽이 요청을 하고, 다른 쪽이 그에 대한 조건을 제시하거나 상대방의 조건에 동의할 필요가 있다. 그러나 잔소리의 경우, 상대방이 조건을 제시하지 않은 상태에서 한쪽만 계속 요청을 반복하는 경우로, 요청을 시작한 쪽은 상대방이 조건을 제시하기를 기다리며 같은 요청을 되풀이하게 되는 것이다.

치료자의 이러한 재구성을 통해 아내는 자신을 '잔소리꾼'으로 여기지 않고도 남편에게 요구 사항을 전달할 수 있게 되었다. 남편 역시 아내에게 위축되어 회피하는 태도가 아니라, 동등한 입장에서 원만한 소통과 타협을 위한 윈-윈 대화 과정에 참여하고 있는 것으로 생각할 수 있게 되었다. 그 다음에 치료자는 부부에게 원만한 소통과 타협을 위한 '윈-윈 부부대화 안내지침'을 소개하고, 이에 따라 대화 과정을 연습할 수 있도록 제안했다. P씨와 L씨는 이 안내지침의 각 항목을 흥미롭게 읽어나갔다. 치료자는 이러한 방식의 대화가 부부 관계를 어떻게 개선할 수 있는지 설명하면서, 대화 지도 과정에서 P씨와 L씨의 입장을 번갈아 대변하며 서로의 입장과 상황을 이해할 수 있게 도왔다. 첫 회기에서 부부는 몇 가지 작은 합의를 이뤄냈는데, L씨는 P씨에게 일주일 동안 매일 저녁 15분씩 대화를 나누자고 제안했고, P씨는 이에 동의하는 대신 매일 퇴근 후 15분 동안 방해받지 않고 쉬고 싶다고 했다. 이어서 P씨는 주말에 친구들과 골프를 치러 가고 싶어 했는데, 이를 허락해 주는 대가로 L씨에게 무엇을 원하는지 물었다. L씨는 P씨가 다음 주 동안 열두 살 딸의 등하교를 전담해 주는 조건으로 골프 약속을 허락하기로 했다.

　부부는 이 안내지침에 따라 성생활이나 자녀 교육 등 다른 사안에 관해서도 소통했다. 7회기 이후, P씨는 아내의 잔소리가 더 이상 문제가 되지 않는다고 했고, L씨는 남편이 가족과 더 많이 소통하고, 집안일에도 이전보다 더 많이 참여한다고 말했다. 부부는 시어머니가 다시 이전처럼 소통에서 중심 역할을 할 것에 대해 걱정했기 때문에 이후의 상담은 부부가 가족과 관련된 문제를 다루도록 돕는 방향으로 진행되었다. 시어머니의 개입을 다루기 위해, 치료자는 P씨에게 아내를 위한 선물을 준비하여 어머니가 알 수 있는 방식으로, 그러나 어머니와 직접적인 대면은 피하면서 아내에게 전달하도록 지시했다. L씨는 남편과 다정한 포옹을 나누도록 지시받았다. 치료자는 이러한 부부 사이의 친밀한 교감이 시어머니로 하여금 부부만의 독립적인 영역을 자연스럽게 인정하게 만드는 효과적인 방법이 될 수 있다고 설명했다. 부부는 이 과제를 실행했다. 이를 본 시어머니가 아들에게 왜 자신에게는 아내와 같은 선물을 사주지 않았는지 물었을 때, P씨는 이에 대해 "어머니, 제 아내니까요"라고 대답했다고 한다. 부부는 6개월 후 추적 조사에서 이 사건 이후 시어머니와의 관계를 더 편안하게 다룰 수 있게 되었다고 보고했다.

10. 통합적 관점에서의 평가

체계론적 관점에서 '상호작용 패턴'은 매우 중요한 의미를 지닌다. 이는 부부나 가족체계의 순환적 특성과 반복적 역동을 나타내는 핵심 개념으로, 대부분의 부부가족치료 이론들은 이러한 체계 내 상호작용 패턴을 탐색하고 이에 개입하고자 한다. 이러한 이론들은 공통적으로 부부나 가족체계 내에서 경직된 형태로 반복되는 부정적 상호작용 패턴이 현재의 문제를 유지시킨다고 본다. 각 이론은 이러한 상호작용 패턴을 서로 다른 용어로 개념화하는데, 예를 들어 정서중심적 부부치료에서는 '상호작용 순환(cycles of interaction)', 구조적 가족치료 이론에서는 '상호작용 패턴'이란 용어를 주로 사용한다. 상호작용 패턴에 상응하는 개념으로, Milan 가족치료 이론에서는 '가족 게임(family game)'이란 개념을 사용하기도 한다. Haley 모델에서는 '행동의 순서(sequence of behaviors)'란 용어를 주로 사용한다(Haley, 1987). Haley는 부부나 가족체계 내 구성원들의 행동이 어떤 순서로 구성되고 반복되는지의 순환적 패턴을 확인하고자 하는 것이다.

따라서 통합적 관점에서 부부 문제에 접근할 때, 체계론적 관점에 기반을 둔 이론들이 공통적으로 강조하는 부부간 '상호작용 패턴'을 확인하고 이에 개입하는 것은 부부치료의 핵심 과제라 할 수 있다. 부부체계 내 반복되는 상호작용 패턴 혹은 행동의 순서를 파악하고, 이를 기반으로 어떤 요인들(예: Haley 모델에 따르면, 위계의 혼란)이 현재의 부정적 상호작용 패턴에 기여하는지 살펴볼 필요가 있다. 또한 현재의 역기능적 상호작용 패턴을 방해하고 변화시키기 위한 개입방법으로, Haley가 제안하는 전략적 지시의 다양한 유형들을 부부 사례의 특성과 맥락에 따라 적용할 수 있다.

— **Chapter 10** —

해결중심 부부치료

1. 이론적 배경

필자가 처음 해결중심 단기치료(SFBT)를 접했을 때, 기존의 상담 모델들과는 매우 다른 접근이라는 인상을 받았다. 예외 질문이나 기적 질문과 같은 참신한 기법들은 언뜻 적용하기 쉬워 보였지만, 워크숍 참여와 관련 서적 탐독에도 불구하고 한 가지 의문이 늘 남아 있었다. '내담자의 자원과 성공 경험을 발견해 내는 질문 기법들이 실제로 어떻게 문제해결로 이어진다는 것일까?' '해결중심'이라는 모델의 명칭과는 달리, 자원과 장점을 발견하는 기법들만 있을 뿐 구체적인 문제해결에 이를 어떻게 적용할지 방법에 관한 내용은 찾아보기 어려웠다. 한참 후에야 이러한 의문이 인식론의 차이에서 비롯되었음을 깨달을 수 있었다. 따라서 해결중심적 관점을 이해하기 위해서는 무엇보다 다음과 같은 질문에서 출발할 필요가 있다. '발견된 자원과 장점을 문제해결과 연결하는 것이 과연 해결중심적 관점의 진정한 의도일까?' 나아가, 더 근본적인 질문을 던질 필요가 있다. '문제의 해결이라는 관점 자체에 대한 재고가 필요한 것은 아닐까?'

해결중심 단기치료(SFBT)는 1978년에 설립된 미국 위스콘신주 밀워키의 단기 가족치료센터(BFTC)에서 Steve de Shazer와 Insoo Kim Berg의 다학제 전문가 팀에 의해 개발되었다. BFTC의 설립자인 de Shazer와 Berg는 모두 MRI의 접근법에 크게 영향을 받았으며, 특히 de Shazer는 직접 MRI에서 훈련받은 경험이 있다. 발전 초기 단계에서 SFBT는 유명한 정신과 의사이지 전략적 가족치료 빌진의 토대가 된 Milton Erickson 접근법의 영향을 받아 발전했으며, Milan 가족치료와도 상당한 영향을 상호 주고받았다. 이후 SFBT는 포스트모더니즘과 사회구성주의적 접근, 이야기 치료의 영향을 받아 발전하였다.

SFBT를 개발하고 발전시키는 과정에서 BFTC의 전문가들은 다양한 관점을 제시하였다. 일부는 SFBT에서 가족치료의 체계론적 관점을 유지하고자 했고, 또 다른 이들은 SFBT를 독자적인 치료 접근법으로 확립하려 했다. 시간이 지나면서 SFBT는 내담자 변화를 위해 '해결 대화(solution talk)'에 초점을 맞추는 혁신적인 접근법으로 발전했고, 포스트모더니즘과 사회구성주의적 인식론에 기반한 하나의 독자적인 치료 방법으로 자리 잡게 되었다. 개발 과정에서의 이러한 배경으로 인해 SFBT 치료자들 중 일부는 가족 체계론에 기반한 치료 이론들을 SFBT와 통합하여 적용하기도 한다(Franklin et al., 2022; Friedman & Lipchik, 1999).

이 장에서는 SFBT의 고유한 정체성을 명확하게 보여 주는 접근 방식, 즉 포스트모더니즘과 사회구성주의적 인식론에 바탕을 둔 SFBT를 중점적으로 다룬다. SFBT 과정의 핵심은 협력적인 대화를 통해 새로운 의미를 함께 구성해 가는 것으로, 객관적 실체로서의 '문제'는 존재할 수 없다고 본다. 따라서 본문에서는 '문제'에 대한 반응의 의미를 내포하는 '해결책'이라는 용어 대신, 문제와 무관하거나 문제가 이미 해결된 상태를 나타내는 '해결'이라는 용어를 주로 사용하고자 한다. 이는 '해결 대화' '해결 구축' 등의 표현에서도 마찬가지다. 이러한 용어의 선택은 문제 중심에서 벗어나 해결 중심으로의 전환이라는 SFBT의 핵심 철학을 반영한다.

SFBT는 단기가족치료센터에서 일방경 뒤에서 치료자와 내담자 간의 상호작용을 지속적으로 관찰하고 분석하는 과정을 통해 귀납적으로 발전되었다. 관찰 대상이 된 내담자들 중에는 다양한 문제를 가진 부부들도 있었는데, 이들은 자녀양육, 성 문제에서 가정 폭력과 아동 학대와 같은 심각한 문제까지 다양한 어려움을 겪고 있었다. 부부 문제에 대해 SFBT 치료자들은 언어와 대화의 힘을 활용하여 치료자와 부부 모두가 합의한 새로운 해결 대화를 공동으로 구축해 나간다. 치료자는 부부가 문제 대화에서 벗어나 해결 대화를 구축할 수 있는 자원을 이미 가지고 있다고 보고, 부부와 협력하여 이들이 선호하는 삶의 모습을 함께 구축할 수 있도록 돕는다(Connie, 2021; Franklin et al., 2022; Froerer & Connie, 2016). 이 장에서는 SFBT의 최신 이론과 실제를 바탕으로, 부부 문제와 부부치료 맥락에 어떻게 적용되는지 살펴본다. 해결중심 부부치료(Solution Focused Couple Therapy, SFCT)의 관점과 접근 방법에 관한 논의를 전개할 것이다.

2. 기본 관점

SFBT는 인간의 문제나 정신장애의 원인에 관한 명시적인 설명을 제시하지 않는다. 어떤 특성을 가진 사람들이 더 건강하거나 기능적이고, 또 다른 특성을 가진 사람들이 더 불건강하고 역기능적인지에 관해 관심을 두지 않는다. 단지 사람들은 '문제 대화(problem talk)'를 스스로 지속함으로써 더욱 문제만이 가득한 삶에 빠져들게 된다. 반면, SFBT에서는 인간은 이미 충분한 회복력과 잠재력을 갖추고 있으며, 문제에 더 이상 빠지지 않고 자신이 선호하는 삶을 살아갈 수 있는 능력을 내재하고 있다고 본다.

이와 마찬가지로, SFCT에서도 부부문제가 왜 발생하는지의 원인에 관해 설명하지 않는다. 기능적인 부부와 역기능적인 부부를 구분하여 현재의 역기능적 관계로부터 어떻게 건강하고 바람직한 관계로 변화시킬 수 있는지에 관해 관심을 두지 않는다. 단지 부부가 함께 구성해 온, 부정적이고 과거에 초점을 둔 문제 대화와 이 문제를 해결하기 위한 경직되고 반복된 노력으로 인해 두 사람 모두 문제에 빠져 허우적거리고 있는 것으로 본다. 따라서 SFCT 치료자의 주된 관심은 이들의 문제 대화를 중단시키고 '해결 대화(solution talk)'를 지속하게 하여 부부와 치료자가 함께 해결을 구축하도록 돕는 데 있다. 물론 부부는 각자 정의해 온 문제와는 무관하게 자신들이 선호하는 삶을 공동으로 구성할 수 있는 능력을 이미 갖추고 있는 것으로 본다(Froerer & Connie, 2016; Friedman & Lipchik, 1999).

SFCT 기법들은 해결 대화를 지속시키고, 해결의 공동구축 과정을 촉진하기 위한 것이다. 예외 질문이나 기적 질문 등을 통해 치료자는 강점 중심의 미래 지향적 언어와 기법을 사용하여 부부와 함께 해결에 기반을 둔, 부부가 선호하는 미래를 공동으로 구축해 나간다. 예외 상황과 미래의 바람직한 결과에 초점을 두는 치료자의 관점과 기법은 부부로 하여금 관계에 대한 희망감을 가지게 하고, 문제에 국한된 관점을 넘어서 변화와 해결 구축의 공간을 만들어 낸다.

3. 주요 개념

1) 문제 vs. 해결

SFBT 관점에서는 문제를 해결하기 위해 그 문제를 분석하거나 이해할 필요는 없다고 본다. 전통적인 문제 중심 관점에서 '문제'나 '문제 중심의 대화', 또는 '문제 중심으로 구성된 세계'에서 벗어나 이미 문제가 해결된 상태, 즉 '해결 중심으로 구성된 세계'에 초점을 두고 '해결 대화'를 통해 이를 구축해 가는 과정에 초점을 둔다(Connie, 2021). 즉, 해결중심치료에서의 '해결'이란, 문제에 대한 해결책의 의미라기보다는 내담자가 선호하는, 문제가 이미 해결된 상태의 세계를 치료자와 함께 구축해 나가고자 하는 의미가 포함되어 있다. 예외적인 상황이나 아주 작은 변화와 같은 긍정적인 면을 발견하여 확장하는 데 초점을 두는 주된 이유가 여기에 있다.

2) 과거 vs. 현재와 미래

과거를 통해 문제의 원인을 탐색하거나 과거를 바탕으로 문제를 이해할 필요는 없다. 해결 구축을 위해서는 내담자의 현재에 관한 최소한의 정보만 필요하며, 과거보다 미래에 발생할 가능성과 '희망'에 주된 관심을 둔다. 여기서 '희망'이란, 현재의 어려움이 개선될 것이라는 믿음을 넘어, 내담자가 자신의 강점과 자원을 활용하여 선호하는 미래를 향해 긍정적인 변화를 만들어 낼 수 있다는 믿음을 의미한다. 치료자는 치료 과정에서 내담자가 이러한 희망을 지속적으로 가질 수 있도록 돕는다.

3) 장애 vs. 강점과 자원

내담자의 문제나 정신 장애보다는 기존에 가진 강점과 자원에 초점을 둔다. 치료자는 내담자 삶의 모든 측면에서 강점과 자원을 탐색하며 이를 바탕으로 선호하는 미래와 해결을 구축해 나간다. 이 과정에서 치료자는 대처 질문이나 예외 질문 등을 활용하여 내담자가 선호하는 미래의 모습을 그려보거나 과거에 문제를 성공적으로 다루었던 경험을 찾아내도록 돕는다. 이렇게 발견된 내담자의 강점과 자원은 선호하는 미래와 해결을 구축해 나가는 토대가 된다.

4) 문제의 내용 vs. 언어와 의미

SFBT 치료자는 내담자의 언어와 의미에 세심한 주의를 기울인다. 내담자가 사용하는 언어에 특별히 주목하며, 그 언어가 내포하는 의미를 탐색한다. 내담자의 내적 참조체계로부터 나온 언어는 그들이 경험하는 여러 사건들의 의미를 만들고, 이에 따른 주관적 현실을 정확하게 반영한다고 본다. 치료자는 내담자와의 치료 과정에서 상호작용을 통해 '현실의 공동 창조'가 일어남을 인식하고, 이에 따라 해결 구축을 위해 치료 회기에서 다양한 의미와 관점을 협상하고 재구성하는 과정이 중요하다고 여긴다(Connie, 2021; Franklin et al., 2022; Froerer & Connic, 2016).

4. 평가와 사례개념화

1) 평가

SFCT 치료자는 부부가 어떤 행동을 하고 어떻게 서로 상호작용하는지, 부부가 자신들의 어려움을 어떻게 묘사하고 어떤 변화를 원하는지, 그 변화가 부부의 실제 경험 속에서 어떻게 일어날 수 있는지에 호기심을 가진다. 치료 과정에서 최우선적으로 고려하는 것은 전문 지식에 바탕으로 둔 치료자의 평가보다는 부부가 어떤 경험을 하고 어떤 목표를 가지는지, 어떤 가치와 동기, 세계관을 가지는지하는 것이다. 따라서 SFCT에서 평가 과정은 별도의 치료 단계로 다루기보다는 치료 회기 전반에 걸쳐 진행되는 지속적인 과정으로 본다. 이 과정은 치료자와 부부 간 질문과 답변 과정을 통해 계속 구축되고 변화하며, 이 과정 자체가 개입의 성격을 가진다(Connie, 2021; Franklin et al., 2022). 즉, 치료자의 질문들은 단순히 정보를 수집하기 위한 것이 아니라 부부의 관점을 이해하고 해결의 구축을 향한 과정 자체에 기여하는 것으로 볼 수 있다.

해결중심치료의 핵심적인 특성은 현재 상황에 초점을 맞추면서도 미래 지향적인 점이라 할 수 있지만, 부부의 과거에 관한 정보 역시 해결 구축을 위한 자원으로 활용되기도 한다. 예를 들어, 부부의 과거에 관한 이야기를 듣더라도 SFCT 치료자는 과거의 예외 상황과 성공 경험에 주로 주의를 기울이고, 어떻게 이 부부가 과거에 효과적이었던 것을 현재나 미래에 더 많이 하도록 할 수 있는지에 초점을 두며 들을 수 있다. 과거 정보를 해결 구축의 자원으로 활용하면서 치료자는 부부가 처음 어떻게 만났는지, 서로에게 매력적인 점은 무엇이었는지에 관해 질문하고, 이를 토대로 현재 문제에 대한 예외 상황을 지적할 수도 있다.

2) 사례개념화

SFCT 치료자는 사례개념화를 통한 개입 전략을 수립하지 않는다. 대신에 '경청-선택-구축'이란 3단계의 순환적 과정에 참여하여 부부와 함께 협력적으로 해결을 구축해 나간다(Froerer & Connie, 2016). 먼저 치료자는 부부의 내적 참조체계에 따라 사용하는 언어에 관심을 가지고, 이들의 이야기를 세심하게 따라가면서 진심으로 궁금해하며 듣는다(경청). 이때 치료자는 부부가 사용한 단어나 참조체계를 사용하여 더 풍부하고 진정성 있는 정보를 이끌어 낸다. 부부로부터 얻은 정보에서 치료자는 '해결'과 연관된 특정 이야기를 선택하여 대화를 진행시킨다(선택). 이를 기반으로 다양한 해결중심 기법들을 활용하여 부부가 해결 중심의 세계를 구축해 나가도록 돕는다(구축).

5. 치료적 초점과 목표

SFCT의 목표는 부부가 해결을 공동 구축해 나가도록 돕는 것이다. 부부는 보통 문제 대화에 빠져 있는 상태로 상담실을 방문하는데, 이때 치료자는 문제 대화보다는 해결 대화를 촉진하면서 해결의 조각들을 함께 구축해 나가는 데 초점을 둔다. 이를 위해 SFCT 치료자는 부부의 문제 대화를 방해할 필요가 있다. 문제 대화를 때로는 무시하거나 해결 대화와 연결되는 단서들에 초점을 두면서 부부와 함께 해결을 구축해 나간다. 치료자는 부부의 문제 대화가 서로에게 좌절감을 주는 말다툼이나 비난, 정서적인 격화로 발전하기 전에 개입하여 이를 중단시키고, 다양한 해결중심 기법들을 적용하여 부부의 관심을 문제보다는 해결로, 그리고 자신들이 선호하는 미래의 모습으로 전환시키고자 한다. 부부가 만약 적절하게 진전을 보이고 있다면, "잘 되고 있다면, 고치지 말라"는 해결중심치료의 기본 원칙을 지키면서 그 "잘 되고 있는 것"을 더 많이 하도록 치료자가 단지 격려할 필요가 있다(Connie, 2021; Franklin et al., 2022; Froerer & Connie, 2016).

6. 치료 과정과 구조

SFCT 치료자는 가능한 한 치료 과정 초기부터 부부 양측을 모두 회기에 참여시킨다. 사전에 정해진 최대 회기 횟수는 없지만, 해결중심치료의 단기적이고도 최소주의적(minimalistic) 특성에 따라 SFCT 역시 최소한의 필요한 횟수 동안 회기를 진행하며, 치료 과정은 일반적으로 1회에서 10회 사이로 이루어진다. 회기는 보통 1주일에서 몇 주 간격으로 진행되는데, 회기 빈도는 부부와 치료자가 논의하여 더 유용하고 편하게 여겨지는 간격으로 결정된다. 1주일 내에 재방문을 원하는 부부에게는 이들의 변화에 대한 강한 열정과 의지를 칭찬할 수 있고, 1개월 후 재방문을 원하는 부부에게는 진전을 위해 시간을 더 필요로 하는 태도를 칭찬할 수 있다(Franklin et al., 2022; Froerer & Connie, 2016).

부부가 후속 회기에 재방문할 때, SFCT 치료자는 안전하고 협력적인 분위기를 만들면서 이전에 비해 어떤 변화나 진전이 있었는지 질문한다. 이때 치료자는 이전에 비해 무엇이 더 나아졌는지를 이끌어 내고(Elicit, E), 나아진 것을 확장시키며(Amplify, A), 이를 강화하면서(Reinforce, R), 또 다시 나아진 다른 것에 관하여 묻는(Start again, S) 'EARS' 원칙에 따라 해결을 지속적으로 구축해 나간다. 또한 부부가 이루고자 하는 바람직한 결과를 향해 어떤 진전이 있었는지 구체적으로 파악하고, 그 긍정적인 변화를 이루어내는 데 두 사람이 어떻게 적극적으로 노력하고 참여하고 있는지 확인한다. 어떤 부부들은 뚜렷한 진전이 없다거나 오히려 문제가 악화되었다고 보고하기도 하는데, 이 경우 치료자는 대처 질문기법을 사용할 수 있다. 예를 들어, "문제 상황이 더 악화되지 않도록 어떻게 대처하셨나요?" 혹은 "문제가 악화되고 있다고 말씀하셨지만, 오늘 이렇게 다시 오신 것을 보면 두 분 모두 계속 노력하려는 동기가 있어 보입니다. 두 분이 계속 노력하게 만드는 동기가 무엇일까요?"와 같이 해결 지향의 질문을 지속해 나간다. 이러한 상황에서 부부가 언급한 문제 상황에 초점을 두는 것은 부부의 좌절감만 증가시키므로 치료 과정에서 피해야 한다.

　SFCT 과정은 부부가 자신들의 목표가 충분히 달성되었다고 만족할 때 종결된다. 목표 달성에 대한 부부의 만족도와 종결 시점은 미래 지향적인 다음의 목표 설정 질문을 통해 확인할 수 있다. 예를 들어, 치료자는 "두 분이 여기에 오신 목적을 충분히 달성해서 지금 하고 있는 이 작업을 그만둔다면, 이것을 우리가 어떻게 알 수 있을까요?" 혹은 "앞으로 몇 회기 이후에 두 분이 이 방을 나가며 서로를 보면서 '여기 더이상 올 필요없겠어'라고 생각할 수 있으려면 어떤 일이 일어나야 할까요?"와 같은 질문을 할 수 있다. 중요한 건, 부부가 준비되었다고 느낄 때 언제든 치료를 종결할 준비가 되어 있어야 하며, 동시에 추후 회기의 가능성도 열어 두어야 한다는 것이다(Connie, 2021; Froerer & Connie, 2016).

7. 치료자 역할

　SFCT 치료자는 부부가 상담받으러 온 문제에 관해 새로운 의미를 공동으로 구축해 나가는 촉진자로서의 역할을 수행한다. 부부가 '문제 대화'에 빠져 들지 않고 해결중심적 대화를 통해 해결을 구축해가도록 돕는 데 초점을 둔다. 여기서 해결중심적 대화란, 부부가 문제보다는 해결과 선호하는 미래의 모습에 초점을 두고 부부의 삶에서 문제시되지 않았던 상황이나 성공적으로 대처했던 경험을 발견하도록 돕는 과정을 포함한다. 부부의 목표나 부부가 선호하는 미래를 촉진하기 위해 치료자는 주의 깊게 경청하고 전략적으로 질문할 뿐만 아니라 해결 구축과 관련한 부부의 반응을 의도적으로 선택하여 강조한다(Connie, 2021; Franklin et al., 2022).

해결중심치료에서는 치료자가 '초심자의 마음(beginner's mind)' 또는 '알지 못함의 자세(not-knowing stance)'를 기본적인 태도로 취할 것을 강조한다. 이는 치료자가 선입견이나 전문가적 가정을 내려놓고, 호기심과 열린 마음으로 내담자의 고유한 경험, 강점, 자원을 이해하고 존중하며, 내담자를 자기 삶의 전문가로 인정하는 자세를 의미한다.

개인 내담자 대상의 해결중심치료와 다르게 SFCT 치료자가 염두에 두어야 할 추가적인 점은 부부간의 대화를 촉진하고, 부부를 하나의 단위로 보며 대화할 필요가 있다는 점이다. SFCT 치료자는 또한 문제 중심의 내러티브에 거의 주목하지 않기 때문에 새로운 질문들을 통해 회기 내에서 서로 힘겨루기하는 부부의 주의를 해결 중심의 방향으로 전환시킬 수 있도록 돕는 역할을 한다. 회기 중에 나타나는 부부간 논쟁이나 의견 불일치를 문제로 보지 않고, 이를 부부의 더 풍부한 이야기를 이끌어 내어 새로운 해결 구축을 위한 의미 있는 기회로 본다(Friedman & Lipchik, 1999; Froerer & Connie, 2016).

8. 치료적 개입

부부치료에서 '기법'이란 용어는 치료자가 부부의 변화를 위해 무언가를 실행한다는 의미를 담고 있지만, SFCT 치료자는 부부를 대상으로 무언가를 하는 '기법'의 차원보다 치료자와 부부간의 협력적이고도 해결구축 중심의 대화에 초점을 둔다. SFCT는 해결중심 단기치료(SFBT)의 기본 원리와 변화 기제를 토대로 하여 치료자는 미래 지향적이고 강점 중심적인 관점을 가지고, 부부를 자신들의 삶의 전문가로 인정하는 태도로 치료에 임한다. 따라서 SFCT는 특정 기법들이나 공식화된 절차에 의해 정의되는 것이 아니라 치료자가 부부에 대해 어떻게 생각하고 접근하는지에 의해 정의될 수 있으며, 치료자는 부부가 서로 연결될 수 있도록 촉진하고, 개입을 최소화하여 부부 스스로 해결을 구축해 나갈 수 있도록 돕는 데 초점을 둔다. 부부의 해결 구축을 돕기 위한 SFCT의 주요 기법들은 다음과 같다 (Connie, 2021; Franklin et al., 2022; Froerer & Connie, 2016).

1) 회기 전 변화 질문

SFCT에서는 첫 치료 회기가 시작되기 전부터 이미 진행되고 있는 부부 변화의 징조를 인식하는 것이 효과적이라 본다. 예약 전화 등을 통한 최초의 접촉 시점과 부부와의 첫 치료 회기 사이에 현재 문제가 존재하지 않는 예외적인 순간이나 사건에 부부가 주의를 기울여 보도록 치료자가 요청할 수 있다. "우리가 다음에 만날 때까지 부부 관계에서 계속되기를 바라는 일이 무엇인지 관찰해 주시고 다음에 만날 때 말씀해 주세요" 이 기법은 긍정적인 일이 이미 일어나고 있을 뿐만 아니라 부부가 이를 알아차릴 수 있다는 전제 하에 제공되며, 부부가 관찰한 내용을 다음 회기에 논의함으로써 부부의 해결 구축을 위한 새로운 인식을 강화하고 확장하는 데 도움을 준다.

2) 목표 설정 질문

SFCT 치료자는 일반적으로 부부 모두에게 다음의 질문들을 하면서 첫 회기를 시작한다. "오늘 이 치료가 가치 있는 과정이 되기 위해서는 이 치료에서 어떤 일이 일어나면 좋을까요?" "이 치료를 통해 가장 바라는 점(best hopes for the therapy)은 무엇일까요?(혹은, 부부 관계에서 가장 바라는 점은 무엇인가요?)" "이 치료가 효과가 있다는 것을 어떻게 알 수 있을까요?" "이 치료에서 어떤 것이 도움이 될 거라 생각하시나요?" "먼저 각각 개별적으로 질문 드리고 나서 부부로서도 함께 묻고 싶은 질문이 있습니다. 오늘 이 첫 회기를 마치고 나가실 때, '이 회기가 쓸모가 있었고, 시간 낭비는 아니었어'라고 생각할 수 있으려면 무엇이 달라지거나 무슨 일이 일어나면 좋을까요?"

　이러한 질문들에 대해 부부는 서로 유사하거나 조화로운 목표를 제시할 수도 있지만, 개별적인 각각의 목표가 서로 충돌하는 경우도 있다. 치료자는 부부 양쪽 모두에게 응답을 받은 후, 부부간 서로 다른 견해가 있다면 그것을 조율하고자 시도한다. 예를 들어, 부부가 서로 적대감을 표현하지만 둘 다 관계를 개선하고 싶어할 때 치료자는 "두 분 모두 관계를 개선하길 원하시고 또 개선하고자 노력하고 계시네요. 맞나요?"라고 할 수 있다. 부부가 서로 다툴 때가 있지만 둘 다 더 많은 시간을 함께 보내고 싶어한다면 치료자는 "두 분 모두 더 많은 시간을 함께 보내고 싶어하는 마음이 있는 것처럼 보이네요."라고 할 수 있다. 부부간 합의되고도 조화로운 목표를 촉진하기 위한 또 다른 기법은 관계성 질문을 사용하는 것이다.

3) 관계성 질문

　관계성 질문은 관계적 맥락에서 부부가 원하는 변화가 무엇인지 파악하고, 그 변화가 서로에게 어떤 의미 있는 차이를 만들어 낼 수 있는지를 탐색하여 해결을 구축해 나가는 데 사용한다. 또한 부부 각 개인으로 하여금 상대방의 관점에서 자신의 변화를 바라보고, 그러한 변화가 어떻게 관계 개선으로 이어질 수 있는지를 협력적인 방식으로 생각해 보도록 함으로써 공동의 해결 구축을 촉진한다. 이러한 유형의 질문은 부부 각자가 관계 맥락에서 어떤 변화를 원하고 필요로 하는 바를 탐색하게 하여 함께 해결을 구축할 수 있는 길을 열어준다. 치료자는 무엇보다 관계성 질문을 통해 부부간 상호 합의된 치료 목표를 공동으로 구축해 나가도록 촉진할 수 있다. 다른 해결중심 기법들과 마찬가지로, 관계성 질문은 치료자와 부부가 협력적으로 해결을 구축해 나가는 과정에서 활용할 수 있는 유용한 정보를 이끌어 내는 것을 주된 목적으로 한다. 예를 들어, 치료자는 다음과 같이 관계성 질문을 적용할 수 있다: "당신의 배우자가 당신이 원하는 바대로 변화된다면,

그 변화가 당신에게 의미 있는 영향을 미치고 있음을 말해 주는 이전과 달라진 당신의 변화를, 당신의 어떤 행동을 보고 알 수 있을까요?" "당신이 배우자의 요구에 어떻게 응대할 때, 배우자가 이전과는 달라진 당신의 모습을 보고 알 수 있을까요?" "배우자가 어떤 점을 보고 당신과의 관계 문제해결에 진척이 있음을 알 수 있을까요?"

4) 기적 질문

기적 질문은 부부의 해결 구축을 위한 목표 설정을 돕는 데 사용되며, 특히 부부가 자신들이 구축하고자 하는 미래의 모습을 구체화하기 어려워할 때 유용하다. 기적 질문의 주된 취지는 부부가 함께 구축하고자 하는 선호하는 미래의 모습을 세부적으로 묘사하도록 하는 것으로, 치료자는 이 정보를 활용하여 공동의 해결 구축을 향한 협력을 촉진해 나간다. 기적 질문은 다양한 방식으로 제시되지만, 일반적으로 다음과 같은 형식을 따른다.

"두 분에게 한 가지 질문을 드릴 텐데, 다소 상상력이 필요할 수 있습니다. 두 분이 오늘 회기를 마치고 댁으로 돌아가시겠죠. 평소처럼 남은 하루를 보내고 이제 잠자리에 듭니다. [잠시 멈춤] 그런데 두 분이 잠든 사이에 기적이 일어났습니다. [잠시 멈춤] 그리고 오늘 여기로 오게 했던 문제들이 모두 해결되었습니다. 두 분은 잠들어 있기 때문에 그 기적이 일어났다는 것을 모르고 있어요. 다음 날 아침에 일어나 하루를 시작할 때, 가장 먼저 무엇이 이전과는 달라져 있음을 알게 될까요? (혹은, 다음 날 아침에 일어나 하루를 시작할 때, 배우자가 무엇을 이전과 달리 하고 있는 걸 보고, 뭔가 변화가 있었음을 알 수 있을까요?)"

5) 예외 질문

예외 질문은 부부가 선호하는 상호작용이 이미 일어났던 시기를 찾아내고 강조하여, 부부가 이미 실천했던 행동을 통해서도 의미 있는 변화를 만들어 낼 수 있는 능력을 갖추고 있음을 스스로 자각할 수 있도록 돕는다. 이 질문은 해결중심치료의 기본 원칙 중 하나를 반영한다: "효과가 있다면, 그것을 더 많이 하라" 일상생활에서 성공적으로 잘하고 있으면서도 의식하지 못했던 상호작용을 발견하고 그러한 행동을 의도적으로 더 많이 수행하도록 강화한다. 부부치료에서 예외 질문은 부부가 함께 이러한 순간들을 찾아나가고 이를 공유할 수 있도록 해서 자신들의 관계에 대해 더 희망적으로 생각할 수 있게 하고, 결과적으로 이러한 경험들을 바탕으로 해결을 함께 구축해 나가도록 돕는다.

예를 들어, 치료자는 부부에게 다음과 같은 질문을 할 수 있다: "과거에 이러한 문제가 발생할 수도 있었지만 실제로 발생하지 않았던 때가 있었나요?(혹은 문제의 강도가 덜했거나 문제를 더 잘 다루었던 때)" "이 문제를 지금보다 더 잘 다루었던 때가 있었나요?" "배우자가 당신에게 긍정적인 영향을 미치는 행동을 한 적이 있었을 때, 당신이 배우자에게 그것을 어떻게 알려주셨나요?" 부부가 만약 예외나 성공 경험을 전혀 찾아내지 못한다면, "두 분이 과거 한 때 좋은 관계를 가졌다고 하셨는데, 그 때는 지금과 어떻게 다른가요?(혹은 "지금과 유사한 갈등을 어떻게 해결하셨나요?")"란 질문을 사용할 수 있다.

6) 대처 질문

대처 질문을 통해 치료자는 부부가 겪는 어려움과 고통을 인정하고, 동시에 부부가 가진 회복력과 내적 자원을 강조하면서 부부가 이미 자신들의 삶에서 구축해 온 해결의 모습들을 드러내고 그 노력을 칭찬한다. 이 질문은 특히, 부부가 외상이나 위기 경험이 많을 경우에 더 가치 있게 적용될 수 있다. SFCT 치료자는 적절한 공감을 표현하면서 삶에서 겪는 어려움과 지금까지의 해결 구축 노력을 먼저 인정한 뒤 부부와 함께 새로운 해결을 구축해 나간다. 이러한 면에서 대처 질문은 회기 초반의 협력적 관계 형성 과정에서, 또는 회기 중간중간에 부부를 정서적으로 지지하고 부부와 치료자 간 해결 구축을 위한 협력 관계를 강화하기 위한 목적으로 사용될 수 있다. 치료자는 또한 이 질문을 통해 부부가 서로에게 이미 도움이 되고 있는 상호작용에 주목하여 이를 해결 구축의 자원으로 활용할 수 있도록 돕는다.

예를 들어, 치료자는 다음과 같은 질문을 사용할 수 있다. "두 분간 다툼이 그렇게 심했는데도, 어떻게 상황이 더 악화되지 않도록 하셨나요?" "두 분이 한동안 서로 얘기도 하지 않았었는데, 어떻게 이렇게 약속 시간을 잡아 함께 오실 수 있었나요?" "두 분이 오늘 이렇게 여길 찾아주신 건 그간의 어려운 상황에 잘 대처하고 관계를 유지하고자 하는 노력일 텐데요, 이러한 노력 이외에 대처를 위해 또 다른 어떤 일들을 하셨나요?" "이 어려운 상황을 대처하기 위해 두 분이 많은 일들을 하고 계시네요. 지금 사용하고 계신 대처 방법 중에서 가장 도움이 되는 대처 방법은 무엇이라 생각하시나요?"

7) 척도 질문

척도 질문을 통해 부부 관계 만족도를 그 정도에 따라 0은 최악, 10은 최상을 나타내는 0에서 10까지의 척도로 표현하게 할 수 있다. 치료자는 문제중심의 대화에서 해결중심의 대화로 전환하기 위한 목적으로 이 척도 질문을 독특한 방식으로 사용할 수 있다. 예를 들어, 부부가 자신들의 현재 관계 만족도를 2점으로 평가한 경우, 치료자는 "두 분께서 관계 만족도를 2점이라고 하셨는데, 0점이나 1점이 아닌 2점을 주신 이유가 있을까요?"와 같이 질문할 수 있다. 이 후속 질문을 통해 치료자는 부부의 부정적 평가에 따른 문제 대화에서 벗어나 0점 이상의 점수로 평가하게 만든 요인들에 기초한 해결 대화에 주의를 기울이도록 한다.

척도 질문은 또한 치료자가 부부와 함께 설정한 목표를 향해 실행 가능한 단계들을 구축해 나가고자 할 때에도 활용할 수 있다. 예를 들어, 치료자는 "두 분 모두 현재 관계 만족도를 2점으로 평가하셨는데, 그럼 2점에서 2.5점으로 향상시키기

위해 어떤 일들이 필요할까요?"와 같이 질문할 수 있다. 척도 질문은 관계 만족도
와 유사한 방식으로 부부 관계에 대한 긍정적 기대감 영역에도 적용할 수 있다.

9. 사례 적용

1) 기본 정보

K씨(남, 36세)와 Y씨(여, 31세)는 결혼한 지 1년이 된 부부이다. K씨는 중소기업
마케팅 부서에서 일하다 6개월 전 온라인 쇼핑몰 사업을 시작했다. Y씨는 중학교
영어 교사로 일하면서 야간에는 교육대학원에서 석사 과정을 공부하고 있다. 두
사람은 소개팅으로 만나 2년간 연애 후 결혼했다. 현재 서울의 한 아파트에서 전
세로 살고 있다. K씨는 보수적인 경상도 출신 가정에서 자랐으며, 부모님과의 관
계가 소원한 편이다. Y씨는 개방적인 서울 출신 가정에서 자랐고, 부모님과 친밀
한 관계를 유지하고 있다.

2) 호소 문제

K씨와 Y씨 부부는 결혼 생활 초기부터 개인의 자율성과 부부간 친밀감 사이에
서 균형을 찾는 데 어려움을 겪고 있다. K씨는 새로운 사업으로 인한 스트레스로
Y씨에게 전보다 더 많은 정서적 지지와 이해를 요구한다. 반면, Y씨는 교직 업무
와 대학원 공부를 병행하느라 시간과 에너지가 부족해 K씨의 요구에 부응하기 어
렵다고 느낀다. 서로 의사소통 방식의 차이로 인해 자주 갈등이 발생하는데, 특히
K씨는 직설적인 표현을 선호하는 반면, Y씨는 간접적인 표현을 더 선호한다. 각
자 스트레스 상황에서의 대처 방식도 다른데, K씨는 힘든 상황에서 더 많은 지지
와 친밀감을 원하는 반면, Y씨는 혼자만의 시간을 필요로 한다. K씨는 자신의 새

로운 사업에 대해 Y씨가 충분히 지지해 주지 않는다고 느끼며, Y씨는 K씨가 자신의 교직과 학업을 충분히 존중해 주지 않는다고 생각한다. 부부는 결혼 생활에 대한 기대와 현실 사이의 간극으로 인해 실망감을 느끼고 있으며, 부부간 갈등이 발생했을 때 효과적으로 해결하는 방법을 찾지 못해 작은 다툼이 큰 싸움으로 번지는 경우가 잦다.

3) 치료 진행 과정

(1) 1회기: 부부 공동 회기

치료자: 오늘 이렇게 두 분을 만나 뵙게 되어 반갑습니다. 두 분께서 이 상담을 통해 어떤 변화를 이루고 싶으신지 먼저 들어보고 싶습니다.

K씨: 저는 아내가 제 마음을 잘 이해해 주고 응원해 주는 게 가장 중요해요. 특히 요즘 새로운 사업을 시작하면서 스트레스가 많은데, 그럴 때 아내가 옆에서 힘이 되어주면 정말 좋겠어요.

치료자: 네, 아내분의 이해와 응원이 중요하다고 느끼시네요. 구체적으로 아내분의 어떤 모습이 가장 힘이 되고 응원받는다고 느끼세요?

K씨: 음… 제 사업에 대해 관심을 가져주고, 공격하거나 비판하지 않고 받아들여 주는 거요.

치료자: 알겠습니다. Y씨는 어떠세요?

Y씨: 저는… 남편이 제 일과 공부를 존중해 주고 이해해 주는 게 중요해요. 가끔 남편이 제 교직이나 대학원 공부에 대해 별 가치를 두지 않는다고 느낄 때가 있어요. 그리고 의사소통 방식의 차이도 있어요. 저는 간접적인 표현을 선호하는데, K씨는 매우 직설적이에요.

치료자: 네, 일과 공부에 대한 존중과 의사소통 방식의 차이가 중요한 이슈군요. 두 분 모두 상대방이 자신만큼 관계에서 어려움을 겪고 있다고 생각하시나요?

K씨와 Y씨: (서로 바라보며) 네, 그렇습니다.

치료자: 두 분의 이야기를 들어 보니 두 분 모두 관계에서 변화를 원하시는 것 같습니다. 만약 우리가 지금 이 자리에서 대화를 나누고 집으로 돌아가신 후 오늘 밤 기적이 일어나

서 두 분의 관계가 각자가 바라는 대로 변한다면, 내일 아침에 일어났을 때 어떤 점이 달라져 있을까요? 아주 작은 것이라도 좋습니다.

K씨: (Y씨를 바라보며) 내가 말해도 돼?

Y씨: (웃으며) 응, 먼저 얘기해.

K씨: 음… 아마도 아침에 일어나면, 서로를 더 이해하고 있는 그대로 받아들이는 모습일 것 같아요.

치료자: 네, 서로를 있는 그대로 받아들는 것이 중요하다고 보시는군요. Y씨는 어떻게 생각하세요?

Y씨: 음… 비슷한 생각이에요. 하지만 제게는 신뢰가 가장 큰 문제예요.

치료자: 신뢰라… 구체적으로 어떤 면에서요?

Y씨: 남편이 저를 비판하거나 냉소적으로 대하지 않고 진정한 파트너가 되어줄 거라는 신뢰가 부족해요. 만약 그런 기적이 일어난다면… 아침에 일어났을 때 남편을 보면서 그가 진정한 파트너라는 걸 다시 느낄 수 있을 것 같아요.

치료자: 만약 기적이 일어나서 내일 그 신뢰가 회복된다면, 어떤 징후로 알 수 있을까요?

Y씨: 예를 들어, 남편이 제 의견을 진지하게 듣고 존중하는 모습을 보이는 거예요. 아침 식사를 하면서 서로의 일정을 공유할 때, 남편이 제 대학원 수업에 대해 진심으로 관심을 갖고 물어보고, 제 고민을 들어주는 거죠. 그리고 제가 의견을 말할 때 비판하거나 냉소적인 반응 없이 이해하려 노력하는 모습을 보여 주는 거예요. 무엇보다 남편의 눈빛과 말투에서 우리 관계를 정말 소중히 여기고 있다는 걸 느낄 수 있다면 좋겠어요. 그러면 저도 자연스럽게 남편의 사업에 대해 더 지지하고 응원하는 마음이 생길 것 같아요.

치료자: K씨도 오늘 밤 기적으로 내일 아침 바라는 대로 된다면, 어떤 징후로 알 수 있을까요?

K씨: 예를 들어, 아침 식사를 하면서 제가 새로운 사업 아이디어를 이야기하면 아내가 비판 없이 경청해 주고, 저도 Y씨의 학업 고민을 열린 마음으로 들어주는 거예요. 그리고 서로의 말에 방어적으로 반응하지 않고, 진심으로 이해하려고 노력하는 모습을 보일 것 같아요.

Y씨: 제가 6개월 전에 교육대학원을 시작하고, K씨가 온라인 쇼핑몰 사업을 시작하면서부

터 문제가 더 커진 것 같아요. 갑자기 해야 할 것들이 너무 많아졌어요. 저는 시간이 정말 부족해졌고, 집안일에 대해 남편에게 이전보다 많은 걸 요구했어요. 남편이 집안일을 도와주겠다거나 제 학업 일정을 배려하겠다고 약속했는데 자주 지키지 않았어요. 그런데 그걸 별 문제 아닌 것처럼 행동했죠. 처음엔 작은 일이었지만, 점점 쌓이면서 큰 문제가 됐어요. 그러면서 신뢰가 많이 무너졌어요. 그리고 제가 학교 일과 대학원 공부를 병행하느라 스트레스가 많았는데, 남편은 그걸 이해해 주지 않고 오히려 비난하는 태도를 보였어요. 아마도 우리 둘 다 새로운 도전을 시작하면서 받는 스트레스와 불안 때문일 수도 있어요.

치료자: 두 분의 관계에서 지금보다 더 좋았던 때를 떠올려보실 수 있을까요? 그때는 어떤 점이 달랐나요?

Y씨: 주말이나 휴가 때는 관계가 좀 나아지긴 해요. 일상의 압박에서 벗어나 스트레스도 덜 하고 함께 보내는 시간도 많았거든요.

치료자: 두 분이 함께 시간을 보낼 때 어떤 점이 좋으신가요?

Y씨: 함께 웃고, 이야기 나누고, 아이디어도 공유해요.

K씨: 아, 맞아요. 저희는 서로 편하면서도 재미있게 지내요. 특별히 계획하지 않아도 즐거운 시간을 보내곤 해요.

치료자: 두 분 관계가 좋을 때 어떤 점들이 달라지는 것 같나요? 혹시 눈에 띄는 변화들이 있나요?

Y씨: 글쎄요… 딱 잘라 말하기는 어렵지만, 남편이 제 말에 일일이 토를 달지 않고 그냥 들어주는 모습이 보이는 것 같아요. 제 말을 고치거나 바꾸려 하지 않고 그냥 받아들이는 거요. 뭐랄까… 전체적으로 저를 인정해 주는 느낌이랄까요?

치료자: 네, 알겠습니다. K씨는 어떠세요? 어떤 변화를 보시게 될까요?

K씨: 저는… 자유로워지고 싶은데… 잠깐만요, 표현이 힘드네요. 아내가 지지해 주는 모습이요.

치료자: 구체적인 예를 들어서 그게 어떤 모습일지 설명해 주실 수 있나요?

K씨: (긴 침묵) 이걸 말로 표현하기가 어렵네요… (Y씨를 바라보며) 제가 보기에는 아내가 더

친근하게 대해 주는 것 같아요.

치료자: 음, 친근하게 대한다는 건 Y씨의 얼굴에 미소기 보인디거니 하는 걸까요?

K씨: 글쎄요. 저는 제 하루 일과를 함께 나누는 걸 좋아하는데, 그런 걸 아내가 잘 받아주었으면 좋겠어요.

치료자: 관심을 가져주면 좋으시겠던 거군요?

K씨: 네, 그렇죠. 허공에다 대고 얘기하는 것 같지 않았으면 해요.

치료자: 알겠습니다. 지금까지 들은 바로는, 두 분은 결혼한 지 1년이 되셨고, 관계가 전보다 더 갈등 상황으로 변해가는 것 같아 상담을 오셨습니다. Y씨는 비판받고 공격받는다고 느끼시고, 본인의 의견이 존중받지 못한다고 생각하시는 것 같아요. K씨는 원하는 만큼의 응원과 지지를 받지 못해 불만을 느끼시는 것 같고요. 이런 차이점에도 불구하고 두 분 모두 관계에서 같은 것을 원하시는 것 같습니다. 상대방로부터 인정받고 이해받고 또 지지받기를 모두 원하고 계십니다.

제가 생각하기에 두 분은 관계의 전환기에 있는 것 같아요. 상대방이 원하는 모습만 보여 주려 했던 로맨틱한 단계에서, 이제 서로의 차이점들이 드러나면서 그 다음 단계로 넘어가고 계신 것 같습니다. 두 분 모두 사업과 학업이라는 새로운 도전에 직면해 있어, 서로의 차이점이 더욱 부각되고, 서로에게 더 큰 스트레스로 작용하고 있는 것 같네요. 이런 전환기는 관계에서 아주 정상적인 발전 과정으로 볼 수 있습니다. 다만 두 분은 최근에 갑자기 바빠지면서 함께 보내는 시간이 줄어들어 이 과정을 더 강렬하게 경험하신 것 같습니다. 문제가 오래 지속되기 전에 일찍 도움을 요청하신 건 정말 잘하신 일이에요.

보통 부부상담을 할 때, 부부가 함께 만난 후에 각자와 한 번씩 개별적으로 만나는 시간을 가집니다. 이렇게 하면 각자의 생각과 감정을 더 깊이 이해할 수 있거든요. 괜찮으신가요? (두 사람 모두 동의하며 고개를 끄덕인다.) 그리고 한 가지 과제를 드리고 싶어요. 두 분의 관계에서 계속 유지하고 싶은 것들이 무엇인지 잘 관찰하고 생각해 보신 후에 다음 회기에 알려주시면 됩니다. 지금까지 변화하고 싶은 것들에 대해 많이 말씀해 주셨는데, 이번에는 변화하고 싶지 않은 것들에 대해 알려주시면 좋겠습니다. 이건 따로 생각해 보시고 서로 공유하지 않으셨으면 좋겠어요.

(2) 2회기: 남편 K씨와의 개별 회기

[간단한 인사를 나누고 개별 회기를 가지는 이유 및 비밀 보장에 관해 설명한 후]

치료자: 자, 그럼 오늘 이야기하고 싶은 것이 있으신가요?

K씨: 글쎄요, 지금 특별한 건 없습니다. 그런데, 지난번 상담 이후 관계를 생각해 보면, 관계가 좋을 때와 나쁠 때가 반반 정도인 것 같아요.

치료자: 아 그렇군요. 이전과 비교해서 어떤 점이 달라졌나요?

K씨: 저희가 서로를 더 신경 쓰게 된 것 같아요. 선생님이 주신 과제가 도움이 됐어요. 그간 속에 쌓아뒀던 게 조금 풀린 느낌이에요. 얼마 전에 아내랑 솔직하게 얘기를 나눴어요. 제가 잘못했을 때만 지적하지 말고, 잘하고 있을 때도 말해달라고 얘기했거든요. 그랬더니 아내가 제가 요즘 집안일을 전보다 더 많이 돕는 걸 고맙다고 하더라고요. 정말 좋더라고요.

치료자: 와, 정말 좋은 변화가 있었네요. 이런 긍정적인 소통이 있은 후에 어떤 점이 달라졌나요?

K씨: 음, 조금씩 변하고 있는 것 같아요. 집 분위기가 전보다는 나아진 것 같고요. 예전보다는 서로 말하기가 좀 더 편해진 것 같아요. 아내가 제 노력을 알아봐 준 뒤로, 저도 아내가 하는 일들을 더 눈여겨보게 됐어요. 바쁜 와중에도 저녁 식사를 챙기는 걸 보고 저도 고맙다고 했어요. 음… 그래도 아직 좀 힘든 점이 있어요. 아내가 가끔 말을 좀 세게 할 때가 있거든요. 사소한 일에도 예민하게 반응하는 편이에요. 그래서 이 사람과 얘기할 때 말을 조심해서 골라야 해요. 뭔가 잘못 말했다간 또 싸울까 봐 걱정되니까요.

치료자: 예, 여전히 힘든 점은 있지만 서로의 노력을 알아보고 고마움을 표현하는 모습이 정말 좋은 변화로 보입니다. 이런 긍정적인 변화들 중에서, 앞으로도 계속 유지하고 싶은 부분이 있다면 무엇일까요?

K씨: 네, 아무래도 서로 고마움을 말로 표현하는 게 가장 좋은 것 같아요. 아내가 저녁 차려놓으면 "고마워"라고 한마디라도 하려고 해요. 저도 집안일 도와주면 아내가 좋아하고요. 이런 걸 계속 유지하고 싶어요. 작은 거라도 말하니까 분위기가 좋아져요.

치료자: 와, 서로 고마움을 표현하는 게 관계에 도움이 되는군요. 이런 작은 변화가 분위기를

좋게 만든다니 정말 좋습니다. 서로 고마움을 표현하는 것 외에, 두 분 관계에 긍정적인 영향을 주는 작은 행동들이 있다면 또 어떤 것들이 있을까요?

K씨: (한동안 침묵 후에) 음… 아내가 사소한 일에도 예민하게 반응해서 "그래"라고만 대답할 때가 많았어요. 하지만 생각해 보니, 제가 아내 말에 더 관심을 갖고 대답하는 게 도움이 될 것 같아요. 아내가 뭔가 얘기할 때 그냥 "그래"가 아니라 그 일에 관한 내용을 좀 더 자세히 물어보는 거죠. 아내도 제가 관심 있다고 느낄 수 있고, 저도 좀 더 편하게 대화할 수 있을 것 같아요.

[부부의 긍정적인 변화와 K씨의 관계 개선 노력을 격려하고, 다음 회기까지 K씨가 시도해 볼 수 있는 작은 행동적인 변화들에 대해 질문하며, 그 변화가 부부 관계에 어떤 긍정적인 영향을 미칠 수 있을지 함께 탐색한 후, 서로 다음 회기 약속을 확인함]

(3) 3회기: 아내 Y씨와의 개별 회기

[간단한 인사를 나누고 개별 회기를 가지는 이유 및 비밀 보장에 관해 설명한 후]

치료자: 자, 그럼 오늘 이야기하고 싶은 것이 있으신가요?

Y씨: 글쎄요… 특별한 건 없지만, 지난 상담 이후로 관계에 변화가 좀 있었던 것 같아요.

치료자: 아, 그렇군요. 지난 첫 회기 이후에 어떤 변화가 있었는지 좀 더 얘기해 주실 수 있을까요?

Y씨: 음… 아마도 저희가 서로에게 더 주의를 기울이고 있어서 관계가 조금 나아진 느낌이 드는 것 같아요. 좋은 순간들이 좀 더 많아졌어요. 얼마 전에 남편이 제가 저녁 식사를 준비할 때 고맙다고 말해 주더라고요. 저도 남편이 요즘 집안일을 전보다 더 많이 도와주는 걸 고맙다고 말했어요… 하지만 동시에 서로 스트레스 받을 때는 더 격렬해진 것 같기도 해요. 무슨 말을 하면, 남편이 여전히 "그래"라고만 대답할 때가 있어서 답답하고 짜증날 때가 있어요. 그래도 전반적으로는 조금씩 나아지고 있는 것 같아요.

치료자: 그렇군요. 서로 고마움을 표현하는 등 긍정적인 변화가 있었다니 정말 좋습니다. 그런데 여전히 답답함을 느끼는 순간들도 있다고 하셨어요. 남편이 "그래"라고만 대답할

때 말고, 어떤 방식으로 대화를 나누면 Y씨가 더 이해받고 있다고 느낄 수 있을까요? 그리고 그런 대화가 이루어졌던 순간이 혹시 있었나요?

Y씨: 음… 그건 정말 어려운 질문이네요. 사실 최근엔 그런 순간이 거의 없었어요. (한동안 생각하다가) 아, 한번은 제가 밤늦게까지 대학원 과제하고 있을 때였어요. 남편이 물 마시러 나왔다가 저를 보고는 "아직도 하고 있어?"라고 물었어요. 제가 "응, 좀 더 해야 해"라고 하니까 "커피 한잔 타줄까?"라고 하더라고요. 그 순간 남편이 제 상황을 이해하고 있다고 느꼈어요. 말은 별로 없었지만, 그 짧은 대화로 조금은 위로가 됐어요.

치료자: 와, 그 짧은 순간이 Y씨에게 의미가 있으셨네요. Y씨가 방금 말씀하신 그 작은 순간들이 더 자주 일어나려면, 부부가 함께 어떤 노력을 할 수 있을까요?

[부부의 긍정적인 변화와 Y씨의 관계 개선 노력을 격려하고, 다음 회기까지 Y씨가 시도해 볼 수 있는 작은 행동적인 변화들에 대해 질문하며, 그 변화가 부부 관계에 어떤 긍정적인 영향을 미칠 수 있을지 함께 탐색한 후, 다음 회기 약속을 확인함]

Y씨와의 개별 회기 이후 4회기 간의 부부 공동 회기를 통해 치료자는 매 회기마다 부부간의 긍정적인 상호작용을 지속적으로 탐색하고 확장시켰다. 치료 초기에 발견한 작은 배려의 순간들에 대한 인식이 회기가 진행될수록 더 빈번한 긍정적 상호작용으로 발전했고, 마지막 회기에서는 의사소통 방식의 개선과 상호 이해의 증가로 이어졌다. 치료자는 이러한 변화들을 구체화하고 강화하기 위해 척도 질문과 예외 질문을 지속적으로 사용했다. 그 결과 부부는 서로의 노력을 인정하고 격려하는 새로운 패턴을 형성했으며, K씨와 Y씨 부부는 서로의 자율성을 존중하면서도 부부로서의 친밀감을 유지하는 균형을 찾아갔다.

10. 통합적 관점에서의 평가

SFCT는 '해결중심'이란 명칭으로 인해 흔히 내담자의 자원을 찾아 '문제를 해결'하는 데 초점을 둔 모델로 오해받을 수 있다. 그러나 해결중심적 관점에서는 문제를 실체화하지 않고 사회적으로 구성된 것으로 보기 때문에 문제의 해결보다는 해결을 구축해 나가는 데 관심을 둔다. Connie(2021)의 표현에 따르면, '문제해결(problem solving)'을 위한 접근이 아니라 사실상 '해결구축(solution building)'을 위한 접근인 것이다. 따라서 SFCT를 실제 부부사례에 적용할 때는 모더니즘적 관점으로부터 포스트모더니즘적 관점으로의 전환이 중요하다. 이는 마치 개인 중심적 관점에서 체계론적 관점으로의 전환이 필요했던 것과 같은 인식론적 전환이라고 할 수 있다. 이러한 관점의 전환이 이루어질 때 비로소 해결구축 대화(solution talk)를 지속적으로 이어나갈 수 있는 동력이 생성된다. 앞의 '2장 부부치료의 인식론적 기반'에서 기술했듯이, 서로 다른 인식론을 이해하고 사례에 적용하는 것은 전기차에서 하이브리드 차로 자동차 자체를 바꾸는 것과 같은 근본적인 관점의 변화를 수반한다. 이러한 맥락에서 SFCT는 체계론 기반의 모델들보다는 유사한 인식론적 토대를 공유하는 이야기 부부치료와의 통합적 적용이 더욱 자연스럽고 효과적일 수 있다.

Chapter 11

이야기 부부치료

1. 이론적 배경

어떤 부부를 더 건강하거나 기능적이라고 판단하는 것은 결국 우리가 가진 인식의 틀에서 비롯된다. 이러한 인식의 틀이 반영된 앞서 소개한 이론적 모델들은 대부분 위계, 의사소통, 정서적 표현, 상호작용 패턴 등의 기준을 통해 기능적인 부부와 역기능적인 부부를 구분하고 있다. 이러한 구분을 바탕으로 역기능적이고 문제가 있는 부부를 기능적인 부부로 변화시키는 것을 치료적 목표로 삼는 것이다. 그러나 이러한 기능과 역기능의 구분이 단지 우리의 인식 틀에서 비롯된 것이며, 그 틀이 절대적인 것이 아니라면? 부부를 다루는 관찰 예능 프로그램을 볼 때 다음과 같은 질문을 던져보게 된다. '티격태격하는 것으로 유명한 개그맨 부부가, 거의 다투지 않고 모범적인 부부로 알려진 배우 부부보다 과연 더 역기능적이고 문제가 있는 부부라고 할 수 있을까?'

이야기치료는 1980년대 후반 오스트레일리아 출신의 Michael White와 뉴질랜드 출신의 David Epston에 의해 확립되었다. 이들의 접근법은 1970년대 후반부터 발전하기 시작했으며, 특히 프랑스 사회철학자 Michel Foucault, 사회학자 Erving Goffman, 그리고 인류학자 Gregory Bateson의 영향을 받았다. Michael White는 Foucault의 이론, 특히 '사회 내의 지배적인 담론이 사람들의 삶을 지배 및 억압하고, 비인간화하는 경향이 있다'는 주장에 크게 영향을 받았다. 연극 공연과 같은 사회적 상호작용 속에서 특정한 인상을 주기 위해 개인은 의도적으로 자신을 연출한다는 Goffman의 아이디어는, 개인의 정체성이 고정된 것이 아니라 이야기를 통해 재구성될 수 있다는 핵심 원리를 발전시키는 데 기여했다. 또한 White는 Bateson의 체계론적 이론보다는 '사람들이 어떻게 세계를 구성해 나가는지'와 '사람들이 특정 방식으로 행동하도록 영향을 끼치는 것이 무엇인가'에 대한 관점에 더 큰 관심을 가지고 사회구성주의적 관점에서 이야기치료를 발전시켜 나갔다(Freedman & Combs, 1993; Freedman & Combs, 2022; White & Epston, 1990).

White는 아내인 Cheryl White와 함께 1983년 오스트레일리아 애들레이드에 덜위치센터(Dulwich Centre)를 설립하여 이야기치료의 훈련, 출판 및 임상 작업의 중심지로 발전시켰다. 이 센터는 이야기치료의 이론과 실천을 전 세계로 전파하는 데 중요한 역할을 했다. 한편, David Epston은 이야기치료의 특징적인 기법들을 개발하는 데 크게 기여했다. 그는 치료적인 편지 기법과 다양한 질문 기법을 개발했으며, 내담자가 구성한 새로운 이야기를 유지하기 위해서는 지지적인 사회적 공동체가 필요함을 강조했다. 이야기치료의 임상 및 훈련 프로그램을 발전시키고 전 세계로 전파하는 데 중요한 역할을 한 학자들 중 Jill Freedman과 Gene Combs는 이야기 부부치료(Narrative Couple Therapy, NCT)를 통해 이야기치료를 부부치료 맥락에 적용하는 데 크게 기여했다.

2. 기본 관점

이야기 부부치료에서는 건강한 부부에 대한 어떤 이상화된 모습을 만들어 놓거나 이를 달성하고자 추구하지 않는다. 해결해야 할 실체화된 부부 문제가 따로 있거나 그 원인이 따로 있다고 볼 수 없다. 단지 부부가 문제로 포화된 이야기(problem-saturated stories), 즉 문제를 위주로 구성해 온 삶의 이야기 자체가 부부를 어렵고 힘들게 하는 것이라 본다. 이러한 상태의 부부는 자신들의 삶이 문제로 가득 차 있고, 어떻게 해서든 그 문제를 해결해야 그 때부터 행복해질 수 있다는 기본 전제를 가지고 있다. 그러나 이야기치료에서는 이러한 문제로 가득 찬 이야기가 실제 삶의 모든 측면을 반영하지 못하며, 마치 허상과 같은 문제를 자신보다 더 큰 힘을 가진 것으로 실체화하게 된다고 설명한다(White, 2003; White & Epston, 1990).

이야기 부부치료에서는 '정신적 장애' 혹은 '문제'라고 부르는 것을 부부 각자의 정체성과 분리하여 바라본다. 부부 각자는 '문제'를 가지고 있거나 '문제'와 동일시할 수 있는 존재가 아니다. 진단명이나 문제 중심의 라벨링을 통해 이들의 정체성을 규정하는 것은 부부로 하여금 문제를 영속시키는 방식으로 서로에게 반응하게 만들어, 결과적으로 오히려 그 문제에서 벗어나기 더 어렵게 만들 수 있다. 대신 치료자는 부부 각자, 그리고 그 부부만의 독특한 역사와 이야기에 주목하며, 부부 문제는 '문제' 자체가 '문제'일 뿐인 것으로 본다. 문제가 어떤 객관적인 실체가 아님에도 사람들이 문제 중심의 이야기를 만들어가게 되는 것은 사회문화적인 영향 때문이라고 본다. 따라서 이야기 부부치료에서는 특정한 '문제가 있다' 혹은 반드시 '문제를 해결해야 한다'와 같은 사회문화적으로 구성된 기존의 진리를 해체하고자 한다. 부부 개개인의 정체성과 그들만의 맥락을 존중하며, 문제 중심의 이야기에서 벗어나 부부의 고유한 이야기를 발견하고 강화하는 것이 중요하다(Freedman & Combs, 2022; White & Epston, 1990).

이야기치료에서는 삶의 이야기가 변화함에 따라 삶과 관계의 의미에 따른 경험이 함께 변화한다고 본다. 치료 과정은 새로운 이야기를 구축해 가는 경험적 과정으로 접근하며, 이를 통해 기존의 삶과 관계에 새로운 의미와 가능성을 만들어 낸다. 부부치료에서도 이러한 과정이 적용되어, 부부가 서로의 이야기를 구체화하고 새로운 의미를 부여해가는 과정으로 진행된다. 이야기치료에서 변화의 핵심 기제는 다층적이고 풍부하게 묘사된 삶을 이야기하고, 듣고 지켜보며, 실제로 살아내는 것이다.

이야기 부부치료자는 부부가 전과는 다른, 새로운 대안적 이야기를 함께 만들어 나가기도록 돕는다. 이전에 이야기되지 않은 사건과 경험들을 강조하고, 이에 대한 의미를 만들어 내도록 돕는 질문들을 통해 부부의 변화 과정을 촉진한다. 부부가 각자 자신의 이야기를 털어놓을 때, 배우자와 치료자를 포함한 주변 사람들은 그 이야기의 증인이 된다. 치료 공간에서 이야기를 말하고, 듣고, 다시 말하는 과정은 일종의 의례가 되어, 이를 통해 새로운 의미가 생성되고 실제화된다. 이야기치료자는 이 과정을 촉진하기 위해 질문을 통해 생생하고 풍부한 세부 사항을 담은 이야기를 만들어 나가도록 돕는다(Freedman, 2014; White, 1993; White, 2003).

3. 주요 개념

이야기치료의 주요 개념들은 부부가 자신들의 경험을 어떻게 구성해 나가는지, 문제와 어떻게 관계 맺는지, 그리고 이야기를 통해 어떻게 관계와 정체성을 형성해 나가는지를 이해하는 데 도움을 준다(Freedman & Combs, 2022; White, 1993; White, 2003; White & Epston, 1990).

1) 경험의 공동구성자

부부의 삶과 관계에 대한 경험은 해석되거나 발견되는 것이 아니라, 부부는 자신들의 경험을 공동으로 구성해 내는 주체이다. 부부는 협력적으로 자신들의 경험의 의미와 내용을 구성하며, 치료자는 이 과정에 함께 참여한다.

2) 부부와 문제의 분리

부부 문제는 사회문화적 영향하에 구성된 것으로, 부부 개개인과 분리되어 다루어져야 한다. 이를 위해 부부가 내재화한 사회문화적 담론으로부터 분리된 새로운 이야기를 만들어가도록 한다. 인간의 '경험의 의미'와 '문제'가 사회문화적으로 구성된다는 점에 주목하여, 치료자는 부부가 문제와 자신들을 분리하여 바라볼 수 있도록 돕고, 부부 각자가 스스로 내재화한 문제 중심의 이야기를 해체하도록 지원한다.

3) 이야기로 관계 및 정체성 구축

부부는 '이야기(narrative)'를 통해 자신들의 관계와 정체성을 새롭게 만들어 간다. 부부의 이야기는 곧 이들의 관계 자체를 반영하고, 이들의 삶과 정체성을 형성한다. 나아가 부부의 역사를 탐색하여 성공한 경험이나 독특한 상황들을 찾아내고, 이를 바탕으로 문제 위주의 이야기와는 상관없는, 새롭고 대안적인 이야기를 재구성하도록 한다.

4) 부부 정체성의 상호구성

부부의 정체성은 다른 이들과의 상호작용 속에서 만들어지고 끊임없이 재구성된다. 이야기 재구성 과정에서 사회적 지지체계를 활용하여 부부 정체성을 강화한다. 가족, 친척, 친구와 같은 의미 있는 타인들과의 상호작용을 통해 부부는 자신들의 관계 서사를 새롭게 구축하고 발전시킨다.

4. 평가와 사례개념화

사회구성주의적 관점을 반영하는 이야기치료에서는 인간의 경험을 고정된 것이 아니라 대화와 상호작용을 통해 지속적으로 구성되고 변화하는 것으로 본다.

사람이나 관계가 안정적이고 측정 가능한 정체성이나 고정된 특성을 가지고 있다고 보지 않기 때문에, 그런 특성에 대한 정보를 발견하거나 수집하려 하지 않는다. 따라서 고정된 경험에 기반한 정보 수집식 평가보다는, 치료자와 내담자 간의 대화를 통해 함께 만들어 가는 경험에 주로 초점을 둔다. 이야기치료자는 내담자와의 대화 과정에서 서로의 이야기를 공동으로 창작하며, 이를 통해 자신과 상대방의 정체성을 지속적으로 재구성해 나간다. 이러한 관점에서 이야기 부부치료자는 부부에게 평가 가능한 고정된 상호작용 패턴이나 관계 구조가 있다고 가정하지 않는다. 사람들의 삶은 다양한 이야기로 구성되어 있으며, 이야기를 새롭게 들려줄 때마다 새로운 의미를 만들고 새로운 행동을 취할 수 있는 가능성이 생겨난다.

따라서 이야기 부부치료자는 부부를 평가하기보다 상세한 이야기를 듣는 데 더 관심이 있다. 질문을 통해 부부의 상세한 이야기를 이끌어 내면서, 치료자는 부부와 함께 다음 사항들에 대한 의미를 탐색하고 부부가 선호하는 대안적 이야기를 공동으로 구성해 나간다: 현재 부부가 경험하고 있는 상황과 맥락, 문제들을 외재화하여 명명하기, 외재화된 문제들과 부부간의 관계, 문제들이 부부의 삶과 관계에 미친 영향, 문제의 영향력에 대한 부부의 입장, 문제에 저항한 독특한 결과 찾기, 부부가 선호하는 관계의 모습, 새롭게 구성된 대안적 이야기의 의미와 유용성, 새로운 대안적 이야기를 실천하고 강화할 방법(Freedman, 2014; Freedman & Combs, 1993; Freedman & Combs, 2022).

이야기치료는 문제를 개인이나 관계의 본질적 특성이 아닌, 특정 사회문화적 맥락 내에서 구성된 것으로 본다. 따라서 '현재 부부가 경험하고 있는 상황과 맥락'을 탐색함으로써, 부부의 주관적 현실에 기반하여 문제가 맥락 내에서 어떻게 구성되고 유지되는지 더 깊이 이해할 수 있다. 이 과정에서 문제를 외재화하여 부부와 분리함으로써, 문제의 영향력을 객관적으로 바라볼 수 있게 된다. 또한 '문제의 영향력에 대한 부부의 입장'을 탐색하는 것은 부부를 문제의 수동적 피해자가 아닌 능동적인 의미 창조자로 자리매김하게 한다. 이는 부부에게 변화의 주체로서의 힘을 부여하고, 이들이 선호하는 정체성을 구성하는 데 도움을 준다. 현재 상황과 맥락, 문제에 대한 부부의 입장을 이해하는 과정은 '독특한 결과'를 발견할 기회를 제공한다. 이를 바탕으로 부부는 선호하는 대안적 이야기를 공동으로 구성할 수 있는 토대를 마련하게 되며, 이렇게 구성된 새로운 선호하는 이야기는 부부에게 미래에 대한 새로운 가능성을 열어준다.

이와 같은 사항들에 관해 치료자가 부부에게 할 수 있는 질문들은 다음과 같다: "그 문제에 어떤 이름을 붙이고 싶으신가요?" "문제(붙여진 이름)와 함께 살아가는 경험이 어떤지 말씀해 주시겠어요?" "문제가 당신의 삶에 어떤 영향을 미치나요?" "지금 그렇게 말씀하신 것이 문제의 영향을 받은 목소리일까요? 그 말씀이 혹시 문제가 당신에게 속삭이는 소리는 아닐까요?" "문제가 서로의 관계에 어떤 영향을 미치나요?" "이 문제가 당신으로 하여금 배우자에 대해 어떤 생각을 하게 만들었나요? 그러한 생각이 당신들의 관계에 어떤 영향을 미쳤나요?" "이 문제가 부부 관계 이외의 다른 관계들에 어떤 영향을 미치고 있나요?" "문제가 자신과의 관계를 어떻게 변화시키나요?" "지금 우리가 이야기한 이 관계의 모습이 당신이 진정으로 원하는 관계인가요? 그렇다면, (혹은 그렇지 않다면) 그 이유는 무엇인가요?" "이것이 당신이 원하는 자신의 모습과 일치하나요? 왜 그런가요? 아니라면 왜 아닌가요?" "지금 우리가 나누고 있는 이 대화가 당신이 정말 이야기하고 싶은 주제에 관한 것인가요?" "지금 우리가 나누고 있는 이 대화가 당신에게 도움이 되고 있나요?" "어떤 면에서 이 대화가 도움이 되고 있나요? 구체적으로 말씀해 주시겠어요?"(Freedman, 2014; Freedman & Combs, 1993; Freedman & Combs, 2022)

이야기 부부치료자는 전문가나 평가자의 역할을 취하지는 않지만, 부부의 이야기 중 보이지 않는 사회적 담론에 의해 영향받은 부분을 파악하는 것은 중요하게 여긴다. 치료자는 부부가 이러한 담론의 영향을 인식하고 해체할 수 있도록 돕는 질문을 던진다('해체적 질문'에 관한 내용은 '8. 치료적 개입'을 참조). 이를 통해 부부는 이런 담론들 앞에서 자신들이 어떤 입장을 취하고 싶은지, 그리고 이러한 담론의 영향 하에서 이들의 부부 관계가 어떤 모습이기를 원하는지 결정할 수 있는 기회를 가지게 된다.

5. 치료적 초점과 목표

이야기치료자는 내담자가 자신의 삶에서 선택권과 주체성, 목적의식과 성취감을 경험할 수 있도록 돕는다. 이야기 부부치료의 목적은 부부가 각 개인으로나 부부의 구성원으로서 순간순간, 선택의 연속선상에서 자신들이 선호하는 삶의 이야기를 구성해 나가고 새로운 가능성을 열어갈 수 있도록 돕는 것이다(Freedman, 2014; Freedman & Combs, 2022). 이러한 관점으로 인해 이야기치료에서는 미리 정해진 이상화된 목표를 추구하기보다는 이야기가 펼쳐지는 다양한 가능성에 주목한다. 따라서 고정된 '목표'라는 용어 대신 '삶의 방향' 또는 '프로젝트'라는 표현을 선호한다. 삶의 방향이나 프로젝트를 탐색하고 실현해 나가는 과정은, 새로운 관점과 대안적 이야기가 펼쳐짐에 따라 계속 변화한다. 부부가 각자 문제를 다르게 인식할 수 있는 것처럼, 반드시 같은 프로젝트를 가질 필요는 없다. 부부는 관계를 위한 공동 프로젝트를 진행할 수도 있고, 개인적인 프로젝트를 추구할 수도 있으며, 두 가지를 동시에 진행할 수도 있다. 이러한 맥락에서 이야기치료자는 내면화한 지배적인 문제 이야기로부터 분리될 수 있도록 돕고, 새로운 이야기를 써 나갈 수 있는 공간을 열 수 있도록 조력한다. 또한 자기 스스로나 주변 사람들이 부부에 대해 대안적인 정체성을 새롭게 구성할 수 있는 기회를 제공한다(White, 2003; White & Epston, 1990).

6. 치료 과정과 구조

치료자는 부부에 대해 병리적인 장애 명칭을 붙이지 않고, 독특한 개인적 역사와 이야기를 가진 존재로 존중하는 태도를 견지하며 다음과 같은 주요 과정을 통해 부부가 선호하는 이야기를 함께 구성해 나간다(Freedman, 2014; Freedman &

Combs, 1993; Freedman & Combs, 2022).

- 부부의 이야기에 관심과 호기심을 가지고 경청한다.
- 새로운 이야기를 구성해 낼 공간을 마련할 수 있도록 스스로 내재화한 지배적인 사회문화적 담론으로부터 분리하도록 돕는다.
- 부부 삶의 역사 속에서 성공한 독특한 경험들을 찾아낸다.
- 다양한 질문 기법을 사용하여 새로운 대안적 이야기를 구성할 수 있도록 돕는다.

7. 치료자 역할

이야기 부부치료자는 협력적이고 공감적인 태도를 가진다. 정신분석적 중립성과는 다르게 치료자는 부부에게 "전문가로서, 또는 한 사람으로서 저에 대해 혹시 알고 싶으신 게 있나요?"와 같은 질문을 통해 부부와 동등하고도 협력적인 관계를 형성하고자 한다. 이를 통해 부부가 치료자에게 편안하게 자신을 표현할 수 있도록 한다. 또한 치료자는 부부의 이야기에 강한 관심과 호기심을 가지고 경청하며, 이를 통해 부부의 경험에서 새로운 의미와 강점을 발견해 나간다. 치료자는 부부가 자신들을 둘러싼 사회문화적 맥락이 어떻게 문제 중심의 삶과 이야기를 만들어 내도록 이끌었는지 자각하게 돕는다. 이를 통해 부부가 새로운 이야기를 만들어갈 수 있는 공간을 제공한다. 치료자는 부부와 함께 대안적 이야기를 만들어가며, 부부가 자신들의 이야기를 재구성할 수 있도록 격려한다(Freedman, 2014; Freedman & Combs, 2022).

8. 치료적 개입

이야기 부부치료에서 치료자는 다양한 개입 방법을 통해 부부가 문제 중심의
지배적 이야기에서 벗어나 대안적 이야기를 구성할 수 있도록 돕는다(Freedman,
2014; Freedman & Combs, 1993; Freedman & Combs, 2022; White, 1993; White,
2003; White & Epston, 1990).

1) 경청하기

이야기치료자는 전문가로서의 역할을 내려놓고, 내담자의 이야기가 그들에게
어떤 의미를 가지는지 이해하고자 한다. 내담자가 호소하는 문제에 빠져들어 핵
심 문제가 무엇인지 찾으려 하지 않고, 평가 및 진단을 위한 정보를 수집하려 하지
않는다. 내담자의 이야기를 숨겨진 자원을 찾기 위한 도구로 보지 않고, 그 자체
로 중요한 의미를 지닌 것으로 경청한다. 내담자가 이야기에서 묘사하는 자신을
어떤 이상적인 기준과 비교하면서 듣지 않는다. 치료자는 내담자의 이야기를 그
저 이야기로 듣고, 그 과정에서 내담자가 의도한 주관적 의미에 주의를 기울이며
반응한다.

치료 초기에 치료자는 부부 각자의 삶과 관계에서 문제와 무관한 측면들에 대
해 질문한다. 이는 부부의 각 구성원을 단순히 문제 해결의 대상이 아닌, 온전한
'사람'으로 알아가는 데 관심이 있기 때문이다. 부부 각자의 일상적 즐거움이나 의
미있는 활동 등에 대한 이야기를 듣는 과정에서, 보통 어느 시점에 부부는 자발적
으로 문제와 관련된 이야기를 하기 시작한다. 부부의 이야기를 들으면서, 치료자
는 부부의 입장에서 경청하며 이들의 주관적 경험과 연결되고자 노력한다. 이를
통해 부부의 이야기를 형성하는 이들만의 고유한 현실을 이해하고자 한다. 치료
자는 이야기 속 경험들이 부부에게 어떤 의미를 지니는지 섣불리 이해한다고 짐

작하지 않고, 주의를 집중하여 이야기를 듣고 호기심을 가지고 질문한다. 이러한 과정은 치료자와 부부간의 상호 존중과 신뢰 관계를 구축하는 데 기여한다.

2) 해체적 경청하기

치료자가 내담자의 이야기를 해체적으로 듣는다는 것은 그 이야기가 하나의 고정된 의미가 아닌, 다양한 여러 가지 의미로 해석될 수 있다고 보면서 듣는 것을 의미한다. 이야기를 듣는 청자의 입장에서 이해한 의미는, 이야기를 하는 화자의 입장에서 의도한 의미와는 불가피하게 차이가 있다. 따라서 치료자는 청자로서 내담자의 이야기를 이해하는 과정에서 이러한 차이를 중요하게 여기고, 내담자에게 세부적인 설명을 요청하거나 모호한 부분에 대해 질문함으로써 이야기의 의미를 더 깊이 탐색한다.

부부가 각자 자신의 이야기를 들려줄 때, 치료자는 이들의 관점에 최대한 가깝게 부부의 현실을 이해하려고 노력하면서, 동시에 자신이 이해한 의미가 부부가 의도한 의미와 일치하는지 확인한다. 치료자의 반영적 경청과 질문에 응답하면서 부부는 자신들의 이야기를 더욱 풍부하게 확장해 나가고, 이 과정에서 이들의 주관적 현실은 미세하게나마 변화하기 시작한다. 치료자의 존재 자체가 부부의 세계를 새롭게 구성하도록 영향을 미치는 것이다.

이 과정 전반에 걸쳐 치료자는 부부로부터 어떤 새로운 의미 구성이 나타나고 있는지 주의 깊게 경청한다. 치료자가 부부에게 세부사항이나 명확한 설명을 요청했을 때, "그런 방식으로는 생각해 본 적이 없어요"라는 반응이 나온다면, 치료자는 '그런 방식'으로 생각하는 것이 기존의 방식과 어떻게 다르며 어떤 새로운 가능성을 열어주는지 탐색한다. 치료자는 부부가 자신들이 살아가는 현실을 고정된 실체가 아닌, 선택과 변화의 가능성이 열려 있는 과정으로 경험할 수 있도록 함께 노력한다. 이러한 새로운 가능성에 열려 있는 경청 방식은 다음의 해체적 질문들을 통해 사회적 담론의 해체로 이어질 수 있다.

3) 해체적 질문하기

이야기치료를 실천하는 부부치료자는 사회문화적 지배 담론을 인식하고, 이러한 담론이 내담 부부의 삶과 관계에 미치는 영향을 함께 탐색한다. 따라서 치료자의 질문들은 이런 지배적 담론을 드러내고 해체하려는 의도를 가진다. 여기서 '해체(deconstruction)'란 White(1993)에 따르면, 우리 사회에서 당연시되는 현실과 관행을 뒤집는 과정을 의미한다. 구체적으로, 이는 그 생성 조건과 맥락에서 분리된 채 소위 '진실'로 여겨지는 것들, 그리고 개인의 삶을 억압하는 자기와 관계에 관한 익숙한 관행과 관념들을 재검토하고 그 영향력을 약화시키는 것을 포함한다. 성별, 인종, 계층, 나이, 성적 지향, 종교 등에 관한 지배적인 담론들은 우리 사회와 문화에 깊이 뿌리박혀 있어서, 우리는 알아차리지 못한 채 그 담론들을 내재화할 수 있다. 반면, 사회의 주변부에서 일어나는 잠재적으로 의미 있는 사건들에 관한 이야기는 단지 주류에서 벗어났다는 이유로 묻히거나 무시될 수 있는 것이다. 따라서 치료자는 부부가 당연하게 여겨왔던 가치와 신념, 일상의 관행들을 재검토하고 이러한 생활 방식이 자신들에게 맞는지 평가하도록 돕는 질문들을 던진다.

이야기 부부치료에서는 사회적 담론이 부부 관계에 영향을 미치는 방식을 두 가지로 구분한다. 첫째, 사회적 담론은 부부간의 권력 관계가 어떻게 형성되는지에 영향을 미치고, 둘째, 부부가 자신과 상대방을 평가하는 데 사용하는 이상화된 이미지에 영향을 미친다. 문제를 만들고 유지하는 사회적 담론을 드러냄으로써, 부부는 그러한 담론에 기반한 생활 방식에서 벗어나 자신들이 선호하는 태도나 행동을 함께 탐색하고 새롭게 구성해 나갈 수 있다. 이를 위해 치료자는 부부에게 성별, 이성애, 계층, 가부장제, 연령 등에 관한 사회문화적 담론들이 부부 관계에 어떤 영향을 미치는지 고려해 보도록 하는 다음과 같은 질문들을 던진다.

• "(아내에게) 부부들 대화에 참여하려고 할 때 말을 가로채는 등 남편의 무시하

는 듯한 태도 때문에 함께 부부 모임에 나가고 싶지 않다고 하셨는데, 남편의 이러한 태도가 부부 관계에 다른 방식으로도 영향을 미치나요?"

• "(남편에게) 아내에 대한 행동이 이렇게 묘사되는 것을 들으니 어떠신가요? 이것이 당신이 생각하는 자신의 모습과 일치하나요?" "이런 행동 방식이 어디서 비롯된 것 같으세요? 혹시 주변에서 이런 모습을 보신 적이 있나요?" "(아버지나 주변 사람들로부터 유사한 행동을 본 적이 있다면) 그분들이 이런 행동 방식을 스스로 만들어 내었다기보다는 어딘가에서 배우셨을 것 같은데요. 그분들은 어디에서 이런 방식을 접하셨을 것 같으세요?" "이런 행동 방식이 여성에게만 해당되는 것 같나요, 아니면 아이들에게도 비슷하게 적용되는 것 같나요?"

• "이런 행동 방식에 어떤 이름을 붙일 수 있을까요?" "여성들이 무시당하고 평가절하되는 경험을 당신으로부터 받길 원하시나요? 그렇지 않다면, 여성들이 당신을 어떻게 대하고 경험하기를 원하시나요?"

• "우리는 지금까지 우리 문화의 한 측면에 대해 이야기를 나누었습니다. 이 문화에서 때로는 여성과 아이들이 보이지 않거나 마치 소유물처럼 여겨지곤 하는 측면이 있습니다. (남편에게) 이런 생각은 분명히 남편분의 가치관과 맞지 않아 보입니다만, 모르는 사이에 이런 문화적인 부분에 영향을 받아 그에 따른 행동을 하게 되었을 수도 있겠습니다. 그렇다면, 이제 남편분이 진정으로 선호하는 행동 방식에 어떤 이름을 붙여주고 싶으신가요?"

• "(아내에게) 아내분도 이런 생각들과 관련한 행동 방식에 어느 정도 끌려들어간 적이 있다고 생각하시나요? 만약 그렇다면, 그런 행동 방식에 어떤 이름을 붙여주고 싶으세요?"

• "(부부 모두에게) 이런 행동 방식이 부부 관계에 어떤 영향을 미쳤다고 생각하시나요? 앞으로 두 분의 관계가 어떤 모습이 되기를 원하시나요?"

추가적으로, 치료자는 "이러한 생활방식이나 사고방식을 당신이 스스로 만들어 낸 건 아닌 것 같습니다"와 같은 언급을 통해 문제를 지지하는 담론을 외재화하고, 내재화한 문제 담론을 해체하기 위한 길을 열어줄 수 있다.

4) 외재화 촉진하기

이야기치료에서는 사람이 문제가 아니라 문제가 문제라고 본다. 사람을 본질적으로 문제화하여 문제로 바라보는 것과는 다르게, 문제를 사람과 분리하여 보는 것만으로도 강력한 해체 효과를 가진다. 외재화 대화는 이러한 관점을 반영한 것이다. 이야기 부부치료자는 부부의 이야기를 들을 때, 이들이 자신들의 삶에서 문제를 어떻게 언급하는지 주목한다. 만약 부부가 '두려움'이란 용어를 사용하여 문제를 표현했다면, 치료자는 이 '두려움'을 각 개인의 외부에 존재하는 실체나 과정으로 여기고, 그것이 부부와 각 개인에게 어떻게 영향을 미치는지에 초점을 맞춘다.

부부가 특정한 용어나 명칭을 사용하지 않았다면, 치료자가 부부에게 자신들의 문제에 이름을 붙여보도록 직접 요청할 수도 있다. 문제를 객체화함으로써 '사람이 문제'라는 정체성을 해체하도록 돕는다. 예를 들어, "그 순간에 두 분 사이에 끼어드는 것을 무엇이라 부를 수 있을까요? 그것에 대해 어떤 이름을 붙일 수 있을까요?"라고 질문할 수 있다. 만약 부부 중 한쪽이 "남편(혹은 아내)은 항상 나를 무시해요"라고 말하면, 치료자는 "그 '무시'가 두 분의 관계에 어떤 영향을 미치고 있나요?"라고 물을 수 있다.

이야기 부부치료자는 문제에 대한 외재화 질문을 통해 문제에 영향을 미치는 맥락적 요인을 탐색할 수 있다. "무엇이 문제에게 먹이를 제공하고 있나요?" "문제에게 먹이를 주지 않고 굶기는 건 무엇일까요?" "문제가 무엇을 기대하거나 약속하게 만드나요? 두려움이 당신에게 어떤 행동을 피하게 만들고 대신 안전을 약속하나요?" "누가 문제로부터 이익을 얻을까요?" "어떤 상황에서 문제적인 태도가 유용할 수 있을까요?" "어떤 사람들이 그 문제를 자랑스럽게 옹호할까요? 또 어떤 사람들이 그 문제와 그로 인한 결과에 반대할까요?" 이러한 질문들은 부부로 하여금 그들 삶의 전체적인 맥락이 문제에 어떻게 영향을 미치는지, 그리고 반대로 문제가 그들의 삶에 어떻게 영향을 미치는지 고려하도록 돕는다.

외재화 대화에서는 치료자가 문제의 영향력에 관한 이야기를 듣는 데 특히 관심이 있기 때문에 문제가 부부 각자의 삶과 관계에 어떻게 영향을 미치는지 질문한다. 이는 사람이 문제라는 정체성을 부부 각자로부터 분리시키는 데 도움이 될 뿐만 아니라 부부가 함께 힘을 합쳐 문제의 영향력에 맞서도록 동기를 부여한다. 또한 부부는 자기 자신이나 부부 관계 자체를 본질적인 문제로 여기지 않고, 대신 문제와의 관계를 어떻게 변화시킬지 고려하게 된다. 많은 사회적 담론들은 관계 속 힘의 불균형을 강화하는 경향이 있다. 이런 담론의 영향이 드러날 때, 치료자는 부부 양쪽에 미치는 영향을 모두 고려하지만, 주로 담론에 의해 유리한 위치를 차지하는 쪽과 더 집중적으로 작업한다. 이는 그들이 관계의 변화를 이끌어 내는 데 더 큰 역할과 책임을 질 수 있는 입장에 있기 때문이다.

5) 명명화하기

문제를 명명화하는 것은 부부로 하여금 그 문제를 새로운 시각으로 바라보고 다르게 생각해 볼 수 있는 길을 열어준다. 이 과정은 때로 창의적이고 의미 있는 통찰을 줄 수 있다. 예를 들어, 한 파트너가 밤마다 겪고 있는 불안이나 수면 장애를, 마치 도둑처럼 매일 밤 잠을 훔쳐가는 것 같다는 의미로 '도둑'이라 명명한다면, 다른 파트너는 수면 문제를 겪는 파트너의 고통과 무력감을 더 쉽게 공감할 수 있고, 그가 매일 밤 이 '도둑'과 싸우는 용기를 인정하게 될 수 있다. 이는 부부간의 이해와 지지를 증진시키고, 함께 '도둑'에 대처하는 방법을 모색하는 계기가 될 수 있다.

명명화는 문제에만 국한되지 않고, 부부가 선호하는 '삶의 방향', 즉 프로젝트에도 적용할 수 있다. 치료자는 부부의 이야기 속에서 이들이 선호하는 삶의 방향을 표현하는 단어들을 주의 깊게 듣는다. 그리고 이를 바탕으로 부부가 그 선호하는 삶의 방향 또는 프로젝트에 어떤 이름을 붙일 수 있을지 질문한다. 프로젝트의 명칭은 '친밀감 키우기'나 '자신의 의견 표현하기'와 같이 간결하고도 현재진행형으로 명명한다. 이 명칭은 치료 과정에서 변화할 수 있으며, 치료자는 부부의 언어와 명칭의 변화에 지속적으로 주의를 기울인다.

부부가 같은 문제와 프로젝트를 공유하는 경우도 있지만, 때로는 특정 문제나 프로젝트가 부부 중 한쪽에게만 해당되고 다른 쪽에게는 해당되지 않을 수 있다. 부부가 같은 문제와 프로젝트를 공유하지 않더라도 서로의 이야기를 듣고, 상대방의 문제와 프로젝트에 대해 알게 되는 것만으로도 새로운 이해와 선택으로 이어질 수 있다. 부부가 문제와 프로젝트에 이름을 붙이면, 치료자는 이렇게 명명된 문제와 프로젝트의 변화 과정을 지속적으로 관찰하면서 관심을 유지한다. 프로젝트에 대해 명확하게 부부와 논의하고, 이를 문제와 대비시켜서 문제 이야기에 대한 대안적 서사를 풍성하게 만들어 내는 과정은 치료의 핵심적인 부분이라 할 수 있다. 여기서 '대안적 서사'는 단순히 문제 이외의 경험들을 나열한 것이 아니라, 그 경험들을 더 넓은 맥락에서 의미 있게 연결하고 재구성한 이야기를 의미한다.

대안적 서사가 없다면, 문제 이야기 이외의 경험들은 각각 따로 분리되어 눈에 띄지 않거나 사소해 보일 수 있다. 그러나 대안적 서사로 인해 부부는 문제 이외의 경험들에서 어떤 전체적인 형태와 의미를 인식할 수 있게 된다. 예를 들어, 부부가 '서로의 가치를 인정하는 긍정적 관계 만들기: 비난하기보다 감사 표현하기'란 공동 프로젝트를 합의했다면, 이 부부가 나누는 모든 상호작용은 서로의 비난과 감사의 표현이 이들이 지향하는 긍정적 관계에 어떤 영향을 미치는지에 관한 대안적 서사로 구성될 수 있다. 즉, 이 프로젝트는 자신들의 일상적 상호작용과 관계를 바라보는 새로운 렌즈가 되면서 각 상황에서 감사의 표현이 어떻게 서로의 가치를 인정하는 긍정적 관계를 강화하는지, 비난이 어떻게 부부가 선호하고 지향하는 관계에 영향을 미치는지, 그리고 서로의 가치를 인정하며 감사를 표현했을 때와 그렇지 않을 때의 차이점 등을 인식할 수 있게 된다. 이렇게 함으로써, 일상적인 대화나 행동들이 단순한 상호작용을 넘어 부부가 선호하는 정체성과 관계를 구축하는 의미 있는 사건들로 재해석되며, 부부의 모든 상호작용은 이들이 설정한 공동 프로젝트의 맥락에서 새로운 의미와 중요성을 갖게 되는 것이다. 이러한 프로젝트가 명시적으로 논의되고 합의되기 전까지는, 부부의 일상적 상호작용은 지배적인 문제 이야기의 영향 아래 놓여 그 의미가 제한될 수 있다.

6) 독특한 결과 찾기

문제 중심의 이야기라 할지라도 그 속에는 언제나 문제 이야기를 반박하는 상황이 존재한다. 독특한 결과는 문제 이야기의 줄거리로는 예측할 수 없는 모든 사건을 의미한다. 이는 행동, 생각, 감정, 욕구 등을 포함하며, 문제가 여전히 작용하고 있는 상황에서도 독특한 결과를 발견해낼 수 있다. 독특한 결과는 치료자의 질문과 반영을 통해 대안적 이야기로 발전될 수 있는 길을 열어준다. 어떤 부부는 때로 직접적으로 독특한 결과를 제시하기도 한다. 예를 들어, 문제에 관해 설명하면서 "뭐 항상 그런 것은 아니에요. 때로는…" 라고 하며 독특한 결과를 설명하기도 한다. 치료가 진행되면서 부부가 자신들의 삶의 이야기를 새롭게 써나가는 재저술 과정에 참여하게 되면, 흔히 새로운 독특한 결과들을 모아 치료자에게 이야기하곤 한다. 독특한 결과가 문제 이야기 속에 깊이 묻혀 있어 치료자가 주의 깊게 듣고 반응해야 할 때도 있다. 예를 들어, 한 파트너가 "이 사람이 그렇게만 하지 않으면 괜찮을 텐데"라고 하면서 문제 이야기를 계속할 때, 주의 깊게 듣고 있던 치료자는 "괜찮을 텐데" 부분에 대해 궁금해하면서 이에 관해 질문을 이어갈 수 있다.

치료자가 해체적으로 경청하면서 문제가 부부의 삶과 관계에 미치는 영향에 대해 질문하는 과정에서, 많은 경우 문제 이야기 이외의 사건들을 조금씩 엿볼 수 있게 된다. 예를 들어, 감정 표현이 서툴다고 호소하는 부부가 자신들의 감정을 솔직하고 적절하게 표현하거나 무책임한 태도가 부부의 문제 이야기 중 일부임에도 매 치료 시간에 정확히 맞춰 도착하는 경우 등을 발견하게 될 수 있다. 이와 같은 문제 이야기 이외의 사건들이나 의도를 반영하는 행동들을 찾지 못한다면, 치료자는 이에 관해 좀 더 직접적으로 질문할 수 있다.

독특한 결과를 찾는 직접적이고도 간단한 방법은 외재화된 문제와 관련하여 한 파트너 또는 양 파트너가 그 '문제의 삶'에 미치는 영향에 관해 질문하는 것이다. 예를 들어, 다음과 같이 질문할 수 있다: "(외재화된 문제)가 당신을 압도하려 했지만, 당신이 그 힘을 거부하고 이겨낸 경험이 있나요?" "단 몇 분이라도 (외재화된 문제)의 영향에서 벗어날 수 있었던 적이 있나요?" "이 문제의 영향에서 벗어난 적이 한 번도 없었나요? 이 문제가 항상 당신과 함께 있나요?" 이러한 유형의 질문들을, 문제가 각 개인이나 부부에게 미치는 영향에 대한 탐색 이후에 적용함으로써 문제의 영향력에서 벗어날 수 있었던 때의 이야기를 함께 구성해 나갈 수 있다.

독특한 결과는 부부의 이야기 속에 직접 언급되지는 않았지만 내포된 의미를 통해 찾을 수도 있다. 인간은 기본적으로 모든 경험이 각각 독립된 것처럼 구분하고 대조하는 과정을 통해 의미를 만들어 내고, 이에 관해 '이것은 저것과 달라'라고 말하거나 생각하거나 느끼는 과정을 통해 의미를 부여한다. 그러나 이야기치료에서는 사실상 어떤 경험도 다른 경험과 완전히 독립적으로 존재하거나 고정된 의미를 갖지 않는다고 본다. 모든 경험은 서로 연결되어 있으며, 그 의미는 다른 경험들과의 관계 속에서 구성되는 것이다. 따라서 부부가 전경으로서 제시하는 이야기를 치료자가 주의 깊게 들으면, 현재 이야기 속에 내포된 배경으로서의 목적, 가치, 희망, 열망 등을 발견해낼 수 있으며, 이는 대안적 서사의 풍부한 원천이 될 수 있다(White, 2003). 예를 들어, 부부 중 한 사람이 관계에서 의사소통의 어려움을 전경 경험으로 느끼고 있다면, 그 사람은 배우자와의 원활하고도 친밀한 소통에 대한 배경적 가치나 열망을 가지고 있을 수 있다. 또한 부부 중 한쪽이 관계에서 정서적 거리감을 전경으로 경험한다면, 그 사람은 배경적으로 배우자와의 깊은 정서적 연결에 대한 가치와 열망을 가지고 있을 수 있는 것이다.

따라서 치료자는 부부가 관계에서의 좌절감 등 문제를 토론하면, 문제 이야기 뒤에 숨은 부부의 열망과 가치, 신념에 초점을 둔 질문을 할 수 있다. 이는 부부가 서로에 대해 더 깊은 이해를 증진시키는 데에도 적용될 수 있다. 예를 들어, 한 파트너가 다른 파트너에게 힘든 직장을 그만두라고 계속해서 요청할 때, 표면적으로는 상대방의 직장과 정체성에 대한 비판으로 보이기 때문에 자신의 정체성과 가치관을 지키려는 파트너를 힘들게 할 수 있다. 그러나 그 이면에는 배우자의 행복과 관계의 안정을 바라는 열망이 숨어 있을 수 있다. 이러한 상황에서, 치료자는 "배우자가 직장을 그만두기를 바라는 이유가 무엇인가요?" "이 제안을 하는 것이 왜 중요한가요?"와 같은 질문을 던짐으로써 부부가 각자의 행복과 관계의 조화에 대한 공통된 열망을 가지고 있을 가능성을 탐색할 수 있다. 이를 통해 부부는 서로의 입장을 더 깊이 이해하고 새로운 대화의 장을 열 수 있다. 이러한 접근은 부부가 표면적인 갈등 너머에 있는 서로의 진정한 관심사와 가치를 발견하도록 도와, 더 건설적이고 협력적인 대화를 가능하게 한다. 결과적으로, 부부는 각자의 필요와 열망을 존중하면서도 함께 성장할 수 있는 방법을 모색할 수 있게 된다.

7) 대안적 이야기 발전시키기: 이중 풍경 엮기

부부 중 한 명이나 두 명 모두로부터 독특한 결과를 발견하면, 치료자는 부부가 이를 대안적 이야기로 발전시킬 수 있도록 질문을 한다. 이 대안적 이야기는 시간의 흐름에 따라 하나의 이야기 줄기로 연결된 여러 사건들을 포함하며, 보통 한 사람 이상이 이야기에 관여하게 된다. 사람들의 삶을 구성하는 이야기는 White(White & Epston, 1990)가 '이중 풍경(dual landscapes)'이라 불렀던 두 가지 요인에 의해 펼쳐진다. 따라서 치료자는 이 요인들에 대해 질문함으로써 대안적 이야기를 구성해 나갈 수 있다. 첫 번째 요인은 '행동의 풍경(landscape of action)'으로, 이는 '어떤 일이, 어떤 순서로, 누구와 함께 일어났는가'에 관한 내용을 포함한다. 특정 장면이나 배경 속에는 다양한 인물이나 관점을 포함하는 여러 양상의 세부 사항을 담고 있다. 여기에는 행동 자체도 포함된다. 예를 들어, 수년 간의 관계 악화 끝에 처음 상담을 받으러 온 부부에 대해 치료자는 부부가 상담받기로 결정하고 실행에 옮긴 것에 초점을 두면서 '행동의 풍경'과 관련한 질문을 적용할 수 있다. 치료자는 부부가 치료를 받기로 한 결정과 관련된 구체적인 사건, 행동, 내화 및 상호작용에 초점을 맞추며 다음과 같은 질문들을 던진다.

- "누가 먼저 부부 치료를 받아보자고 제안하셨나요? 그때 상황이 어떠셨죠?"
- "제안하기 직전에 어떤 대화나 사건이 있었나요? 누가 무슨 말을 했나요?"
- "그 제안이 나온 직후에 어떤 일이 일어났나요? 두 분은 어떤 대화를 나누셨나요?"
- "상담을 제안했을 때 상대방은 어떤 행동을 했나요? 그의 표정, 몸짓이나 말투가 어땠나요? 이야기를 계속 나누면서 상대방의 행동이 어떻게 변했나요?"
- "상담을 처음 제안받았을 때 어떤 행동을 하셨나요? 이야기를 나누면서 행동이 어떻게 변했나요?"
- "부부치료를 받기로 실제로 결정하기까지 어떤 단계들이 있었나요? 각 단계에서 두 분은 어떤 행동을 하셨나요?"
- "이 결정 과정에서 특별히 기억나는 대화나 행동이 있나요? 누가 무슨 말을 했고, 그에 대해 상대방은 어떻게 반응했나요?"
- "두 분이 이런 결정을 내렸다는 것을 누구에게 가장 먼저 알렸나요? 그들에게 어떻게 얘기하셨죠? 그 분들은 어떤 반응을 보였나요?"

이 질문들은 '행동의 풍경'을 탐색하는 것으로, 치료자는 시간 순서에 따라 상담 제안이 처음 나온 순간부터 최종 결정에 이르기까지의 과정을 살펴본다. 이 과정에서 구체적인 사건, 행동, 대화 및 상호작용에 초점을 맞춘다. 이러한 질문들은 문제 중심 이야기에서 간과되는 측면들을 드러내며, 부부가 상담을 받기로 한 결정이라는 '독특한 결과'를 바탕으로 대안적 이야기를 구성하는 데 중요한 역할을 한다. 이를 통해 부부는 자신들의 행동과 결정에 새로운 의미를 부여할 수 있게 된다.

행동의 풍경에서 아무리 생생하고 구체적인 이야기가 구성되더라도, 그 이야기가 깊이 있는 의미를 가지려면 '정체성의 풍경(landscape of identity)'에서도 함께 발전되어야 한다. 정체성의 풍경이란, 사람들이 행동의 풍경에서 경험한 사건들과 관련하여 자신의 의미, 욕구, 의도, 신념, 동기, 가치 등을 그려내는 상상의 영역을 말한다. 다시 말해, 사람들은 행동의 풍경에서 이야기된 경험들이 자신의 정체성과 삶에 어떤 의미를 지니는지 성찰하게 된다. 이를 통해 행동의 풍경에서 구성된 이야기는 더욱 풍부하고 의미 있는 내러티브로 발전하게 된다.

정체성의 풍경을 탐색하기 위해, 치료자는 '의미 질문(meaning questions)'을 사용한다(Freedman & Combs, 1993). 이러한 질문은 사람들이 행동의 풍경에서 한 걸음 물러나 자신들의 소망, 동기, 가치관, 신념 등을 생각해 보도록 촉진한다. 예를 들어, "두 분이 함께 상담을 받기로 하셨는데요, 이런 결정을 함께 내린 것이 두 분 관계에 어떤 의미가 있을까요? 두 분 관계에 대해 어떤 점을 보여 준다고 생각하세요?" 이 질문은 상담을 받기로 한 결정 뒤에 있는 부부의 동기와 그 결정이 자신들의 관계 정체성에 어떤 의미를 갖는지 생각해 보게 한다. 또한 "지금 어려운 상황임에도 함께 상담을 받기로 결정하셨는데, 이렇게 힘든 상황에서도 변화의 가능성을 찾으려 하는 게 두 분이 평소에 문제를 해결하는 방식과 관련이 있나요?"와 같은 질문은 부부의 문제해결 방식과 관련된 가치관, 신념, 정체성을 생각해 보도록 한다. 어려운 상황 속에서도 변화의 가능성을 찾고 희망을 유지하는 능력이 부부의 관계를 특징짓는 중요한 부분인지, 그리고 이런 태도가 부부 관계와 문제해결 방식에 어떤 영향을 미치는지 탐색하도록 한다.

이야기를 공동 저술하는 과정에서, 치료자는 행동의 풍경과 정체성의 풍경 사이를 계속 오가며 두 가지를 함께 엮어간다. 독특한 결과들은 주로 구체적인 사건의 형태로 나타나기 때문에, 치료자는 먼저 '행동의 풍경' 내에서 질문을 던지고, 그 다음에는 '정체성의 풍경' 안에서 질문을 이어간다. '정체성의 풍경'에서 파악된 부부의 의미와 정체성은 다시 '행동의 풍경'에서 관련 경험들을 탐색하는 데 활용된다. 예를 들어, 남편과의 관계가 소원해졌다고 호소하는 아내에 대해 치료자는 '정체성의 풍경' 질문을 통해 부부 모두가 친밀감 상실을 중요하게 여기고 있음을 발견하면, 이 친밀감과 관련된 구체적 경험들을 '행동의 풍경'에서의 질문을 통해 탐색할 수 있다.

8) 대안적 이야기 확장하기: 시간의 풍경 엮기

독특한 결과와 함께 선호하는 상황이나 사건을 찾고, 이를 바탕으로 이야기와 의미를 어느 정도 발전시켰다면, 그 다음에는 이 상황이나 사건을 시간의 흐름 속에서 다른 선호하는 사건들과 연결한다. 이를 통해 사건들의 의미가 개인이나 부부의 삶에 지속적으로 영향을 미치고, 이들이 선호하는 방향으로 이야기가 더욱 풍성해질 수 있다. 따라서 선호하는 사건을 찾아 이야기화한 후에는, 그 사건을 과거의 다른 사건들과 연결하고 그 사건들의 이야기를 발전시키는 질문을 던진다. 다음은 이러한 과거의 상황이나 사건들을 찾아내는 질문의 예시이다.

- "과거를 돌이켜 보면, 부부로서 멀어질 수도 있었지만 오히려 더 가까워진 경험들이 있나요? 과거에 부부로서 위기를 겪었지만 어떻게든 함께 헤쳐 나온 경험들이 있나요?"
- "그러한 경험들 중에서 지금의 어려운 상황에서도 두 분에게 힘이 되거나 도움이 될 만한 것들이 있을까요? 만약 있다면, 그 경험들이 어떤 방식으로 현재의 어려움을 극복하는 데 도움이 될 수 있을까요?"
- "두 분의 관계를 오랫동안 지켜본 친구들에게 물어본다면, 두 분이 이런 어려움을 극복할 수 있을 거라고 누가 생각했을까요? 그 친구가 그렇게 생각한 이유로, 두 분과의 어떤 에피소드나 경험을 우리에게 들려줄 수 있을까요?"

치료자는 새롭게 발견된 이야기가 그 사람의 미래에 대한 인식에 어떤 영향을 주는지에 관해 물어볼 수 있다. 부부가 문제 중심의 이야기에서 벗어날수록, 그들이 원하는 더 나은 관계와 미래의 모습을 상상하고 계획할 수 있는 여지가 더 커진다. 이와 관련된 질문의 예시는 다음과 같다.

- "우리는 방금 두 분의 성취와, 그 성취로 이어진 과거의 여러 사건들에 대해 이야기를 나눴습니다. 이런 사건들이 두 분의 삶에 어떤 방향과 흐름을 만들어왔다고 생각한다면, 앞으로 어떤 일이 또 일어날 것 같으세요? (앞으로 두 분의 관계는 어떻게 발전할 것 같으신가요?)"
- "두 분은 최근 서로에 대해 새롭게 알게 된 점들이 있으시죠. 이런 새로운 이해가 상대방과 관계를 바라보는 시각에도 영향을 주었을 것 같은데요. 이런 새로운 인식을 마음 속에 잘 간직한다면, 앞으로의 삶이 어떻게 달라질 수 있을까요?"

9) 듣고 지켜보기와 입장 설정하기

부부들은 때로 치료자가 판사나 교사 역할을 해 주기를 원하면서 자신들의 편을 들어주거나 전과 다르게 행동하도록 이끌어주기를 원한다. 그러나 치료자의 주된 관심사는 부부가 자신들이 선호하는 이야기를 서로 나누고 재구성하는 과정에 참여하도록 하는 것이다. 부부 중 한 사람이 이야기를 할 때, 다른 한 사람이 적극적으로 듣고 그 내용을 깊이 생각해 볼 수 있도록 돕는다. 치료자는 부부가 서로의 이야기를 듣고 지켜보는 과정(witnessing)을 통해, 단순히 새로운 이해에 도달하는 것을 넘어 서로의 이야기에 기여할 수 있기를 기대한다. 또한 자신들이 선호하는 이야기에 두 사람 모두 깊이 빠져들게 되면, 겪고 있는 어려움이 전혀 다른 모습으로 보이게 될 것임을 기대한다. 이야기 부부치료에서는 상담 초기부터 이야기하기와 이야기 듣기 간의 리듬감 있는 교차를 통해 특정한 구조를 만들어 낸다. 이러한 구조는 대화 전반에 걸쳐 지속되며, 다음과 같은 과정으로 이루어진다(Freedman, 2014).

- 부부 중 한 사람에게 자신의 이야기를 들려달라고 요청하고, 다른 사람은 이를 듣고 지켜보는 청자의 입장에서 경청하도록 한다.
- 이야기가 끝나면, 듣고 있던 사람에게 들은 내용에 대한 생각을 나누도록 한다.
- 처음 이야기를 했던 사람에게 다시 돌아가 상대방의 반응에 대한 자신의 생각을 나누도록 한다.
- 처음에 듣는 입장이었던 사람에게 이번에는 자신의 경험에 대한 이야기를 들려달라고 요청한다. 이러한 과정을 통해 두 사람은 번갈아가며 이야기하고 듣는 역할을 수행하게 된다.

이 과정을 위해, 치료자는 다음과 같이 시작할 수 있다. "잠시 남편분(혹은 아내)과 얘기를 나누고 싶습니다. 아내분(혹은 남편)은 들어주시면 됩니다. 잠시 후 아내분에게 남편의 이야기를 들으며 어떤 생각이 드셨는지 여쭤보겠습니다. 그 다음에는 역할을 바꿔서 남편분이 듣는 입장이 되고 아내분과 제가 얘기를 나누겠습니다. 괜찮을까요?" 또한 청자 입장의 사람에게 상대방의 이야기를 경청하도록 요청할 때, 치료자는 청자 자신의 관점은 잠시 접어두고 새로운 무언가를 듣게 되길 바라면서 다음과 같이 요청할 수 있다. 제가 "남편(혹은 아내)과 대화하는 동안 친구의 이야기를 듣듯이 들어보시겠어요? 친구의 이야기를 들을 때는 자신의 관점을 잠시 접어두고 이해하기 위해서만 듣게 되죠. 그렇게 해 주실 수 있을까요?" 치료자는 청자가 상대방의 이야기에서 새롭고 가치 있는 측면을 발견할 수 있도록 경청하게끔 돕고자 한다. 이때 치료자는 청자로 하여금 다양한 입장에서 경청하도록 유도하는 것이 도움이 된다. 다음은 다양한 청자 입장을 유도하기 위한 예시로, 효과적으로 듣고 지켜보는 입장 설정(positioning)을 위해 참고할 수 있다.

- "자신 주위의 편안한 사람들을 마음속에 그려보세요. 가족일 수도 있고, 친구들일 수도 있습니다. 그들과 함께 있는 느낌을 떠올려 보세요. 그 사람들과

함께 있을 때 어떤 기분이 드시나요? 안전함? 평온함? 아니면 호기심? 그런
느낌을 간직한 채로 상대방의 이야기를 들어 보시겠어요?"

- "최근에 가장 열린 마음을 가지고 집중할 수 있었던 순간을 떠올려 보세요.
예를 들어, 명상을 하고 있거나, 자녀의 공연을 보고 있거나, 감동적인 강연
을 듣고 있는 순간일 수 있어요. 어떤 순간이었나요? 그때 어떤 태도로 임했
나요? 지금 그 순간 속에 있다고 상상하면서, 그 같은 마음가짐으로 상대방의
이야기를 들어 볼 수 있을까요?"

- "잠시 두 분의 관계에 대해 생각해 보겠습니다. 이 관계에서 진정으로 바라
는 것은 무엇인가요? 관계에서 어떤 가치를 소중하게 여기시나요? 이 관계가
정말 어떻게 되기를 희망하시나요?… 좋습니다. 이제 이 소망들을 마음 속에
간직한 채, 상대방의 이야기를 들어보세요. 옳고 그름을 판단하려 하기보다
는, 방금 말씀하신 그 중요한 가치들의 관점에서 들어 보세요."

- "인생에서 가장 큰 영향을 준 멘토나 가장 존경하는 사람을 한번 떠올려 보세
요. 그 분이 다른 이의 이야기를 어떻게 듣는지 생각해 봅시다. 그들의 태도,
표정, 반응은 어떤가요? 이제 그 사람이 되었다고 상상하고 상대방의 이야기
를 들어 보세요. 어떤 질문을 하고 싶나요? 무엇에 주목하게 되나요?"

- "잠시 두 분의 '관계'를 하나의 독립된 존재로 상상해 보세요. 이 '관계'가 목소
리를 가지고 있다면, 지금 무엇이라고 말할까요? 이제 그 '관계'의 입장에서,
'관계'의 귀를 빌려 상대방의 이야기를 들어 보세요. '관계'라는 존재가 자신의
건강과 성장을 위해 상대방의 말을 어떻게 들을지 상상하면서 들어 보세요."

- "당신이 화가 날 수 있는 상황에서도 평온함을 유지했던 경험이 있나요? (혹
은 상처받은 상황에서도 잘 극복했던 경험, 비관적인 상황에서도 낙관적인 태도를
유지했던 경험) 그 이야기를 들려 주세요… 그 순간에 당신은 어떤 생각을 했
나요? 어떤 행동을 취했나요? 그렇게 할 수 있었던 힘은 어디서 나왔을까요?
우리가 지금 이야기한 이 '어려운 상황에서도 평정을 유지하는 능력'에 이름
을 붙인다면 뭐라고 할 수 있을까요? … 좋습니다. 이제 이 '(명명된) 평정 유

지 능력'의 입장에서 상대방의 이야기를 들어 보세요. 그 능력의 관점으로 들을 때, 어떤 새로운 점들이 보이나요?"

부부가 심한 갈등 상태에 있어 같은 공간에 있는 것조차 힘들다면, 한 사람은 상담실에 있고 다른 한 사람은 일방경 뒤의 공간이나 별도의 방에서 실시간 또는 녹화된 영상을 통해 상대방의 이야기를 듣게 할 수 있다. 이렇게 하면 각자 자신의 생각과 감정을 더 편안하게 표현할 수 있고, 즉각적인 감정 반응이나 중단 없이 상대방의 이야기에 집중해서 들을 수 있는 장점이 있다.

부부 중 화자 입장의 사람이 자신의 이야기를 어느 정도 진행하고, 듣고 지켜보는 청자가 적절한 입장에서 이를 경청한 이후 치료자는 청자에게 자신이 들은 내용에 대해 이야기해 달라고 요청한다. 일반적으로, "남편(혹은 아내)의 이야기를 들으면서 어떤 느낌이 드셨나요?"와 같은 질문을 할 수 있다. 그러나 이때 치료자는 과도하게 개방형 질문을 던지기보다는, 독특한 결과와 선호하는 방향과 관련하여 더 구체적으로 대답하도록 유도하는 질문이 유용할 수 있다. 예를 들어, "아까 남편(아내)분이 이 관계가 자신에게 얼마나 중요한지 얘기하는 걸 들었을 때, 어떤 느낌이 드셨어요?" "아까 남편(아내) 분이 두 분이 함께했던 첫 여행에 대해 이야기할 때, 표정이 환해지시더라구요. 그 이야기를 들으면서 어떤 느낌이 들었는지 얘기해 주실 수 있나요?" 이러한 질문에 대한 청자의 반응 이후에 처음 이야기를 했던 화자에게 다시 돌아가 상대방의 반응에 대한 자신의 생각을 나누도록 한다. 이때 치료자는 대안적 이야기를 발전시키고 확장하기 위한 질문들을 적절히 던진다. 이야기 부부치료에서는 이런 포맷을 통해 사건들에 대한 부부 각자의 다른 관점을 듣고 지켜보게 할 뿐만 아니라, 그 사건들에 부여된 문제화된 의미를 함께 해체해 나가도록 촉진한다.

10) 관계적 정체성 생성하기

부부치료 과정 중 각자가 문제를 이야기할 때, 그 문제를 상대방 정체성의 일부인 것처럼 표현하는 경우가 많다. 즉, "아내는 항상 불평만 하고 절대 만족할 줄 모르는 사람이에요"와 같이 고정적인 방식으로 상대방을 묘사한다. 그러나, 이런 형태의 인식과 표현은 서로에 대한 비난과 원망, 절망 등을 조장한다. 따라서 치료자가 '정체성은 고정된 것'이란 담론의 영향에서 벗어나 '정체성은 다중적이고 유동적인 것'으로 생각한다면, 부부 각자와 그들의 관계에 대한 다양한 모습을 더 쉽게 발견할 수 있게 되고, 이러한 다양한 모습이 어떤 상황이나 경험에서 나타나는지 잘 이해할 수 있게 된다.

'정체성은 다중적이고 유동적인 것'이란 관점은 진정한 '자기'를 찾고자 하는 대중 심리학적 담론과는 다르다. 이는 우리가 고정된 '누구인지'보다 '누구가 되어가고 있는지'에 초점을 두며, 한정된 정체성을 가진 개인으로서보다 다양한 관계망에 속한 참여자로서의 우리에 더 주목한다. 즉, 치료자는 정체성에 관한 기존의 사회적 담론을 해체하고, 타인과의 상호작용 속에서 새로운 가능성을 포함하는 '관계적 정체성'에 접근하고자 한다.

이를 위해, 치료자는 부부 각자에게 다음과 같은 제안이나 질문을 할 수 있다. "배우자가 자신이 원하는 어떤 특정한 자질을 가지고 있는지에 관해 생각하는 대신에, 이렇게 한번 자문해 보시면 어떨까요? '우리가 맺고 있는 이 관계 안에서 내가 되고 싶은 사람이 될 수 있는 여지가 있는가?' 혹은 '내가 배우자와 더 많은 시간을 보낼수록 나는 나 자신을 더 좋아하게 되는가?'" "배우자와의 관계 속에서 자신이 원하는 모습으로 성장할 수 있는 기회나 여지가 있다고 느끼시나요?" 혹은 "이 결혼 관계 속에서 당신은 어떤 사람이 되어가고 계신가요? 그리고 그렇게 변화하는 자신의 모습에 만족하시나요?"

이러한 제안이나 질문은 "이 사람이 내가 생각하는 이상적인 파트너의 기준에 부합하는가?"란 초점에서 "이 사람과 함께 있을 때 나는 어떤 사람이 되며, 그 모습의 나에 만족하는가?"란 초점으로 전환하도록 돕는다. 이는 부부 각자가 상대방을 고정된 정체성으로 규정하거나 변화시키려고 하는 대신, 서로의 이야기를 주의 깊게 듣고 지켜보면서 관계 속에서 형성되는 유동적이고 다층적인 정체성을 인식하게 한다. 이 과정을 통해 부부는 각자의 다양한 모습을 발견하고, 관계 속에서 함께 성장할 수 있는 가능성을 탐색하게 된다. 사람들은 자신이 찾던 모든 자질을 갖춘 사람과 함께 살게 되더라도, 그 사람과 함께 있을 때 정작 자신을 좋아하지 않거나 자신이 원하는 모습으로 살지 못하는 경우가 많다. 이러한 맥락에서 이와 같은 제안이나 질문은 매우 유용한 역할을 한다.

11) 외부 증인 집단 활용하기

부부 각자가 상대방의 이야기를 듣고 이해한 바를 나누는 것 외에, 치료자는 외부 증인 집단을 이 과정에 참여시킬 수 있다(White, 2003; White & Epston, 1990). 외부 증인 집단은 부부가 자신들이 선호하는 이야기를 외부인들에게 들려줄 수 있는 안전한 환경을 제공한다. 이 외부 증인 집단은 부부의 이야기를 주의 깊게 듣고 지켜보면서, 그 이야기의 가치를 인정하고 지지하며 더욱 풍성하게 만든다. 이는 개인 및 부부의 정체성이 사회적으로 구성되며, 새로운 이야기 역시 사람들로부터 지지를 받을 때 더 강력해진다는 관점에 근거한 것이다. 치료자는 부부에게 새로운 삶의 이야기를 지지해 주고 격려해 줄 수 있는 사람들을 모아달라고 제안하며, 이를 통해 부부의 대안적 이야기가 격려받고 강화될 수 있도록, 부부 삶의 새로운 정체성이 축하받을 수 있도록 돕는다.

외부 증인 집단 구성을 위해, 부부는 자신들의 삶에서 중요한 사람들을 외부 증인으로 참여하도록 초대할 수 있다. 또는 부부가 동의한다면 부부와 유사한 문제를 다룬 경험이 있는 다른 부부들을 외부 증인 집단에 초대할 수도 있다. 예를 들어, 부부가 맞벌이로서 일과 가정 사이에 균형 잡는 데 어려움을 겪고 있다면, 그 부부의 동의를 얻어 비슷한 도전과 어려움을 겪어온 다른 맞벌이 부부들을 집단에 초대할 수 있다. 외부 증인 집단이 초대되었을 때, 증인 집단은 치료자가 부부와 면담하는 동안 일방경 뒤나 약간 떨어진 거리에서 이를 지켜보도록 한다. 면담이후, 부부와 치료자는 증인 집단 구성원들이 자신들이 관찰한 것에 대해 서로 질문하고 의견을 나누는 대화를 듣는다. 외부 증인 집단의 구성원들은 부부의 이야기 중 특별히 인상 깊었던 부분, 인상 깊게 들은 부분을 통해 떠오른 부부의 삶과 정체성에 대한 이미지, 그리고 그것이 자신들의 경험과 어떻게 공명하는지에 초점을 두며 대화를 나눈다. 치료자는 집단 구성원들에게 이 대화에 참여한 것이 자신들의 삶에 어떤 차이를 만들어 내는지에 대해서도 생각을 나누도록 한다. 부부와 치료자는 외부 증인 집단이 지켜보는 가운데, 외부 증인들이 나눈 대화와 이들이 제시한 의견들에 대해 자신들의 생각과 느낌을 이야기한다. 마지막으로, 부부, 치료자, 외부 증인 집단이 모두 함께 모여 면담의 목적과 과정을 되짚어 보고 성찰한다.

12) 새로운 이야기 기록하기

이야기치료에서는 치료 과정에서 새롭게 드러난 이야기들을 기록, 공유 및 확장하여 이를 더욱 풍성하게 만들고 계속 살아있게 하는 데 관심이 있다. 기록의 형태는 메모, 목록, 편지, 수필, 계약서, 증서 등으로 다양하다. 치료자는 치료 중에 발전해 나가는 새로운 이야기를 메모를 통해 기록해 둔다. 그리고 이 메모를 나중에 다시 참고하며, 내담 부부 앞에서 소리 내어 읽기도 한다. 부부가 새로운 성취를 이루거나 중요한 전환점에 도달했을 때, 치료자는 부부와 함께 이를 문서나 증서 형태로 만들어 그 부부의 이야기에서 새롭게 발견된 사건들을 공식화한다. 때로는 부부가 얼마나 많은 진전을 이루었는지 돌아볼 수 있는 내용의 동영상을 함께 제작하기도 한다. 또한 부부가 새롭게 얻은 통찰이나 배운 점에 대한 동영상이나 문서를 만들어, 부부의 동의하에 유사한 어려움을 겪는 다른 부부들이 이 자료를 보거나 읽어 보게 할 수도 있다. 이러한 방식의 교류를 통해 부부들은 서로 연결된 가상의 공동체를 형성할 수 있다.

이러한 맥락에서 이야기치료사는 치료 회기 사이에 때로 편지를 쓰기도 한다. 이 편지에서 치료자는 부부의 독특한 결과들에 대해 언급하고, 치료 장면에서는 다루지 않았던 질문들을 던진다. 이런 글쓰기의 의도는 치료 과정에서 드러나기 시작한 새로운 이야기를 더 풍성하게 하고, 이를 공유 및 확장하는 것이다. 때로는 새로운 이야기의 중요한 요소들을 목록으로 정리한 공식 문서를 작성하기도 한다. 이 새로운 이야기의 확산을 촉진하기 위해, 치료자는 부부에게 이 문서들을 자신들의 삶 속 의미 있는 사람들과 공유하도록 제안할 수 있다.

9. 사례 적용

1) 기본 정보

남편 C씨(38세)와 아내 H씨(36세)는 7년 차 부부로, 5세 딸과 3세 아들을 두고 있다. C씨는 중소기업 중간관리자로 일하고 있으며, H씨는 결혼 전 중견 광고회사의 카피라이터로 일했지만 현재는 전업주부로 지낸다. 현재 지방의 한 아파트에 거주하며, 경제적으로 중상위 수준의 생활을 유지한다. C씨는 부모님과 남동생이 서울에 살고 있으며, 비교적 가부장적인 가정에서 자랐다. H씨는 지방에서 자랐으며, 부모님과 언니가 현재도 그곳에 거주하고 있다. H씨의 원가족은 부모님이 집안일을 함께 분담하고 자녀들의 의견을 자주 물어보는 편이었다.

2) 호소 문제

부부가 호소하는 주된 문제는 의사소통의 어려움이다. 아내 H씨는 남편이 자신의 의견을 항상 무시하고 일방적으로 결정을 내린다고 느끼는 반면, 남편 C씨는 아내가 항상 불평만 하고 자신의 노력을 인정해 주지 않는다고 생각한다. 부부는 또한 일과 가정 사이의 균형 문제를 겪고 있다. 경력단절 여성인 H씨는 자아실현에 대한 욕구와 좌절감을 느끼고 있으며, C씨는 직장에서의 스트레스와 가정에서의 책임감 사이에서 압박감을 느낀다. H씨는 C씨가 육아와 집안일에 충분히 참여하지 않는다고 생각하고, C씨는 자신도 최선을 다하고 있지만 H씨의 기대를 충족시키기 어렵다고 느낀다. 부부간 친밀감 부족으로 성생활은 거의 없는 상태이다. 더불어 H씨는 시부모님과의 관계에서 스트레스를 받고 있으며, C씨는 H씨가 자신의 부모님을 충분히 공경하지 않는다고 생각한다. 이 부부는 현재의 갈등 상황을 해결하지 못하면 이혼까지 갈 수 있다는 두려움을 가지고 있다.

3) 치료 진행 과정(첫 공동 회기)

치료자: 이렇게 두 분을 만나 뵙게 되어 반갑습니다. 오늘 이 자리에 오시게 된 이유를 듣기 전에, 먼저 두 분의 일상적인 삶에 대해 조금 알고 싶습니다. 요즘 평소에 어떻게 지내시는지 이야기해 주시겠어요?

C씨: (잠시 머뭇거리다가) 음… 저는 주로 회사 일로 바쁘게 지내고 있습니다. 아침 일찍 출근해서 늦게 퇴근하는 날이 많아요.

H씨: (C씨를 힐끗 보며) 저는 아이들 둘을 돌보느라 하루가 어떻게 가는지 모르겠어요. 큰 아이는 유치원에 데려다주고 작은 아이는 집에서 돌보고 있죠.

치료자: 네, 두 분 모두 각자의 자리에서 열심히 지내고 계시는군요. 그런 와중에 즐거운 순간들도 있을 것 같은데요. 일상에서 어떤 때 가장 즐거움을 느끼시나요?

C씨: (잠시 생각하다가) 주말에 가족들과 시간을 보내는 게 가장 좋아요. 특히 아이들이랑 놀이공원이나 동물원에 갈 때 스트레스가 풀리는 것 같아요.

H씨: (미소 지으며) 저도 그 시간이 좋아요. 그리고 가끔 친구들을 만나 수다를 떨 때 기분 전환이 돼요.

치료자: 그렇군요. 가족과의 시간이나 각자만의 시간을 통해 일상의 즐거움을 찾고 계시네요.

함께 시간을 보낼 때는 주로 어떤 활동을 하시나요?

C씨: 주말에는 가족끼리 가까운 공원에 가거나 영화를 보러 가는 게 내부분이에요. 하지만 요즘엔 그런 시간이 줄어든 것 같아요.

H씨: (잠시 생각하며) 맞아요. 그런데… 솔직히 말하면, 그 시간도 그렇게 만족스럽지는 않아요. 대화를 나눠도 남편이 제 이야기를 잘 듣지 않는 것 같아서요. 혼자서 다 결정하는 느낌이 들 때가 많거든요.

C씨: (한숨을 쉬며) 그렇다고 해도, 저는 회사 일도 너무 바쁘고 스트레스를 많이 받다 보니 집에 오면 힘들어서 대화에 적극적으로 나서기가 어려워요. 그런데 아내는 늘 불평만 하는 것처럼 느껴져요.

치료자: 두 분의 이야기를 들어보니, 함께 보내는 시간에 대해 서로 다른 경험을 하고 계신 것 같네요. 이런 상황을 어떤 단어로 이름 붙여볼 수 있을까요?

H씨: 음… '소통의 단절'이라고 할 수 있을 것 같아요.

치료자: 네, '소통의 단절'이라고 하셨네요. 이 '소통의 단절'이 두 분 관계에 어떤 영향을 미치고 있나요?

C씨: 서로를 이해하기 어렵게 만드는 것 같아요.

치료자: 그렇군요. 이 '소통의 단절'이 두 분 사이에 언제부터 끼어들었다고 생각하시나요?

H씨: 아마도 제가 일을 그만두고 아이를 키우기 시작하면서부터인 것 같아요.

C씨: 저도 그때쯤 회사에서 책임이 커지면서 스트레스가 많아졌죠.

치료자: 상황의 변화가 '소통의 단절'을 불러온 것 같네요. 그런데 이런 어려움 속에서도 두 분이 함께 성공적으로 극복했던 경험이 있나요?

C씨: 음…

H씨: 금방 생각난 건데, 작년에 큰아이 어린이집을 고를 때, 처음엔 의견 충돌이 있었지만 결국 함께 결정했어요.

치료자: 와, 정말 좋은 경험이네요. 그때 두 분은 어떻게 '소통의 단절'을 극복하셨나요?

H씨: (잠시 생각하다가) 음… 사실 처음에는 쉽지 않았어요. 제가 원하는 곳과 남편이 원하는 곳이 달랐거든요. 처음엔 또 평소처럼 의견 충돌이 있었죠.

C씨: (고개를 끄덕이며) 맞아요. 전 집에서 가까운 곳을 고르고 싶었고, 아내는 프로그램 내용을 더 중요하게 생각했죠.

H씨: 그래도 그때는 뭔가 결정을 해야 한다는 압박감이 있어서 어떻게든 타협점을 찾으려고 했던 것 같아요. 지금처럼 완전히 대화가 단절되진 않았죠.

C씨: 맞아요. 결국 서로 조금씩 양보해서 어린이집을 정했지만, 그 과정에서 많이 지치고 힘들었어요.

H씨: 그때 우리가 어떻게든 결정을 내렸다는 게 중요한 것 같아요. 비록 과정은 힘들었지만, 끝까지 포기하지 않고 함께 결정을 내렸다는 점에서….

C씨: 맞아요. 그리고 제가 설명하는 동안 아내가 평소보다는 좀 더 귀 기울여 듣는 것 같았어요. 그래서 저도 아내 의견에 좀 더 집중하게 됐죠.

치료자: 와, 정말 훌륭한 경험을 하셨네요. 두 분이 함께 노력하면 '소통의 단절'을 극복할 수 있는 힘이 있다는 걸 보여 주는 좋은 예시네요. 특히 서로의 이야기에 귀 기울이려 노력하신 점이 아주 인상적입니다. 그 순간 두 분은 평소와는 다른 모습의 배우자를 발견하셨던 것 같은데요. 그때 두 분의 관계 속에서 서로를 바라보면서 각자 자신의 모습도 달라졌다고 느끼셨나요? 예를 들어, 평소와 다르게 자신이 더 이해심 있는 사람이 되었다거나, 아니면 더 인내심 있는 사람이 된 것 같은 느낌이 들었나요? 그런 자신의 모습에 대해 어떻게 느끼셨어요?

첫 공동 회기에서 치료자는 부부의 '소통의 단절' 문제를 외재화하고, 부부의 관계 역사에서 독특한 결과를 찾아 대안적 이야기를 구성하는 방향으로 진행했다. 이후 회기에서도 지속적으로 부부의 대안적 이야기와 관계적 정체성을 재구성하고, 선호하는 관계의 모습을 구체화하는 작업이 이루어졌다. 결과적으로 부부는 관계 속에서 각자의 다양한 모습을 발견하게 되었으며, 풍부한 대안적 이야기 속에서 각자의 고유한 경험과 관점을 인정하는 능력을 키울 수 있었다. 이를 통해 부부는 '소통의 단절'이라는 지배적 이야기에서 벗어나 '상호 이해와 존중'이라는 새로운 대안적 이야기를 공동으로 구성해 낼 수 있게 되었으며, 둘 간의 의사소통도 훨씬 원활해지고 부드러워졌다. C씨는 일과 가정의 균형을 찾아 가족과 전보다 더 많은 시간을 보내게 되었고, H씨는 너 이상 남편이 자신의 의견을 무시하거나 일방적으로 결정을 내린다고 느끼지 않게 되었다.

관계 속에서 더욱 풍성하고 의미 있는 부부 경험을 함께 만들어 가게 되면서 치료자는 이 부부의 새로운 대안적 이야기를 다양한 형태로 기록하고 공유했다. 치료 과정에서 치료자는 매 회기마다 부부의 새롭게 드러난 이야기들을 상세히 메모했다. 특히 '상호 이해와 존중'이라는 새로운 주제와 관련된 구체적인 사건들을 꼼꼼히 기록했다. 치료 후반부에 치료자는 이 메모를 바탕으로 부부와 함께 '새로운 관계 선언문'을 작성했다. 이 선언문에는 부부가 함께 극복한 어려움, 새롭게 발견한 서로에 대한 이해, 그리고 앞으로의 관계에 대한 희망과 약속이 담겼다.

또한 치료자는 부부와 함께 '우리 관계의 새로운 장'이라는 제목의 목록을 작성했다. 이 목록에는 부부가 새롭게 발견한 소통 방식, 서로를 이해하는 방법, 그리고 함께 만들어 가고 싶은 미래의 모습 등이 포함되었다. 치료자는 부부에게 이 목록을 가족이나 친구들과 공유하도록 제안했고, 이를 통해 부부의 새로운 이야기가 그들의 삶 속에서 더욱 견고해지고 확장될 수 있었다. '새로운 관계 선언문'이 부부의 전반적인 관계 변화와 결의를 담은 포괄적이고 선언적인 문서라면, '우리 관계의 새로운 장' 목록은 일상에서 실천할 수 있는 구체적인 방법들을 나열한 실용적인 가이드라인이라고 볼 수 있다. 이러한 다양한 형태의 기록과 공유 활동을 통해, 부부는 자신들의 새로운 대안적 이야기를 더욱 풍성하게 만들고 역동적으로 유지할 수 있었다.

10. 통합적 관점에서의 평가

자신과 배우자의 정체성을 어떻게 구성하는가는 부부 문제의 생성과 변화에 매우 중요한 역할을 한다. '남편은 항상 날 피하기만 하는 사람' '아내는 항상 날 비난만 하는 사람'과 같은 단일하고 고정된 정체성은 문제에 지배된 이야기를 강화하고 지속시킨다. 부부는 자신과 서로에 대한 이러한 제한된 정체성을 바탕으로 문제 중심의 이야기를 함께 구성해 나가고 있는 것이다. 따라서 이야기 부부치료의 여러 개입 기법들 중에서도 다양한 관계망 속에서 자신과 상대방의 정체성을 다중적, 유동적으로 구성하는 '관계적 정체성 생성하기'는 특히 주목할 필요가 있다. 이는 고정된 정체성을 가진 개인으로서가 아닌, 다양한 관계망에 속한 참여자로서 각 개인을 바라보고, 타인과의 상호작용 속에서 자신이나 상대방의 정체성을 유동적으로 새롭게 구성해 나가는 과정이라 할 수 있다.

　체계론 기반의 모델에서도 문제를 가진 것으로 지목된 구성원을 대상으로 재구성 기법을 적용하여 새로운 정체성을 구성하고자 한다. 그러나 이야기치료는 문제의 지속에 기여하는 지배적 담론을 해체하고, 선호하는 정체성과 대안적 이야기를 공동으로 구성해 나가는 데 초점을 두는 반면, 체계론 기반의 모델들은 재구성을 통해 궁극적으로 역기능적 체계의 패턴을 깨고자 하는 의도를 가진다는 점에서 큰 차이가 있다. 결과적으로, '관계적 정체성 생성하기'는 이야기 부부치료와 해결중심 부부치료의 통합적 적용 과정에서 이야기치료적 질문과 해결지향적 대화를 통해 기존의 고정된, 문제 중심의 정체성을 해체하고, 관계적이고 자원 중심적인 새로운 정체성을 재구성하는 것을 중요한 치료 요소로 고려해야 함을 내포한다.

Part 3

통합적 관점과
부부치료 실제

다양한 부부치료 모델들의 통합적 적용 가능성을 탐색하고, 실제 임상 현장에서 마주하는 도전과 이를 극복하는 방안을 모색한다. 각 모델의 강점을 활용하고 한계를 보완하는 통합적 접근을 탐색하며, 부부치료자들이 임상 현장에서 경험하는 여러 도전들을 확인하고 이에 대한 실제적인 해결 방안을 탐구한다.

Chapter 12

부부치료의 통합적 관점

    부부치료 모델의 통합적 적용을 위해 앞에서 소개한 모델들이 어떤 측면에서 핵심적인 차이가 있는지 파악할 필요가 있다. Gurman(1978)은 부부치료의 다양한 모델들을 분석하면서, 네 가지 핵심 차원에 따라 이들을 구분했다. 첫째, 치료에서 과거 경험과 무의식이 차지하는 비중, 둘째, 내담자가 호소하는 문제의 본질과 그 의미, 그리고 이에 대한 평가의 역할, 셋째, 즉각적인 증상 완화와 같은 단기 목표와 근본적인 관계 개선과 같은 장기 목표 중 어느 것에 더 중점을 두는지 두 목표 간의 상대적인 중요성, 넷째, 치료 과정에서 치료자가 수행하는 역할과 기능의 특성이다. 이러한 차원들을 통해 Gurman은 다양한 부부치료 모델들의 특징과 차이점을 체계적으로 비교 분석했다. Fraenkel(2009)은 비슷한 관점에서 분석을 진행하여, 부부치료 접근법들이 다음 세 가지 차원에서 차이를 보인다고 강조했다. 첫째, 치료의 초점을 두는 시간대(현재, 과거, 미래), 둘째, 치료적 변화를 위한 주요 개입 영역(사고, 감정, 행동), 셋째, 치료자의 지시성(directiveness) 정도이다. 각 차원은 그 정도나 대상 영역에 따라 하나의 스펙트럼으로 이해될 수 있으며, 수십 년이 지난 현재에도 이러한 스펙트럼 차원에 따른 모델 간 비교는 여전히 유용하게 적용될 수 있다.

    이 장에서는 부부치료 모델들 간의 차이점을 여러 차원에서 살펴볼 것이다. 이는 Gurman(1978)과 Fraenkel(2009)이 모델들 간 구분을 위해 제시한 차원들을 포

함한다. 여기서 소개되는 각 차원은 부부치료 실제에서 치료자가 반드시 고려해
야 할 요인들로, 치료자가 긱 부부의 고유한 상황과 맥락에 맞춰 다양한 모델을 동
합적으로 적용할 수 있도록 돕는 실용적인 틀로서의 역할을 한다. 예를 들어, 치
료자가 부부 사례를 접할 때 특정 모델을 근거없이 적용하기보다는 '치료자의 역
할'이란 차원의 다양한 스펙트럼(전문가 역할에서 협력자 역할까지)을 인식한다면,
각 부부의 고유한 상황과 맥락에 맞는 적절한 역할을 선택하거나 조합하여 유연
하게 적용할 수 있다. 이러한 유연한 접근은 치료자가 다양한 부부치료 모델의 장
점을 상황에 맞게 활용할 수 있게 하며, 궁극적으로 각 부부의 고유한 필요에 가장
적합한 맞춤형 치료를 제공할 수 있게 한다. 이 장의 목적은 부부치료 모델들 간
의 차이점을 단순히 이론적으로 살펴보는 것이 아니라 다양한 모델들이 각 차원
의 스펙트럼상에서 어떤 위치를 차지하는지 살펴보고, 치료자가 이러한 스펙트럼
을 내면화하여 다양한 모델을 통합적으로 적용할 수 있는 실용적인 틀을 갖추도
록 돕는 것이다.

1. 치료자의 역할

다른 심리치료와 마찬가지로, 부부치료에서도 치료 과정상 치료자의 역할은 중
요하게 여겨진다. Gurman(1978)과 Fraenkel(2009)이 부부치료 모델들을 구분하
는 기준으로 각각 '치료자가 수행하는 역할과 기능의 특성' '치료자의 지시성 정도'
로 제시한 것에서도 이를 확인할 수 있다. '치료자의 역할' 차원은 치료자가 치료
과정에서 얼마나 적극적으로 개입하고 방향을 제시하는지, 그리고 내담 부부와의
관계에서 어떤 위치를 차지하는지를 나타내는 지표가 된다. 치료자의 역할은 전
문적 지식과 기술을 전달하는 전문가 역할에서부터 내담 부부와 협력적으로 문제
를 탐색하고 선호하는 현실을 함께 구성해 가는 동반자 역할에 이르기까지 다양
한 스펙트럼을 형성한다. 각 부부치료 모델은 이 스펙트럼 상에서 고유한 위치를

차지하고 있다.

전통적인 행동적 부부치료와 같은 일부 모델에서는 치료자를 부부 관계 전문가로 간주한다. 이러한 접근에서는 치료자는 전문 지식을 전달하고, 부부의 역기능적 패턴을 적극적으로 교정하는 역할을 한다. 반면, 이야기 부부치료와 같은 사회구성주의적 접근에서는 치료자와 부부가 협력하여 치료 목표와 선호하는 현실을 공동으로 구성해 가는 과정을 강조한다. 이 과정에서 치료자는 부부가 자신들만의 고유한 목표를 발견하고 그것을 실현하는 길을 찾도록 돕는 조력자이자 동반자로서 참여한다. 대부분의 부부치료 접근법은 이 두 극단 사이의 어딘가에 위치한다. 즉, 전문가로서 적극적으로 치료 방향을 설정하고 개입 전략을 주도하는 전문가 역할과 부부의 고유한 관점을 중심으로 삶과 관계에 대한 새로운 의미 창출을 돕는 동반자 역할 사이의 연속선상에서 각자 고유한 위치를 가진다.

치료자가 '치료자의 역할' 차원의 다양한 스펙트럼을 염두에 두고 있다면, 부부의 고유한 상황과 맥락에 따라 적절히 대응할 수 있다. 예를 들어, 심각한 갈등 상황에 있는 부부에게는 보다 지시적인 태도를 취하면서 전문가로서 적극적인 중재 역할을 할 수 있다. 반면, 삶의 중대한 전환기(예: 은퇴, 자녀의 독립)를 맞이한 부부에게는 협력적 조력자나 동반자로서, 부부가 함께 이 변화의 의미를 탐색하고 새로운 관계 정체성을 형성해 나가도록 돕는 역할을 할 수 있다. 또한 복합적인 문제를 가진 부부의 경우, 치료 과정 동안 문제의 성격과 치료 단계에 따라 지시적 역할과 협력적 역할을 오가며 좀 더 유연한 역할을 취할 수도 있다.

2. 개입의 시간적 틀

'개입의 시간적 틀' 차원은 부부치료 과정에서 치료적 탐색 및 개입의 시간적 초점을 과거, 현재, 미래 중 어디에 주로 두는지, 그리고 서로 다른 시간적 틀을 어떤 정도와 순서에 따라 적용할 것인지를 나타내는 지표이다. 이는 부부 각자의 개인

사와 부부가 함께 만들어 온 공동의 역사를 탐색하는 것을 얼마나 중요하게 보는 지와도 연관된다. Gurman(1978)은 이를 '치료에서 과거 경험과 무의식이 차지하는 비중'으로 표현했고, Fraenkel(2009)은 '치료의 초점을 두는 시간대(현재, 과거, 미래)'로 설명했다. 각 부부치료 모델은 서로 다른 시간적 틀에 중점을 둔다.

대상관계 부부치료와 다세대 가족체계 부부치료와 같은 접근법들은 주로 과거에 초점을 두며, 과거 경험에 관한 질문이나 가계도를 통해 부부 문제에 접근한다. 반면에, 해결중심 부부치료와 이야기 부부치료와 같은 접근법들은 주로 현재와 미래에 초점을 맞춘다. 대부분의 부부치료 모델들은 과거와 현재의 영향 모두에 주의를 기울이지만, 그 정도나 순서에서 차이를 보인다. 예를 들어, 통합적 행동부부치료는 현재의 상호작용 패턴과 수용의 중요성을 주로 강조하면서도, 치료초기에 부부가 호소하는 문제의 발달적 성격을 평가한다. 즉, 문제가 시작된 시점과 시간에 따른 변화 및 지속성을 살펴본다. 다시 말해, 현재에 주로 초점을 두면서도 과거에 관한 정보를 보조적으로 활용한다.

서로 다른 시간적 틀을 적용하는 순서 역시 모델에 따라 다르다. 예를 들어, 대상관계 부부치료에서는 먼저 부부 각자의 초기 대상관계 경험과 이를 통해 형성된 내적 표상을 탐색한 후, 이러한 과거의 대상관계 경험이 현재의 부부 관계에서 어떻게 재현되는지를 파악해 나간다(과거 → 현재). 정서중심적 부부치료에서는 치료 초기에 먼저 부부가 호소하는 현재의 핵심적인 문제를 규명하고 현재의 부정적 상호작용 패턴을 탐색하는 것으로 시작한다. 그 다음 부정적인 상호작용 패턴이 언제부터 어떻게 시작되었는지 부부의 과거 역사를 탐색하고 애착유형을 평가한다. 마지막으로 다시 현재로 돌아와 새로운 이해를 바탕으로 부부의 상호작용을 재규명한다(현재 → 과거 → 현재).

부부치료 모델들 간의 차이는 특정 모델에서 제시하는 시간적 틀의 적용 방식이 모든 부부 사례에 적용되는 절대적인 공식이 아님을 보여 준다. 따라서 과거, 현재, 미래를 포함하는 '개입의 시간적 틀' 차원의 스펙트럼을 부부치료에서 유연하게 적용할 수 있다. 이 스펙트럼의 한쪽 끝에는 부부의 원가족 경험과 패턴, 대상관계 경험 등에 초점을 맞추는 과거 지향적 접근이 있다. 중간에는 부부의 현재 상호작용 패턴, 정서적 경험, 문제해결 시도 등을 다루는 현재 중심적 접근이 위치한다. 다른 한쪽 끝에는 부부의 공동 목표 설정, 선호하는 미래의 모습 구축 등에 초점을 맞추는 미래 지향적 접근이 있다.

치료자는 이러한 시간적 틀의 연속선상에서 부부 사례의 고유한 맥락에 따라 유연하게 접근할 수 있다. 예를 들어, 치료 초기에는 현재의 상호작용 패턴을 파악하고, 중기에는 현재 패턴에 영향을 미치는 과거의 경험을 탐색하며, 후기에는 미래의 선호하는 모습을 구축하는 방식으로 진행할 수 있다. 그러나 각 부부 사례의 고유한 특성에 따라 서로 다른 시간적 순서나 방식이 더 효과적일 수 있으며, 각 상담 회기 내에서도 이 연속선상을 오가며 진행할 수 있다. 이때, 치료자가 고려해야 할 요인은 부부의 반응, 부부가 처한 고유한 상황, 문제의 성격, 치료의 진행 상황, 치료 목표 등이다. 이들을 지속적으로 평가하여 가장 적절한 시간적 틀을 선택하고 조정해 나가야 한다. 특히 복합적인 문제를 가진 부부의 경우, 치료자는 문제의 성격과 치료 단계에 따라 시간적 틀을 더욱 역동적으로 전환할 수 있다.

3. 개입의 수준

부부치료 모델들은 치료적 평가와 개입의 수준 면에서 서로 다른 특성을 가지고 있다. '개입의 수준'이란 치료의 전 과정에서 치료자가 주로 작업하는 체계론적 (systemic) 단위를 의미한다. 이는 사례의 평가와 탐색, 치료 기법의 적용 등 모든 치료 과정에서 치료자가 주된 관심을 두는 대상 체계의 범위를 나타낸다. 구체적으로, 개입의 수준은 치료자가 평가와 개입을 수행할 때 개인, 부부체계, 가족체계, 또는 사회체계 중 어느 단위를 주요 대상으로 삼을지 결정하는 기준이 된다.

개입의 수준 면에서 일부 모델은 부부 각자의 개인적 특성에 주로 관심을 둔다. 또 다른 모델들은 개인을 넘어 부부체계 자체에 더 관심을 두거나 부부를 둘러싼 더 넓은 가족체계 혹은 사회적 맥락에 주목하기도 한다. 이처럼 부부치료 모델들은 주로 강조하는 개입의 수준이 다양하다. 예를 들어, 대상관계 부부치료는 개인 수준에 가장 큰 비중을 두고 있다. 부부 각자의 과거 경험, 특히 어린 시절부터 형성된 대상관계 패턴이 현재의 부부 갈등에 어떻게 영향을 미치는지를 중요하게 다루기 때문이다. 부부체계는 이러한 개인의 내적 대상관계가 표현되는 장으로 간주되지만, 주된 초점은 여전히 개인의 심리적 특성과 경험에 따른 개인 수준에 있다.

개인 수준을 넘어 부부체계나 가족체계가 더 강조되는 모델들도 있다. 현대의 부부치료 모델들 대부분은 체계론적 관점을 공유하지만, 일부 모델에서는 이 관점이 다른 모델들보다 훨씬 더 핵심적인 위치를 차지한다. 예를 들어, Haley 전략적 부부치료는 주로 부부체계와 가족체계 수준에 관심을 두고, 부부 문제를 상호작용적 관점과 관계적 맥락에서 이해하고자 한다. 반면, 정서중심적 부부치료는 부부간의 애착 관계와 상호작용 패턴에 주목하면서도, 각 개인의 정서적 경험에 접근하여 부부간 반복되는 부정적 상호작용 패턴을 변화시키고자 하므로 개인 수준과 부부체계 수준 모두에 관심을 둔다고 할 수 있다. 이처럼 부부치료 모델들은 각기 다른 수준에 초점을 맞추지만, 실제 치료 과정에서는 이러한 수준들이 서로 밀접하게 연관되어 있음을 인식해야 한다.

치료자는 통합적 관점에서 각 개입 수준이 독립적으로 존재하는 것이 아니라 상호작용하며 영향을 주고받는다는 점을 고려해야 한다. 따라서 주요 개입 수준을 선택할 때도 다른 수준과의 연관성을 고려하여 통합적인 접근을 취할 필요가 있다. 다세대 가족체계 부부치료의 경우에도, 부부 문제를 더 넓은 다세대 가족체계의 맥락에서 이해하고자 하기 때문에 주된 관심은 가족체계 수준에 있지만, 개인 수준에서 자기분화(Bowen) 및 내면화된 대상관계(Framo)에 주목하면서 부부체계 수준의 상호작용 패턴과 관계 역동을 다루기도 한다. 따라서 각 수준을 독립적으로 보기보다는 다세대 가족체계라는 큰 맥락 안에서 통합적 및 상호작용적으로 이해하고 접근한다고 볼 수 있다.

또 다른 모델들은 부부 문제나 역기능에 기여하거나 이를 지속하도록 영향을 주는 사회적 체계 수준에 관심을 둔다. 예를 들어, 이야기 부부치료에서는 사회에서 구성된 담론과 가치를 부부가 내재화함으로써 문제 중심의 이야기와 고통을 만들어 나간다고 본다. 이 접근법은 부부의 문제를 사회문화적 맥락에서 이해하고, 지배적인 사회적 담론에 도전하여 새로운 의미를 만들어 내는 것을 강조한다. 이야기 부부치료는 사회적 체계 수준에 관심을 두지만, 각 개인의 고유한 경험을 고려하고 부부가 함께 새로운 이야기를 구성하는 과정을 중요하게 여긴다는 면에서 개인 수준 및 부부체계 수준도 동시에 고려한다.

특히, 이처럼 포스트모더니즘에 기초한 모델들은 특정 개입 수준(개인, 부부, 가족, 사회)의 범주를 초월하여 통합적으로 접근하는 특성을 가진다. 이들은 내담 부부와 협력하여 그들이 선호하는 현실을 구성해 가는 데 주로 관심을 두는 특징으로 인해, 다른 모델들이 일반적으로 관심을 두는 특정 개입 수준의 범주를 넘어서는 독특한 접근 방식을 제공한다. 이는 고정된 틀이나 범주를 거부하는 포스트모더니즘의 핵심 특성을 반영한다.

4. 개입의 초점과 목표

'개입의 초점'이란 치료자가 변화를 이끌어 내기 위해 치료 과정에서 주로 주의를 기울이는 인지적, 정서적, 행동적, 심리내적, 관계적 영역을 의미한다. 각 치료 모델마다 초점을 두는 영역이 다르며, 이러한 초점 영역은 전체 치료 과정에서 지속적으로 일관되게 강조된다. Fraenkel(2009)은 개입의 초점을 '치료적 변화를 위한 주요 개입 영역(사고, 감정, 행동)'으로 명명했다.

개입의 초점은 개입의 목표와 밀접하게 연관되어 있지만, 그 의미와 기능에는 차이가 있다. 개입의 목표가 치료를 통해 궁극적으로 달성하고자 하는 변화나 결과를 의미하는 반면, 개입의 초점은 그 목표를 향해 나아가는 과정에서 치료자가 중요하게 지속적으로 다루는 핵심 영역을 의미한다. 부부간 상호작용 패턴을 예로 들자면, 치료사가 궁극적으로 달성하고자 하는 개입의 목표가 '상호작용 패턴의 변화'라면, 이 목표를 달성하기 위한 과정에서 치료자는 관계적 영역에서 둘 간의 상호작용 패턴을 탐색하는 것을 중요하게 지속적으로 다룰 수 있다. 이 경우 '상호작용 패턴의 탐색'이 개입의 초점이 되며, 이러한 초점은 목표 달성을 위한 중요한 작업 영역으로 기능한다.

　부부치료 모델들이 주로 초점을 두는 영역은 인지적, 정서적, 행동적, 심리내적, 관계적 영역으로 다양하다. 인지적 영역에서는 각 개인의 비합리적 사고 패턴이나 인지적 왜곡의 탐색에, 정서적 영역에서는 정서적 경험의 인식과 표현에, 행동적 영역에서는 역기능적 행동이나 문제해결 시도의 탐색에 개입의 초점을 둘 수 있다. 대부분의 모델은 이러한 영역들이 서로 영향을 주고받으며 밀접하게 상호작용한다는 점을 인식하고 있지만, 각 모델은 이들 영역 중 특정 영역에 더 중점을 두는 경향이 있다. 이는 모델의 명칭에서도 드러나는데, 예를 들어 인지행동적 부부치료는 인지와 행동 영역에, 정서중심적 부부치료는 정서적 영역에 주된 초점을 두는 등 각 모델이 중점을 두는 핵심 영역이 그 명칭에 반영되어 있다.

　인지, 정서, 행동 영역 외에도 부부치료 모델들은 개인의 심층심리에 다양한 수준으로 초점을 둔다. 이러한 심층심리는 의식적 경험부터 무의식적 경험까지 이어지는 연속선상의 스펙트럼으로 이해할 수 있다. 각 부부치료 모델은 이 스펙트럼 상에서 서로 다른 위치를 차지하며, 이에 따라 의식적 요소와 무의식적 요소에 부여하는 중요성이 달라진다. Gurman(1978)은 이를 '치료에서 과거 경험과 무의식이 차지하는 비중'이라고 표현했다. 예를 들어, 인지행동적 부부치료에서는 부부가 의식적으로 자각할 수 있는 인지 및 행동상의 변화에 주로 초점을 둔다. 반면, 정서중심적 부부치료는 표면적 정서 아래에 있어 즉각적으로 인식되지 않을 수 있는 내재된 정서에 접근하고, 이를 의식 표면으로 끌어올리는 데 중점을 둔다. 대상관계 부부치료는 더 나아가 현재의 관계 문제가 과거 경험과 무의식적 과정에 깊이 뿌리박고 있다고 보고, 깊은 무의식적 수준에 내재된 내적 과정을 드러내고 이것이 현재 부부 관계에 미치는 영향을 탐색하는 데 초점을 둔다. 이 모델에서는 부부 각 개인의 내면화된 대상관계, 무의식적 갈등, 방어기제(예: 투사적 동일시) 등에 구체적인 개입의 초점을 둔다. 이처럼 각 모델은 심층심리의 다양한 수준을 나타내는 스펙트럼상에서 서로 다른 위치에 초점을 맞추고 있으며, 이에 따라 개입의 방식과 내용이 달라진다.

부부치료에서는 목표 달성을 위해 여러 개입 수준에 걸쳐 다양한 영역에 동시에 초점을 맞추는 경우가 많다. 예를 들어, 정서중심적 부부치료에서는 '부부간 상호작용 패턴의 변화'라는 목표를 달성하기 위해 개인 수준의 정서적 영역에서 각 배우자의 '정서적 경험의 인식과 표현', 그리고 심층심리 영역에서 '내재된 정서의 접근'에 초점을 두고 있다. 또한 다음에 설명할 관계적 영역에서 부부체계 수준의 상호작용 패턴을 파악하는 데에도 초점을 맞춘다. 이처럼 다양한 개입의 수준과 초점 영역은 밀접하게 연관되어 있으며 서로 상호작용한다. 효과적인 치료를 위해 치료자는 이러한 연관성을 고려하여 통합적인 접근을 취하게 되며, 이는 부부의 문제를 다차원적으로 이해하고 접근하는 데 도움을 준다.

마지막으로 관계적 영역은 개인 수준의 대인관계적 특성이 아닌, 부부나 가족 체계 내에서 형성되는 상호관계적 패턴과 역동, 역할, 구조(경계, 위계 포함) 등을 의미한다. 부부나 가족 체계 수준의 개입에 중점을 둔 모델들은 공통적으로 구성원들 간의 상호작용 패턴에 주로 관심을 둔다. 이러한 상호작용 패턴은 각 부부 및 가족치료 모델에 따라 다양하게 명명된다. Haley는 이를 '상호작용 순서 (sequence of interaction)' 또는 '행동의 순서(sequence of behaviors)'로 지칭하는데(Gurman, 2015; Haley, 1987), 이는 부부 및 가족 구성원들의 행동이 어떤 순서로 반복적으로 구성되는지의 상호작용 양상을 의미한다. 구조주의 가족치료에서 Minuchin은 이를 '상호작용 패턴(interactional patterns)'으로 명명하는 반면(Minuchin, 1974), Milan 모델에서는 이러한 패턴을 '가족 게임(family game)'으로 표현하며, 역기능적인 형태의 상호작용 패턴을 '더러운 게임(dirty game)'이라고도 부른다(Selvini-Palazzoli et al., 1978). 이는 부부 및 가족 체계 내에서 반복되는 상호작용의 양상을 게임의 비유를 통해 설명하는 것이라 볼 수 있다. 정서중심적 치료(EFT)에서 Johnson은 이를 '상호작용 순환(interactional cycle)' 또는 '부정적 인 상호작용 순환(negative interactional cycle)'이라고 부른다(Johnson, 2004). 통합적 행동부부치료에서는 양극화 및 상호 덫의 과정을 통해 부부 내 반복되는 상호작용 패턴을 설명하기도 한다. 이처럼 다양한 부부 및 가족치료 모델들은 각자의 이론적 관점에 따라 상호작용 패턴을 서로 다른 용어로 설명하지만, 공통적으로 부부나 가족 구성원들 사이에서 반복되는 예측 가능한 상호작용 양상에 주목한다. 이들 모델은 이러한 관계적 패턴을 탐색하고 이해하는 데 초점을 맞추며, 궁극적으로 이 패턴의 변화를 치료의 주요 목표로 삼는다는 점에서 유사성을 보인다.

5. 부부치료의 통합적 접근

통합적 관점에서 부부치료 모델을 적용할 때, 개입의 수준, 초점, 목표는 중요한 고려 요인으로 작용하며, 이러한 요인들은 치료자가 특정 부부 사례에 접근할 때 지침 역할을 한다. 치료자는 의뢰된 사례에 대해 '어떤 수준에서 개입하고, 어떤 영역에 초점을 두며, 어떤 목표를 향해 나아갈 것인가'를 통합적 관점에서 고려해야 한다. 이러한 과정은 사례개념화의 핵심 부분이며, 이는 평가를 통해 수집된 정보를 기반으로 구성된다. 개입의 수준, 초점, 목표가 명확히 설정되면, 이에 적합한 구체적인 개입 기법의 선택이 자연스럽게 이루어질 수 있는 맥락이 마련된다. 이는 각 부부치료 모델의 개입 기법들이 특정한 수준, 초점, 목표를 바탕으로 개발되었기 때문이다.

예를 들어, 통합적 행동부부치료의 기법들 중 '공감적 연결'은 부부간 정서적 차원의 수용을 목표로 하여 치료자는 개인 및 부부체계 수준에서 정서적 영역(특히, 숨겨진 정서의 부드러운 공개)에 초점을 두고 개입한다. 같은 모델의 '공동 객관화'

기법은 인지적 차원의 수용을 목표로 하여 치료자는 개인 및 부부체계 수준에서 인지적 영역(특히, 문제에 대한 관점)에 초점을 두고 개입한다. 역시 같은 모델의 '상호작용 재연 및 개선' 기법은 부부간의 부정적 상호작용 패턴의 변화(혹은 새로운 상호작용 패턴의 형성)를 목표로, 부부체계 수준에서 관계적 영역(특히, 상호작용 패턴)에 초점을 두고 개입한다.

　이런 식으로 접근함으로써 치료자는 특정 부부사례에 적용하고자 하는 기법이 어떤 목표를 달성하기 위한 것인지, 어떤 영역에 초점을 맞추고 있는지, 그리고 어떤 수준에서 개입이 이루어지고 있는지 명확히 파악할 수 있다. 더 나아가, 이러한 구분은 치료자가 현재 관심을 두고 있는 개입의 범위를 파악하는 데 도움을 준다. 예를 들어, 앞에서 기술한 기법들의 적용을 고려하는 치료자는 주로 개인 및 부부체계 수준에서, 정서적, 인지적, 관계적 영역에 초점을 맞추고, 부부간 수용의 증진과 부정적 상호작용 패턴의 변화를 주요 목표로 삼고 있음을 알 수 있다. 이를 통해 치료자는 자신이 관심을 두고 있는 개입의 범위가 현 사례의 특성과 맥락에 적합한지 평가하고, 치료 과정에서 사례와 관련한 여러 영역을 균형 있게 다루고 있는지, 그리고 다층적인 체계를 포괄적으로 고려하고 있는지 검토하여 필요에 따라 개입의 방향과 방식을 조정해 나갈 수 있다.

　앞의 예시에서 치료자는 현재의 개입 범위를 확장하여 개인 및 부부체계 수준을 넘어 확대 가족체계 수준까지 고려하고, 부부간 상호작용 패턴에 관한 초점과 목표를 넘어 다세대 가족 패턴의 탐색과 변화를 또 하나의 가능한 초점과 목표로 설정하여 가계도 작성 기법의 적용을 고려해 볼 수도 있다. 또는 앞의 예시에서 '새로운 상호작용 패턴의 형성'이란 개입 목표를 강화하고자 한다면, 치료자는 행동적 영역, 특히 부부의 문제해결 시도에 초점을 맞추고 부부가 반복해 온 기존의 비효과적인 문제해결 시도를 중단하고, 이와는 전혀 다른 새로운 문제해결 시도를 하도록 유도하는 기법을 적용할 수도 있다. 따라서 부부치료의 통합적 접근에서는 다양한 모델들의 특성과 장점을 이해하고, 각 부부 사례의 특성과 맥락에 맞게 개입의 목표, 수준, 초점, 기법을 유연하게 적용하는 것이 중요하다. 이를 통해 치료자는 각 부부의 고유한 요구와 문제에 가장 적합한 맞춤형 개입을 제공할 수 있디.

─────── Chapter 13 ───────

부부치료의 실제: 임상적 도전과 극복*

　부부치료의 실제를 야구에 비유하자면, 치료자는 마치 타자와 같다는 생각이 들곤 한다. 매 순간 어떤 공(내담 부부의 반응)이 어떻게 날아올지 예측하기 어려운 상황에서 타석에 들어선 것과 다름없다. 치료 목표, 과정, 기법 등이 체계적으로 정리된 치료 이론들은 우리에게 모든 공의 속도와 궤적을 완벽하게 예측하고 쳐낼 수 있을 것 같은 희망을 주지만, 실제 치료 현장은 이와는 다르다. 투수(내담 부부)에 따라 매우 까다로운 구질의 공이 날아올 때도 있어, 타자(치료자) 입장에서는 어떤 각도로, 어느 정도의 힘으로 대응해야 할지 판단하기 어려울 때가 있다. 치료적 맥락에서는 치료자가 겪는 일종의 '임상적 딜레마'라 할 수 있을 것이다. 필자가 만난 부부들은 문제 상황에 직면하여 진퇴양난에 빠져 어찌할 바를 몰라 했다. 그러나 이런 옴짝달싹 못하는 딜레마 상황은 비단 내담 부부만의 경험은 아닌 것이다.

　실제 치료 현장에서 마주하는 부부의 다양한 반응들은 투수의 공처럼 예측하기 어려워, 때로는 그동안 익혀온 지식과 연습이 무용지물처럼 느껴지기도 한다. 이러한 상황에 대처하려면 이론적 지식만으로는 한계가 있다. 물론, 치료 이론은 수많은 구질의 공을 경험한 이론가들의 실제 치료 경험을 바탕으로 체계화된 것이

---

* 이 장의 내용은 2015년 5월 한국가족치료학회 제38회 춘계학술대회의 '임상적 딜레마의 극복' 주제발표를 수정 및 보완한 것이다.

므로, 이를 충분히 익히고 사례개념화의 틀로 내재화하는 것은 매우 중요하다. 그럼에도 불구하고, 부부치료 현상에서 실제로 마주하게 되는 다양한 상황에 어떻게 대처할 수 있을지에 관해서는 실제 치료 경험을 바탕으로 논의할 필요가 있다 (Anderson & Stewart, 1983; Doherty, 2002; Patterson et al., 1998). 이에 여기에서는 부부치료자가 흔히 겪을 수 있는 여러 도전 과제들을 살펴보고, 이를 효과적으로 다루기 위한 접근 방법을 제시하고자 한다.

1. 감정의 급격한 격화

필자가 부부가족치료(CFT) 석사 과정에 갓 입문했을 때의 일이다. 강의동에서 조금 떨어진 부부가족치료센터에서 훈련생으로서 실제 내담자들을 만나기 시작했던 시기였다. 개인상담 경험은 있었지만, 부부상담은 이제 막 시작 단계였다. 그때 한 부부 사례가 배정되었다. 이 부부는 오랜 기간 지속된 갈등으로 서로에 대한 적개심이 만성화되어 있었다. 첫 면담에서 필자는 평소 개인상담에서 하던 대로, 부부 각자가 생각하는 문제가 무엇인지 탐색하며 호소 내용을 파악하고자 했다.

아내가 먼저 남편에 대한 평소 불만을 토로하기 시작했다. 처음에는 약간 짜증 섞인 목소리로 단순한 불평을 늘어놓던 아내의 어조가 점차 높아졌다. 한동안 아내의 불만을 묵묵히 듣고 있던 남편이 "그런 얘기 그만해. 나도 할 말 있어"라며 아내의 말을 급히 가로막았다. 남편의 반격이 시작되자 아내 역시 가만히 있을 수 없다는 듯 목소리를 한층 더 높였고, 그간 쌓아온 적개심을 이전보다 더 격렬하게 표출하기 시작했다. 남편 또한 지지 않겠다는 듯 다시 공격적으로 맞섰다.

순식간에 부부간의 감정은 처음보다 더욱 악화되어 갔다. 필자가 몇 차례 중재를 시도했지만, 격앙된 분위기에 휩쓸려 모두 무산되어 버렸다. 이제는 상황을 통제할 수 있는 타이밍을 놓쳤다는 생각이 들었다. 더구나 상담실의 일방경 뒤 관찰실에서 임상 슈퍼바이저가 난관에 빠진 어린 양(?)을 지켜보고 구원해 주시리라는 기대가 무색하게도, 슈퍼바이저는 다른 긴급 사례로 인해 잠시 자리를 비운 상태였다. '여기가 어디지? 내가 누구지? 지금 뭘 하고 있는 거지?' 이런 생각들이 머릿속을 스쳐 지나가는 가운데, 무력하고 멍한 상태로 부부를 바라볼 수밖에 없었다. 나중에야 비로소 개인상담에서는 접하기 힘든 소중한 경험을 했음을 알게 되었다.

극심한 갈등 상태로 상담실을 찾은 부부들은 상담 과정 중 사소한 자극에도 민감하게 반응할 수 있다. 서로의 사소한 언행에도 감정이 순식간에 고조되는 '급격한 격화(rapid escalation)'가 일어나곤 한다. 이런 상황을 효과적으로 다루기 위해서는 개인상담 경험이나 부부치료 모델에 대한 지식만으로는 충분치 않다. 먼저 부부치료자는 이러한 감정적 격화가 언제든 발생할 수 있음을 염두에 두어야 한다. 특히 개인상담을 주로 해 왔거나 부부치료 중 감정적 격화를 직접 경험하지 못한 치료자라면 이런 상황이 언제든 일어날 수 있음을 인지해야 한다. 부부간 대화를 관찰하는 것은 부부의 상호작용 양상을 이해할 수 있는 좋은 기회가 되지만, 과도하게 감정적으로 치우쳐가는 대화를 그대로 방치할 경우 부부는 상담을 통해 관계가 개선될 수 있다는 희망을 잃고, 다음 회기에 오지 않을 수도 있다.

부부의 감정이 격화되는 상황을 예방하기 위한 한 가지 접근법은 치료자가 상담 과정에서 긍정적인 분위기를 조성하는 것이다. 첫 면담에서 치료자가 부부 문제 탐색에만 지나치게 집중하는 것은 부부 사이의 긴장을 고조시킴으로써 감정의 격화를 유발할 수 있는 맥락을 만든다. 따라서 첫 면담에서는 부부의 문제에만 과도하게 집중하기보다 긍정적인 맥락에서 부부 관계를 탐색하는 것이 더 효과적일 수 있다. 다음과 같은 질문들이 도움이 될 수 있다.

- "두 분은 처음 어떻게 만나셨나요? 서로의 어떤 점에 끌리셨어요?"
- "갈등이 시작되기 전 두 분의 관계가 좋았을 때, 관계가 어떠셨나요? 지금과 어떻게 달랐나요?"
- "문제가 생긴 이후에도 혹시 잘 지내던 때가 있었다면, 그때는 관계가 지금과 어떻게 달랐나요?"

• "만약 모든 문제가 해결되어서 더 이상 아무 문제가 없다고 가정한다면, 두 분의 관계가 어떻게 달라져 있을까요?"

우리가 여러 부부치료 모델을 통해 이미 잘 알고 있을 법한 이러한 질문들을 첫 면담에서 적절히 활용함으로써, 문제에 지나친 초점을 두는 것을 피하고 급격한 감정 격화의 가능성을 줄일 수 있다. 이는 부부 사례의 개념화와 개입 방향을 설정하는 데 필요한 중요한 정보를 얻는 데 도움이 될 뿐만 아니라, 부부 내담자가 희망을 가지고 다음 회기에 다시 찾아올 수 있는 긍정적인 분위기를 조성하는 데에도 기여할 수 있다.

필자는 서로에 대한 적대감과 갈등으로 가득 찬 대화를 나누며 급격한 감정 격화의 조짐을 보이던 젊은 부부를 상담한 경험이 있다. 첫 면담에서 갈등이 시작되기 전 두 사람의 관계가 좋았을 때는 어떠했는지, 그리고 지금과 어떻게 달랐는지 질문함으로써, 부부가 현재의 문제 상황에서 벗어나 과거의 행복했던 순간들에 초점을 맞추도록 시도했다. 앞서 언급한 접근법을 적용하여 긍정적인 맥락에서 관계를 탐색하고자 한 것이다. 남편은 관계가 좋았을 때 아내와 3시간 정도 쉼 없이 대화를 나누며 시간을 보냈던 것이 좋았다고 회상했다. 아내는 남편이 자신을 따뜻하게 안아주고 팔을 쓰다듬어 주었던 때를 그리워했다. 또한 아내는 남편이 기뻐하고 행복해하는 모습을 볼 때 자신도 행복했다며 눈시울을 붉혔다. 면담 초기에 현재의 갈등 상황에 집중하며 험악한 분위기 속에서 감정이 격화될 것 같았던 부부가, 관계가 좋았던 시점을 이야기하면서 서로에 대한 적대적인 태도가 누그러지기 시작했다. 대화는 점차 부드러운 분위기로 전환되어 진행될 수 있었다. 첫 면담이 거의 끝나갈 무렵, 후속 상담 회기를 제안했을 때 부부는 잠시 서로를 바라본 후 선뜻 동의했다.

첫 면담에서 긍정적인 맥락과 분위기로 대화를 이끌어 가는 것은 부부가 관계 회복에 대한 희망을 가지고 다음 상담 회기에 다시 올 수 있도록 하는 데 도움이 된다. 더불어, 앞선 부부 사례에서 볼 수 있듯이, 이는 적대감 뒤에 숨겨진 서로에 대한 부드러운 감정과 애착 욕구를 드러내는 기회가 되기도 한다. 만약 이러한 방식으로 대화의 초점을 전환하지 않았다면, 부부간의 적대적인 분위기가 지속된 채 첫 회기를 마쳤을 것이다. 그 결과, 서로에 대한 적대감과 절망감으로 인해 부부는 아마 다음 회기에 오지 않았을 가능성이 높다.

2. 편향된 치료 관계의 형성

어떤 부부치료자의 초기 상담 장면을 지켜볼 기회가 있었다. 그 치료자는 부부의 갈등이 주로 남편의 잘못된 행동에서 기인한다고 판단한 듯했다. 치료자는 남편의 특정 행동들을 하나씩 지적하며 문제점을 짚어내고 바람직한 행동 방식을 가르치는 듯한 훈계적인 태도를 보였다. 처음에는 조용히 듣고만 있던 남편이 점차 치료자의 지적에 반박하기 시작했고, 얼마 지나지 않아 더 이상 견딜 수 없다는 듯이 갑자기 자리에서 벌떡 일어나 그만 하겠다며 상담실을 나가려 했다. 그제서야 상황의 심각성을 깨달은 듯, 치료자는 황급히 남편의 옷소매를 붙잡으며 상담을 계속해야 하는 이유를 설명하려 애쓰는 모습이었다.

편향된 치료 관계의 형성은 부부치료자가 겪을 수 있는 또 다른 임상적 딜레마이다. 앞서 언급한 사례처럼, 치료자가 부부 중 한쪽에 지나치게 편향된 태도를 보이면 부부치료의 효과를 저해하는 관계 구도가 형성된다. 치료자가 개인과의 라포 형성을 위한 공감적 기술과 신뢰로운 태도를 충분히 갖추고 있더라도, '부부'라는 독특한 맥락을 고려하지 않으면 한쪽 배우자와만 동맹 관계를 맺게 될 위험이 있다. 이런 경우, 치료자와 동맹 관계를 형성한 배우자는 치료자를 매우 유능하고 자신을 잘 이해해 주는 전문가로 여길 수 있다. 반면, 다른 배우자는 자신이 충분히 이해받지 못한 채 상대방만 더 잘 이해받는다고 느껴 치료자를 또 다른 '적'으로 인식할 수 있는 것이다. 다시 말하면, 부분적으로 성공한 라포 형성이 오히려 전체 부부와의 치료 과정에 역기능적으로 작용할 수 있다. 더 나아가 치료자가 한쪽 배우자와 동맹을 맺고 다른 배우자에 대항하는 연합 관계로까지 발전할 수 있다. 결과적으로, 이러한 편향된 관계 형성은 부부간의 갈등을 해결하기보다 오히려 악화시키는 요인이 될 수 있다.

치료자의 성별과 나이는 부부와의 역기능적인 관계 구도를 형성할 수 있는 기본적인 맥락이 될 수 있다. 예를 들어, 부부치료 과정에서 남편(또는 아내)이 '치료자가 나보다 훨씬 젊어 보이는 여성(또는 남성)인데, 배우자를 더 잘 이해하지 않을까?'라고 생각할 수 있다. 만약 치료자가 이러한 추측을 뒷받침하는 듯한 태도를 보인다면, 그 내담자의 의심은 더욱 강화될 것이다. 무엇보다 치료자의 가치관과 개인적 경험은 특정 배우자에게 편향된 태도를 보이게 만드는 가장 중요한 요인이다. 치료자는 자신의 결혼 생활 경험을 바탕으로, 더 취약해 보이는 배우자에게 자신의 모습을 투사하여 과도하게 공감적인 반응을 보일 수 있다. 비슷한 맥락에서, 남편이나 아내에 대한 치료자의 부정적 선입견 역시 편향된 관계 구도 형성에 영향을 미칠 수 있다. '저렇게 배우자를 괴롭히는 사람이 과연 변할 수 있을까?' 혹은 '이 정도로 무심하고 냉담한 태도를 보이는 배우자와 친밀감이 형성될 수 있을까?'와 같은 생각을 치료자 스스로 알아차리지 못한다면, 한쪽 배우자를 편드는 태도를 보일 가능성이 높아진다.

따라서 치료자는 편향적인 태도로 인해 부부와 역기능적인 관계를 형성하지 않도록 균형적이고 중립적인 태도를 유지해야 한다. 이를 위해 치료자는 먼저 자신의 가치관이나 개인적인 경험에 기반한 편견이나 오해가 특정 배우자를 바라보는 시각에 영향을 미치고 있지는 않은지 지속적으로 자각하고 살펴보아야 한다. 예를 들어, 퇴근하자마자 아내에게 정리 정돈을 요구하며 시시콜콜 지적하는 남편에 대해 치료자는 개인적인 경험에 비추어 '저 남편의 정리벽이 아내를 힘들게 하고 있구나'라고 섣불리 판단하여 자신도 모르게 아내를 옹호하는 태도를 보일 수 있다. 그러나 이러한 판단은 상황의 전체적인 맥락을 고려하지 못한 것일 수 있다. 치료자가 초기 면담에서 미처 파악하지 못한 남편 나름의 이유가 있을 수 있는 것이다. 예컨대, 남편의 부모님이 시시때때로 자주 방문하는 상황에서, 정돈되지 않은 집을 보고 부모님께 흠잡히거나 지적받을 것을 우려한 나머지 이러한 행동을 보이는 것일 수도 있다. 이는 갈등이 확대되는 것을 방지하기 위한 남편 나름의 방식일 수 있는 것이다.

이처럼 치료자는 자신의 가치관이나 개인적인 경험이 편향된 시각과 오해를 낳고 있지 않은지 항상 자각하고, 표면적으로 드러나는 행동 이면에 숨겨진 각 배우자의 의도와 전체적인 맥락을 충분히 이해하려는 노력을 기울여야 한다. 이를 통해 보다 전체적인 관점에서 부부의 역동을 파악하고, 양측의 입장을 균형 있게 고려한 중립적인 태도를 유지할 수 있다.

치료자는 또한 부부 중 어느 한쪽에 대한 언어적, 비언어적 공감 반응이 다른 배우자에게 오해를 불러일으키지 않도록 주의할 필요가 있다. 개인상담과는 다른 맥락임을 고려하여 부부 중 한쪽에 대한 공감 반응이 다른 배우자에게 미치는 영향을 고려해야 한다. 따라서 부부치료 과정에서 한 배우자에게 공감적 반응을 보였다면, 치료자는 다른 배우자의 반응과 감정 상태도 주의 깊게 살펴야 한다. 이후 적절한 맥락에서 다른 배우자의 개별적인 필요와 상황에 맞는 공감적 반응을 제공함으로써, 치료자는 균형 잡힌 태도를 유지할 수 있다. 치료 과정에서 한 배우자에게 더 깊은 공감이 필요할 경우, 각 배우자와 개별 회기를 진행할 수도 있다. 이러한 개별 회기는 부부치료의 전체적 맥락을 유지하면서, 각 배우자에게 동일한 시간을 할애하여 임시적으로 진행되는 회기를 의미한다. 이를 통해 치료자는 각 배우자의 정서를 더 깊이 탐색하고 적절한 공감적 반응을 제공할 수 있다.

마지막으로 치료자의 중립적 태도에 관한 Haley(1987)의 견해를 소개하며 마무리하고자 한다.

치료자의 발언은 단순한 발언 이상의 의미를 지니며, 의도치 않게 부부나 가족구성원 중 한 사람과의 연합을 형성하는 결과를 초래할 수 있다. 만약 치료자가 한 사람과 연합하게 되면, 그 치료자는 문제 해결에 기여하는 것이 아니라 오히려 문제의 일부가 되어버린다. 따라서 치료자는 자신의 발언과 행동을 항상 주의 깊게 자각해서 의도치 않은 연합의 메시지를 전달하고 있지는 않은지 지속적으로 살펴야 한다.

3. 치료자의 개인적 경험과 가치관의 영향

부부치료자가 개인적으로 어떤 경험과 가치관을 가지고 있는가, 그리고 이에 대해 치료자 자신이 어느 정도 자각하고 있는가 하는 점은 치료 과정에 지대한 영향을 미친다. 이는 개인상담보다 부부 및 가족치료 과정에서 더욱 두드러지게 나타날 수 있다. 예를 들어, 이성애 중심 문화권에서 오랫동안 성장한 치료자가 동성 연인과의 관계 문제를 호소하는 동성애 성향의 내담자를 처음 만났을 때, 호소를 듣는 동안 치료자는 거부감을 느끼거나 동성 연인을 이성 연인으로 순간 착각하고 잘못 지칭하는 실수를 범할 수도 있다. 이는 치료자의 이성애 중심적 경험과 가치관이 내담자의 동성애 관계를 온전히 수용하지 못하는 데 영향을 미치고 있음을 보여 준다.

치료자의 개인적 경험과 가치관은 부부 및 가족치료 맥락에서 더욱 역기능적으로 드러날 수 있다. 예를 들어, 자신에 대해 지나치게 비판적인 아버지의 영향을 받으며 고통스럽게 성장한 치료자가 유사한 역동을 가진 부부나 가족을 만났을 때, 배우자나 부모의 비판적인 태도에 주눅 든 구성원과 과도하게 동일시하여 중립성을 잃고 비판자와의 힘겨루기를 통한 '구원자' 역할을 하려 할 수 있다. 또한 자신의 부부관계에서 갈등을 겪고 있는 치료자가 부부치료를 진행할 때, 자신의 배우자와 유사한 특성을 지닌 남편 혹은 아내 내담자를 은연중에 배척하게 되어, 결과적으로 치료 과정에 역기능적인 관계 구도가 형성될 수도 있다. 이러한 사례들은 치료자의 개인사와 경험, 가치관이 치료 과정에 미치는 부정적인 영향을 보여 준다. 따라서 이에 대한 치료자의 자기 자각과 지속적인 성찰이 매우 중요하며, 치료자는 자신의 편견과 맹점을 자각하고 관리함으로써 더욱 효과적이고 중립적인 태도로 치료를 진행할 필요가 있다.

참고문헌

Anderson, C. M., & Stewart, S. (1983). *Mastering resistance: A practical guide to family therapy.* Guilford Press.

Akhtar, S. & Byrne, J. (1983). The concept of splitting and its clinical relevance. *American Journal of Psychiatry, 140*, 1013-1016.

Baker, K. G. (2015). Bowen family systems couple coaching. In A. S. Gurman, J. L. Lebow, & D. K. Snyder (Eds.), *Clinical handbook of couple therapy* (5th ed., pp. 246-267). Guilford Press.

Barbato, A., & D'Avanzo, B. (2020). The findings of a Cochrane meta-analysis of couple therapy in adult depression: Implications for research and clinical practice. *Family Process, 59*, 361-375.

Baucom, D. H., Belus, J. M., Adelman, C. B., Fischer, M. S., & Paprocki, C. (2014). Couple-based interventions for psychopathology: A renewed direction for the field. *Family Process, 53*(3), 445-461. https://doi.org/10.1111/famp.12075

Baucom, D. H., Epstein, N. B., Fischer, M. S., Kirby, J. S., & LaTaillade, J. J. (2022). Cognitive-behavioral couple therapy. In J. L. Lebow & D. K. Snyder (Eds.), *Clinical handbook of couple therapy* (6th ed., pp. 53-78). Guilford Press.

Baucom, D. H., Fischer, M. S., Corrie, S., Worrell, M., & Boeding, S. (2020). *Treating relationship distress and psychopathology in couples: A cognitive-behavioural approach.* Routledge.

Becvar, D. S., & Becvar, R. J. (2003). *Family therapy: A systemic integration* (5th ed.). Pearson Education.

Belus, J. M., Baucom, D. H., & Abramowitz, J. S. (2014). The effect of a couple-based treatment for OCD on intimate partners. *Journal of Behavior Therapy and Experimental Psychiatry, 45*(4), 484–488.

Bowen, M. (1978). *Family therapy in clinical practice.* Jason Aronson.

Bradbury, T. N., & Bodenmann, G. (2020). Interventions for couples. *Annual Review of Clinical Psychology, 16,* 99–123. https://doi.org/10.1146/annurev-clinpsy-071519-020546

Christensen, A. (2010). Weekly questionnaire [Unpublished instrument]. http://ibct.psych.ucla.edu

Christensen, A., Atkins, D. C., Berns, S., Wheeler, J., Baucom, D. H., & Simpson, L. E. (2004). Traditional versus integrative behavioral couple therapy for significantly and chronically distressed married couples. *Journal of Consulting and Clinical Psychology, 72*(2), 176.

Christensen, A., Dimidjian, S., Martell, C. R., & Doss, B. D. (2022). Integrative behavioral couple therapy. In J. L. Lebow & D. K. Snyder (Eds.), *Clinical handbook of couple therapy* (6th ed., pp. 79–103). Guilford Press.

Christensen, A., Doss, B. D., & Jacobson, N. S. (2014). *Reconcilable differences* (2nd ed.). Guilford Press.

Commission on Accreditation for Marriage and Family Therapy Education. (2021). COAMFTE accreditation standards (Version 12.5). https://www.coamfte.org

Commission on Accreditation for Marriage and Family Therapy Education. (2023). COAMFTE accreditation manual: Policies and procedures. https://www.coamfte.org

Connie, E. (2021). 커플을 위한 해결중심대화: 우리 어떻게 만났죠? (최중진 역). 학지사. (원전 2012년 출간)

Denton, W. H., Wittenborn, A. K., & Golden, R. N.(2012). Augmenting antidepressant medication treatment of depressed women with emotionally focused therapy for couples: A randomized pilot study. *Journal of Marital and Family Therapy, 38,* 23–38.

Dicks, H. (1967). *Marital tensions.* Basic Books.

Doherty, W. J. (2002). Bad couples therapy: How to avoid doing it. *Psychotherapy Networker, 26*(6), 26–33.

Doss, B. D., Knopp, K. C., Wrape, E. R., & Morland, L. A. (2022). Telehealth and digital couple interventions. In J. L. Lebow & D. K. Snyder (Eds.), *Clinical handbook of couple therapy* (6th ed., pp. 656-676). Guilford Press.

Doss, B. D., Roddy, M. K., Wiebe, S. A., & Johnson, S. M. (2022). A review of the research during 2010-2019 on evidence-based treatments for couple relationship distress. *Journal of Marital and Family Therapy, 48*(2), 283-306.

Epstein, E. E., McCrady, B. S., Morgan, T. J., Cook, S. M., Kugler, G., & Ziedonis, D. (2007). Couples treatment for drug-dependent males: Preliminary efficacy of a stand alone outpatient model. *Addictive Disorders & Their Treatment, 6*(1), 21-37.

Epstein, N. B., & Baucom, D. H. (2002). *Enhanced cognitive-behavioral therapy for couples: A contextual approach.* American Psychological Association.

Fairbairn, W. (1954). *An object-relations theory of the personality.* Basic Books.

Fisch, R., Weakland, J. H., & Segal, L. (1982). *The tactics of change: Doing therapy briefly.* Jossey-Bass.

Fischer, M. S., Baucom, D. H., & Cohen, M. J. (2016). Cognitive-behavioral couple therapies: Review of the evidence for the treatment of relationship distress, psychopathology, and chronic health conditions. *Family Process, 55*(3), 423-442.

Fishbane, M. D. (2022). Intergenerational factors in couple therapy. In J. L. Lebow & D. K. Snyder (Eds.), *Clinical handbook of couple therapy* (6th ed., pp. 199-224). Guilford Press.

Fraenkel, P. (2009). The therapeutic palette: A guide to choice points in integrative couple therapy. *Clinical Social Work Journal, 37*(3), 234-247.

Framo, J. L. (1992). The integration of marital therapy with sessions with family of origin. In R. L. Smith & P. Stevens-Smith (Eds.), *Family counseling and therapy: Major issues and topics* (pp. 109-150). ERIC Clearinghouse on Counseling and Personnel Services. (Reprinted from "Family of origin therapy: An intergenerational approach," 1980, In A. S. Gurman & D. P. Kniskem (Eds.), *Handbook of family therapy* (pp. 191-224). Brunner/Mazel)

Freedman, J. (2014). Witnessing and positioning: Structuring narrative therapy with families and couples. *Australian and New Zealand Journal of Family Therapy, 35,* 20-30.

Freedman, J., & Combs, G. (1993). Invitations to new stories: Using questions to explore alternative possibilities. In S. Gilligan & R. Price (Eds.), *Therapeutic conversations* (pp. 291-303). W.W. Norton & Co.

Freedman, J., & Combs, G. (2022). Narrative couple therapy. In J. L. Lebow & D. K. Snyder (Eds.), *Clinical handbook of couple therapy* (6th ed., pp. 151-174). Guilford Press.

Franklin, C., Zhang, A., Bolton, K., & Yates, H. T. (2022). Solution-focused couple therapy. In J. L. Lebow & D. K. Snyder (Eds.), *Clinical handbook of couple therapy* (6th ed., pp. 250-266). Guilford Press.

Friedman, S., & Lipchik, E. (1999). A time-effective, solution-focused approach to couple therapy. In J. M. Donovan (Ed.), *Short-term couple therapy* (pp. 325-359). Guilford Press.

Froerer, A. S., & Connie, E. E. (2016). Solution-building, the foundation of solution-focused brief therapy: A qualitative Delphi study. *Journal of Family Psychotherapy, 27,* 20-34.

Guerin, P. J., Jr., Fay, L. F., Fogarty, T. F., & Kautto, J. G. (1999). Brief marital therapy: The story of the triangles. In J. M. Donovan (Ed.), *Short-term couple therapy* (pp. 103-123). Guilford Press.

Gurman, A. S. (1978). Contemporary marital therapies: A critique and comparative analysis of psychoanalytic, behavioral and systems theory approaches. In T. J. Paolino & B. S. McCrady (Eds.), *Marriage and marital therapy: Psychoanalytic, behavioral and systems theory perspectives* (pp. 445-566). Brunner/Mazel.

Gurman, A. S. (2015). The theory and practice of couple therapy. In A. S. Gurman, J. L. Lebow, & D. K. Snyder (Eds.), *Clinical handbook of couple therapy* (5th ed., pp. 1-18). Guilford Press.

Gurman, A. S., & Fraenkel, P. (2002). The history of couple therapy: A millennial review. *Family Process, 41,* 199-260.

Haley, J. (1963). Marriage therapy. *Archives of General Psychiatry, 8,* 213-234.

Haley, J. (1987). *Problem-solving therapy: New strategies for effective family therapy* (2nd ed.). Jossey-Bass.

Jacobson, N. S., & Christensen, A. (1996). *Acceptance and change in couple therapy: A therapist's guide to transforming relationships*. W.W. Norton & Co.

Jacobson, N. S., Christensen, A., Prince, S. E., Cordova, J., & Eldridge, K. (2000). Integrative behavioral couple therapy: An acceptance-based, promising new treatment for couple discord. *Journal of Consulting and Clinical Psychology, 68*(2), 351.

Johnson, S. M. (2004). *The practice of emotionally focused couple therapy: Creating connection* (2nd ed.). Brunner/Routledge.

Johnson, S. M., Bradley, B., Furrow, J., Lee, A., Palmer, G., Tilley, D., & Woolley, S. (2005). *Becoming an emotionally focused therapist*. Brunner/Routledge.

Johnson, S. M., Wiebe, S. A., & Allan, R. (2022). Emotionally focused couple therapy. In J. L. Lebow & D. K. Snyder (Eds.), *Clinical handbook of couple therapy* (6th ed., pp. 127-150). Guilford Press.

Keim, J. (1999). Brief strategic marital therapy. In J. M. Donovan (Ed.), *Short-term couple therapy* (pp. 265-290). Guilford Press.

Kernberg, O. F. (1985). *Borderline conditions and pathological narcissism*. Jason Aronson.

Kohut, H. (1971). *The analysis of the self*. International Universities Press.

Lebow, J. L., & Snyder, D. K. (2022). Couple therapy in the 21st century. In J. L. Lebow & D. K. Snyder (Eds.), *Clinical handbook of couple therapy* (6th ed., pp. 3-21). Guilford Press.

Mahler, M. (1975). *The psychological birth of the human infant*. Basic Books.

Minuchin, S. (1974). *Families and family therapy*. Harvard University Press.

Nichols, M. P., & Davis, S. D. (2016). *Family therapy: Concepts and methods* (11th ed.). Pearson Education.

Patterson, J., Williams, L., Grauf-Grounds, C., & Chamow, L. (1998). *Essential skills in family therapy: From the first interview to termination*. Guilford Press.

Roddy, M. K., Nowlan, K. M., Doss, B. D., & Christensen, A. (2016). Integrative behavioral couple therapy: Theoretical background, empirical research, and dissemination. *Family Process, 55*(3), 408-422.

Roddy, M. K., Walsh, L. M., Rothman, K., Hatch, S. G., & Doss, B. D. (2020). Meta-analysis of couple therapy: Effects across outcomes, designs, timeframes, and other moderators. *Journal of Consulting and Clinical Psychology, 88*(6), 583-596.

Rohrbaugh, M. J., & Shoham, V. (2015). Brief strategic couple therapy. In A. S. Gurman, J. L. Lebow, & D. K. Snyder (Eds.), *Clinical handbook of couple therapy* (5th ed., pp. 335-357). Guilford Press.

Selvini-Palazzoli, M., Boscolo, L., Cecchin, G., & Prata, G. (1978). *Paradox and counterparadox: A new model in the therapy of the family in schizophrenic transaction.* Jason Aronson.

Shadish, W. R., & Baldwin, S. A. (2003). Meta-analysis of MFT interventions. *Journal of Marital and Family therapy, 29*(4), 547-570.

Sharpe, S. A. (1997). Countertransference and diagnosis in couples therapy. In M. F. Solomon & J. P. Siegel (Eds.), *Countertransference in couples therapy* (pp. 38-71). W.W. Norton & Co.

Siegel, J. P. (1992). *Repairing intimacy: An object relations approach to couples therapy.* Jason Aronson.

Siegel, J. P. (2006). Dyadic splitting in partner relational disorders. *Journal of Family Psychology, 20,* 418-422.

Siegel, J. P. (2016). Identifying and working through projective identification. In G. R. Weeks, S. T. Fife, & C. M. Peterson (Eds.), *Techniques for the couple therapist: Essential interventions from the experts* (pp. 123-127). Guilford Press.

Siegel, J. P. (2020). Digging deeper: An object relations couple therapy update. *Family Process, 59,* 10-20.

Siegel, J. P. (2022). Object relations couple therapy. In J. L. Lebow & D. K. Snyder (Eds.), *Clinical handbook of couple therapy* (6th ed., pp. 151-174). Guilford Press.

Smith-Acuna, S. (2019). 체계이론의 실제: 개인 부부 가족치료에의 적용 [Systems theory in action: Application to individuals, couples, and family therapy] (강은호, 최정은 역). 학지사. (원전 2011년 출간)

Sprenkle, D. H., & Blow, A. J. (2004). Common factors and our sacred models. *Journal of Marital and Family Therapy, 30*(2), 113-129.

Titelman, P. (2010). A clinical format for Bowen family systems coaching with highly reactive couples. In A. S. Gurman (Ed.), *Clinical casebook of couple therapy* (pp.

112–134). Guilford Press.

Watzlawick, P., Weakland, J. H., & Fisch, R. (1974). *Change: Principles of problem formation and problem resolution.* W.W. Norton & Co.

Weakland, J. H., Fisch, R., Watzlawick, P., & Bodin, A. (1974). Brief therapy: Focused problem resolution. *Family Process, 13,* 141–168.

Weissman, N., Batten, S. V., Rheem, K. D., Wiebe, S. A., Pasillas, R. M., Potts, W., … Dixon, L. B. (2018). The effectiveness of emotionally focused couples therapy with veterans with PTSD: A pilot study. *Journal of Couple and Relationship Therapy, 17,* 25–41.

Whisman, M. A., Beach, S. R. H., & Davila, J. (2022). Couple therapy for depression or anxiety. In J. L. Lebow & D. K. Snyder (Eds.), *Clinical handbook of couple therapy* (6th ed., pp. 576–594). Guilford Press.

White, M. (1993). Deconstruction and therapy. In S. G. Gilligan & R. Price (Eds.), *Therapeutic conversations* (pp. 22–61). W.W. Norton & Co. (Reprinted from "Dulwich Centre Newsletter," 3, 1991, 1–21)

White, M. (2003). Narrative practice and community assignments. *International Journal of Narrative Therapy and Community Work, 2,* 17–56.

White, M., & Epston, D. (1990). *Narrative means to therapeutic ends.* W.W. Norton & Co.

Wiebe, S. A., & Johnson, S. M. (2016). A review of the research in emotionally focused therapy for couples. *Family Process, 55*(3), 390–407.

Wittenborn, A. K., Liu, T., Ridenour, T. A., Lach-mar, E. M., Mitchell, E. A., & Seedall, R. B. (2019). Randomized controlled trial of emotionally focused couple therapy compared to treatment as usual for depression: Outcomes and mechanisms of change. *Journal of Marital and Family Therapy, 45,* 395–409.

Wymbs, F. A., Wymbs, B. T., & Canu, W. H. (2022). Couple therapy with parents of youth with attention-deficit/hyperactivity disorder or disruptive behavior disorders. In J. L. Lebow & D. K. Snyder (Eds.), *Clinical handbook of couple therapy* (6th ed., pp. 595–614). Guilford Press.

찾아보기

인명

내용

저자 소개

이진희(Jinhee Lee)

현재 신라대학교 상담치료복지학과 부교수로 재직 중이다. 미국 트윈시티(미네아폴리스-세인트폴)에 위치한 미네소타대학교에서 가족사회과학부 부부가족치료학 전공 박사학위(Ph.D.)를, 미국 루이지애나대학교에서 부부가족치료학 석사학위(M.A.)를 받았으며, 미국 정부 공인 부부가족치료 전문가(LMFT) 자격증을 취득하였다. 현재 신라대학교 학생상담센터 소장과 가족상담센터 센터장을 맡고 있으며, 한국가족치료학회 학술지 『가족과 가족치료』 편집위원장(17~19대)으로 활동하고 있다. 한국상담학회 부부가족상담학회 학술위원장(8~9대)과 부산시 소방안전본부 부부가족소통 프로그램 전문위원을 역임했으며, 신라대학교에서 국제교류처 처장 및 국제대학 학장, 인권센터 소장을 지냈다. 저서로는 『한국 가족을 중심으로 한 부부·가족상담 핸드북』(공저, 2020, 학지사)이 있다.
이메일: leex2890@gmail.com

부부치료
–이론과 실제–
Couple Therapy
–Theory and Practice–

2025년 1월 20일 1판 1쇄 인쇄
2025년 1월 25일 1판 1쇄 발행

지은이 • 이진희
펴낸이 • 김진환
펴낸곳 • ㈜ **학지사**

04031 서울특별시 마포구 양화로 15길 20 마인드월드빌딩
대표전화 • 02-330-5114   팩스 • 02-324-2345
등록번호 • 제313-2006-000265호

홈페이지 • http://www.hakjisa.co.kr
인스타그램 • https://www.instagram.com/hakjisabook

ISBN 978-89-997-3303-1 93180

정가 20,000원

출판미디어기업 **학지사**

간호보건의학출판 **학지사메디컬** www.hakjisamd.co.kr
심리검사연구소 **인싸이트** www.inpsyt.co.kr
학술논문서비스 **뉴논문** www.newnonmun.com
교육연수원 **카운피아** www.counpia.com
대학교재전자책플랫폼 **캠퍼스북** www.campusbook.co.kr